Impressum

Bibliografische Information der Deutschen Nationalbibliothek: Die Deutsche Nationalbibliothek verzeichnet diese Publikation in der Deutschen Nationalbibliografie; detaillierte bibliografische Daten sind im Internet über http://dnb.dnb.de abrufbar.

© 2024 MarkusVogel
Verlag: BoD • Books on Demand GmbH, In de Tarpen 42, 22848 Norderstedt
Druck: Libri Plureos GmbH, Friedensallee 273, 22763 Hamburg
ISBN: 978-3-7597-3529-4

Glaube – Kampf - Erfolg

Die Achterbahnfahrt meiner Selbständigkeit

Von Markus Vogel

Genre-Mix aus:

Biografie – Business – Abenteuer - Selbsthilfe

Tagebucheintrag vom 6. Oktober 2015

Heute fühle ich mich wie ein Schiffbrüchiger im stürmischen Meer der Schulden. Ein Berg von Rechnungen, die um die 7.000 € schwer sind, türmt sich vor mir auf, und die Bank schließt einfach ihre Türen. Dabei stehe ich "nur" mit 1.200 € im Minus! Es ist zum Verzweifeln. Ein Bankkredit von 23.000 € und ein weiterer privater Kredit von 6.500 € lasten auf meinen Schultern. Ich fühle mich arm, kämpfe um jeden einzelnen Euro, um genug Geld für Essen und Benzin zu haben...

Ich jongliere mit den Rechnungen, versuche bar ausgezahlt zu werden, um wenigstens etwas in der Tasche zu haben, anstatt auf Überweisungen zu warten. Mein Bankberater meines neuen Geschäftskontos ruft an und fragt nach meinem Plan. Und jetzt meldet sich auch noch die Beraterin meiner Privatbank und fragt, wann wieder Geld eingehen wird. Die Rechnungen häufen sich...

Ich bin es leid, mich immerzu zu entschuldigen, alle hinzuhalten, Zahlungen zu verschieben, nur um ein oder zwei Wochen Aufschub zu bekommen, in der Hoffnung, dass sich bis dahin etwas ändern wird! Aber was soll sich ändern? Ein Wunder? Der neue Monat ist da, neue Ausgaben stehen bevor, und ich habe nicht einmal die alten beglichen. Die Miete ist wieder fällig, die privaten Versicherungen auch, und in neun Tagen steht erneut die Rückzahlung des Bankkredits von 450 € für meinen Traum mit "Bassalo" an. Es fühlt sich an, als wäre ich gefangen in Ohnmacht und Hilflosigkeit...

Ich starre ins Leere, weiß nicht, was ich fühlen oder tun soll, habe keine Ahnung, wie es weitergehen soll. Ich brauche Geld, JETZT! Ich brauche ein Wunder.

Arbeiten? Keine Motivation. Eine neue feste Anstellung suchen? Wieder angestellt sein? Keine Motivation. Sport treiben? Auch keine Motivation. Keine Motivation für irgendetwas. Es gäbe Optionen, aber ich fühle mich wie gelähmt. Mir bleibt nur noch, mich fallen zu lassen, loszulassen! In einem

Moment wie diesem bleibt mir nichts anderes übrig, als der Machtlosigkeit und Hilflosigkeit Raum zu geben, darin zu versinken, nichts tun zu können, nichts tun zu wollen. Außer auf das Leben zu hoffen und auf ein Wunder zu vertrauen.

Darf ich gehen, lieber Gott?...

Es erinnert mich an meine Zeit in Heidelberg im Jahr 2002 während meiner Ausbildung zum "internationalen Touristikassistenten". Das Studium war eine harte Prüfung, und ich dachte oft, ich würde es nicht schaffen. Anfangs lernte ich eifrig, ging kaum aus, versuchte mein Leben ohne elterliche Unterstützung zu meistern, musste mich um Essen und Kochen kümmern, für die Schule lernen, Hausaufgaben machen, einkaufen gehen, Wäsche waschen, bügeln und mit meinem knappen Budget klarkommen. Eine Herausforderung für jemanden, der nie gelernt hatte, auf eigenen Füßen zu stehen. Schon nach 1-2 Monaten musste ich mein Auto verkaufen und neben der Schule arbeiten, um etwas Geld zu verdienen.

Als trotz all meiner Anstrengungen die Ergebnisse ausblieben, versank ich immer tiefer in einem Loch.

Ich griff zum Kiffen, und das intensiv! Ich dachte, alles sei verloren, ich hätte keine Chance mehr, ich würde sowieso nichts erreichen... Dann könnte ich genausogut aus diesem Leben scheiden...

Versteh mich nicht falsch, ich hätte mich nie selbst getötet. Aber wäre der Tod freiwillig gekommen, hätte ich ihn willkommen geheißen.

Das Rauchen gab mir einen Kick. Den Kopf auszuschalten, loszulassen, nicht mehr nachzudenken, in eine andere Welt abzutauchen. In eine Welt ohne Probleme. Eine Traumwelt, in der alles in Ordnung ist. Das Leben zog an mir vorbei, und ich beobachtete alles in Zeitlupe. Kein Stress, alles war einfach und cool. So dachte ich damals.

Ich versank immer tiefer in diesem Loch. Im Sog der Selbstzweifel, der Unbewusstheit und des Selbstmitleids. Und als ich damals so dastand und nicht wusste, was ich wollte, außer diesem Leben zu entfliehen, erinnerte ich mich an meinen großen Traum: Ich wollte mindestens einmal in meinem Leben nach Venezuela reisen, um dort meine Verwandten mütterlicherseits kennenzulernen. Ich war zwar schon als Kind einmal dort gewesen, aber da war ich zu jung, um es bewusst wahrzunehmen.

Und plötzlich war es mir klar! Ich musste mit all dem hier irgendwie klarkommen, egal wie. Hauptsache, ich beendete das hier und machte mein Auslandspraktikum in Venezuela. Und das tat ich dann auch! Irgendwie fand ich noch einmal die Kraft, die Motivation und die Hoffnung. Ich stand auf, reduzierte den Konsum und gab noch einmal alles. Ich schaffte es gerade so und verbrachte dann drei Monate in diesem wunderbaren Land, erlebte eine unvergessliche Zeit...

Aber jetzt ist alles anders. Ich bin nicht mehr 21. Ich bin 34!! Ich stecke nicht in einem "Kifferloch". Ich habe mich beruflich hochgearbeitet und vor vier Jahren selbständig gemacht. Vorher hatte ich Geld, jetzt habe ich keins mehr. So lebe ich seit Beginn meiner Selbständigkeit.

Und dennoch sitze ich hier ohne Geld und warte auf den großen Durchbruch, auf meine erste Million. Kürzlich erhielt ich von einer guten Freundin eine Karte mit den Worten: "Alle sagten: Das geht nicht. Dann kam einer, der wusste das nicht, und hat es einfach gemacht!" "Wie passend", dachte ich, denn so verlief meistens mein Leben tatsächlich!

Wenn man etwas nicht weiß oder es einem egal ist, macht man sich keine Gedanken darüber. Dadurch bleiben negative Gedanken fern, und alles verläuft mehr oder weniger reibungslos.

Aber mein aktueller Stand sieht so aus: In drei Jahren habe ich etwa 7.000 Spiele verkauft, mein Spiel ist endlich auch in bekannten Schulausstatter-Shops erhältlich, und es stehen noch einige spannende Messen, Fortbildungen und Kongresse dieses Jahr bevor! Gar nicht so schlecht! Aber selbst nach beruflichen Erfolgen gibt es Zeiten, in denen einfach nichts vorangeht und man durchhalten muss... Wie wird es wohl weitergehen, mit mir und meinem Spiel? Wann werde ich es endlich schaffen? Wann kennt jeder mein Spiel? Egal, ich mache einfach weiter und halte durch... Das Leben geht weiter.

Vorwort

Diesen Eintrag verfasste ich am 6. Oktober 2015 als eine Art Selbsttherapie in mein Tagebuch, nachdem ich im Jahr 2011 beschlossen hatte, den Schritt in die Selbständigkeit zu wagen. Während all dieser Jahre habe ich unzählige Seiten gefüllt. Das Schreiben hat mir geholfen, über meine Probleme und Ängste hinwegzukommen.

Ich habe in dieser Zeit so viel erlebt, dass ich unbedingt ein Buch über mein Leben als Selbständiger schreiben wollte. Ein Buch über die Geschichte meines selbst entwickelten Spiels "Bassalo" und all die Höhen und Tiefen, die damit verbunden waren.

Ich schreibe dieses Buch in erster Linie für mich selbst, um diese Zeit nie zu vergessen. Aber auch für andere, denn vielleicht können sich einige darin wiederfinden. Ob du selbständig bist und mit ähnlichen Herausforderungen kämpfst oder ob es als Ratgeber für Start-ups dienen kann, die den Schritt in die Selbständigkeit wagen wollen. Vielleicht kann ich mit meinen Erfahrungen Mut und Hoffnung geben, niemals aufzugeben.

Seit Jahren werde ich ständig gefragt, wie man einfach so ein Spiel erfinden und umsetzen kann. Wie kam ich auf die Idee? War es hart? Kann man davon leben? Bin ich reich geworden? Wie war es am Anfang? Und wie schafft man das überhaupt, ohne Vorkenntnisse, Geld, Investoren, reiche Eltern, Partner usw.?
Nicht jeder erfindet schließlich ein Spielgerät, neue Spielregeln, eine neue Sportart, kündigt seinen Job, stellt alles auf den Kopf, bekommt fast einen Burnout und setzt alles auf eine Karte! Es war zumindest für mich nicht einfach.

Ob auf Messen, Seminaren, Veranstaltungen oder beim Ausgehen privat auf Festen, in Bars usw. – eine der ersten Fragen lautete immer: „Wie heißt du?"
Und dann: „Was machst du beruflich?" Dann war sofort klar, dass ich als Erfinder eines Spiels im Mittelpunkt stand und alle wissen wollten, was genau das ist und wie es dazu kam.

Falls es dich jetzt schon interessiert, schau doch gerne mal kurz auf meiner Webseite vorbei: www.bassalo-cupball.at, dort kannst du dir gleich ein Bild davon machen.

Und dann war da dieses Wochenende vor ein paar Jahren, das mich sehr nachdenklich stimmte. Es war ein großes Event, die „Bundestagung" in Innsbruck, mit Top-Speakern wie Hannes Treichl, Jochen Schweizer und vielen mehr. Aber genau diese beiden Herren brachten mir neue Ideen und Impulse. Warum noch länger auf mein Buch warten? Ich wollte schon immer mal eins schreiben. Alles aufschreiben, was ich erlebt hatte, gewisse Erfahrungen weitergeben, motivieren, ebenso Impulse weitergeben… Es gab aber auch andere Momente, in denen ich auf der Bühne stand oder Journalisten von meiner Geschichte erzählen durfte, und sie fanden es immer sehr spannend.

Nachdem ich also schon vielen Menschen immer wieder von meiner Geschichte, meiner Idee, den vielen Rückschlägen, den Höhen und Tiefen, dem Kampf mit der Gesellschaft sowie mit mir selbst erzählt hatte, schreibe ich nun alles nieder. Du wirst hier meine ganze Geschichte lesen können, mit vielen intimen Details aus meinen Tagebucheinträgen.

Laut meinem ersten Businessplan wäre ich nach nur 3 Jahren Millionär geworden. Ob ich das geschafft habe?

Die Suche nach dem richtigen Produkt hat mich fast verrückt gemacht. Ebenso die Suche nach einer Bank, die mir Kapital gab und an meine Vision glaubte!
Und wann schaffte ich meinen Durchbruch wirklich? Wann erreichte ich mein Ziel, endlich finanziell frei zu sein?

Rückblickend und basierend auf meinen heutigen Erfahrungen hätte ich vieles besser und einfacher machen können. Doch dieser Kampf war für mich bestimmt, und ich wollte es so. Ich bin gerne jemand, der zuerst handelt und nicht lange darüber nachdenkt, ganz nach dem Motto „zuerst schießen und dann zielen". Zumindest war das damals so, haha…

Du wirst immer wieder aus meinen Tagebucheinträgen lesen, welches ich am 7. März 2011 begann. Gleich vorweg: Beim Lesen mag der Eindruck entstehen, dass es mir oft sehr gut ging. Doch vielleicht habe ich mir die guten Worte nur selbst eingeredet, um mit der schlechten Situation besser umgehen zu können. Muss man nicht manchmal alles positiv sehen, um weitermachen zu können?

Hin und wieder findest du auch positive Affirmationen und Gebete. Ich habe versucht, alles so originalgetreu wie möglich zu belassen, wie ich es damals niedergeschrieben habe. Jeder Tag brachte neue Gedanken und Gefühle, neue Pläne und Rückschläge, mit denen ich zu kämpfen hatte. Manchmal diente das Schreiben auch dazu, meine Gedanken zu ordnen. Daher kann das Lesen hier und da etwas verwirrend sein. Das Aufschreiben und Loslassen auf Papier war für mich eine Form der Selbsttherapie. Danach fühlte ich mich meistens besser und freier als zuvor.

Ich hoffe, dass ich dir mit diesem Buch Mut machen kann, deiner Idee treu zu bleiben, an dich zu glauben und natürlich, dass du aus meinen Fehlern und Erfahrungen lernen kannst.

Viel Spaß beim Eintauchen meiner Geschichte!

KAPITEL 1: Die Spielidee

Im Jahr 2003 zog ich von Deutschland nach Kufstein, Tirol, um dort in einer Spedition zu arbeiten. Die Arbeit gefiel mir zunächst sehr gut, und nach fast sechs Jahren wurde ich von einer anderen Spedition abgeworben. Zu diesem Zeitpunkt war Geld kein Problem. Ich hatte mir gerade ein neues Auto gekauft, eine tolle Wohnung bezogen und konnte über finanzielle Engpässe nicht klagen. Alles schien perfekt!

Doch immer öfter spürte ich, dass mich meine Arbeit nicht mehr erfüllte. Ich wollte etwas Neues machen, etwas Positives, etwas, das wirklich Spaß macht und komplett anders ist.

Nach dieser Erkenntnis suchte ich nach neuen Möglichkeiten, mein Leben nebenbei neu zu gestalten. Und dann fand ich ganz "zufällig" ein Kursbuch des WIFI im Briefkasten mit verschiedenen Ausbildungsmöglichkeiten.

Und da sah ich es: Die Ausbildung zum "diplomierten Freizeit- und Outdoor Trainer". Vier Module: Sommer, Herbst, Winter und Frühling, jeweils für 3-4 Tage irgendwo in Österreich. Hier konnte man alle möglichen Fun- und Actiongeräte ausprobieren und lernen, wie man für seine Gäste und Kunden ein tolles Programm zusammenstellt. Das klang nach viel Spaß und Abwechslung! Ich erzählte sofort meinem besten Kumpel davon, und wir meldeten uns spontan zusammen an. Ich dachte mir, es könnte nicht schaden, mir ein zweites Standbein aufzubauen. Mal sehen, was die Zukunft bringt.

Und gleich im ersten dieser Module, es war das im Winter 2010, kam ein Gastredner aus Tirol zu uns. Er hatte selbst zwei Spiele erfunden und stellte sie uns vor. Im Gespräch ging es dann darum, neue Spielideen kennenzulernen und wie man auf solche Ideen überhaupt kommt. Er hatte beide seiner Spiele bereits umgesetzt und verwendete sie bei seinen Firmenevents. Nachdem wir seine Spiele kennengelernt hatten, erzählte er uns, wie er darauf gekommen war und wie er anfing, Prototypen zu zeichnen und seine Ideen auf Papier festzuhalten. "Die meisten Ideen sind einfach und simpel", sagte er.

Und plötzlich fiel mir das "Chipsdosen-Spiel" aus meiner Studienzeit in Heidelberg ein. Mein ehemaliger Studienfreund hatte uns damals diese Spielidee gezeigt. Wir spielten mit leeren Chipsdosen und einfachen Beachbällen auf weite Distanzen hin und her und machten dabei ziemlich coole Tricks. Es war anfangs nicht einfach, aber wenn man erst einmal den Dreh mit dem Werfen heraushatte, flog der Ball gleich 20–30 Meter weit. Das Fangen war nie das Problem, aber genau das machte den Kick aus (und tut es auch heute noch)!

Und da wir jung waren und viele andere Dinge im Kopf hatten – manchmal auch nichts –, verblasste die Spielidee schnell, und ich spielte fast 10 Jahre lang nicht mehr.

Und genau hier, kam mir diese Spielidee wieder in den Sinn. Zuerst sagte ich vor Ort noch nichts darüber, schließlich kannte ich den Gastredner kaum und behielt es erst einmal für mich.

Das erste Modul dieser Ausbildung war vorbei. Die gesamte Ausbildung wurde erst viel später abgeschlossen, und ich arbeitete weiterhin als Angestellter in der neuen Spedition. Das sollte aber nicht mehr lange so bleiben, denn ich spürte immer stärker den Wunsch, dort aufzuhören. Mittlerweile hatte ich mich schon zum Verkäufer hochgearbeitet. Das war mein Ziel, das ich schon von Anfang an bei der ersten Firma hatte. Nun war es also erreicht, endlich! Doch irgendwie gab es mir nichts mehr... Ich musste wieder in eine neue Abteilung und mich neu orientieren und anpassen. Jetzt war ich endlich Verkäufer geworden. Und doch war die Luft irgendwie raus. Ich hatte es geschafft, und es interessierte mich nicht mehr wirklich...

KAPITEL 2 - Das Jahr 2011

Neuer Anfang: Von der Idee zum ungewissen Abenteuer

Es war Mitte oder Ende Januar 2011, und ich stand plötzlich ohne Arbeit da, ohne eine klare Vorstellung davon, was als nächstes kommen sollte. Doch eins war mir klar: Keine Spedition mehr, es sei denn, es wäre unvermeidlich. Ich strebte nach persönlicher Weiterentwicklung und dem Mut, Neues auszuprobieren.

Also meldete ich mich beim Arbeitsamt an und durchforstete alle möglichen Optionen für eine neue Tätigkeit, die mir Freude bereiten könnte. Dabei tauchte erneut die Spielidee mit den Chipsdosen auf. Da ich ohnehin nichts mehr zu verlieren hatte, griff ich zum Telefon und kontaktierte den Spieleerfinder, den ich während des WIFI-Kurses kennengelernt hatte. Ich erzählte ihm von meiner Idee, und er probierte sie gleich mit seiner Tochter aus. Zu meiner großen Überraschung war er begeistert und sagte: "Das hat starkes Suchtpotential, und man könnte wirklich etwas daraus machen." Ich war überwältigt von diesem Feedback. Es war nur eine Idee, nicht mehr.

Deshalb hatte ich noch eine andere Idee im Kopf, die mit meiner neuen Ausbildung zusammenhing: Ich wollte als Vermittler zwischen Unternehmen und Eventveranstaltern agieren. Ich würde die Unternehmen zu den Veranstaltern bringen und im Gegenzug eine Provision erhalten. So begann ich, verschiedene Unternehmen zu besuchen und mir anzusehen. Ich nannte dieses Projekt "Vogel-Adventures", den potentiellen Namen meiner zukünftigen Firma.

Während dieser Zeit ließ der Spieleerfinder nicht wirklich locker, denn er hatte ja bereits zwei Spiele entwickelt und wollte meines dazunehmen. "Es würde gut zu seinen anderen Spielen passen", meinte er. Doch ich hatte ja kein Geld, um etwas Neues zu starten.
Ich hatte mir nie etwas gespart. Und blöderweise hatte ich mir noch ein Jahr davor ein ganz neues Auto gekauft, was ich abbezahlen musste.

Ich war arbeitslos gemeldet und suchte nebenbei nach einer passenden Arbeit.

Es war tatsächlich ein Durcheinander. Es war hart, denn ich hatte fast kein Geld mehr, versuchte hier und da was zusammenzukratzen und hatte zu diesem Zeitpunkt auch keine Freunde und keine Liebesbeziehung mehr.

Der Beginn der Testphase und der Name „BASSALO"

Da dieser Mann doch sehr hartnäckig war, und wußte mich zu begeistern, entschloss ich mich, beim nächsten Supermarkt 20 Chipsdosen zu kaufen und mir einen Namen für das Spiel oder Produkt zu überlegen. Ich musste es außerdem mal "live" mit fremden Menschen testen, denn ich war noch nicht so ganz überzeugt davon. Klar, vor 10 Jahren fand ich es cool. Aber es mussten noch ein paar mehr Leute finden, bevor ich es in Angriff nahm.

Einerseits glaubte ich noch nicht so recht daran, andererseits war es doch sehr aufregend. Es fühlte sich schon irgendwie so an, als würde sich bald etwas Großes ergeben.

Als ich dann mit meiner Mutter dieses Spiel im Flur meiner Wohnung spielte, rief sie mir auf spanisch öfter "pasala" zu, was so viel bedeutet wie "pass ihn" (pasamelo = pass ihn mir). Und dann kam ihr plötzlich, mit ihrem schönen Dialekt, die Idee: "Marcoooo, 'pasala', das wäre doch ein guter Name für dein Spiel!?" (Sie nennt mich Marco).

Dieses Feedback gab ich dem Spieleerfinder weiter. Auch er fand die Idee gut, den Namen damit zu verbinden. Nach einer kurzen Recherche und dem Durchforsten freier Domains für eine potentielle Webseite und Namen für das Spiel, entwickelte sich das Wort "pasala" langsam zu "BASSALO", welches an sich eigentlich nichts bedeutet und dennoch zum Markennamen des Spiels wurde.

Nun musste ich das Spiel natürlich gleich irgendwo mit "neutralen" Menschen ausprobieren. Ich bemalte die gekauften Chipsdosen in verschiedenen

Farben und schrieb groß "B A S S A L O" darauf. Ich fragte den Schuldirektor in meinem Dorf, ob ich mit einer seiner Klassen ein Experiment im Sportunterricht ausprobieren dürfte. Er war so nett und bestätigte mir gleich einen Termin.

Foto meiner ersten Bassalo-Becher:

Ich kam also mit meinen wunderschönen, künstlerisch bemalten Bechern und verschiedenen Bällen in den Turnunterricht und alle schauten mich total skeptisch an. Sie folgten meinen Anweisungen, stellten sich auf und dann ging es los. Ganz schnell sah man, auch wenn es nicht gleich auf Anhieb klappte, wieviel Freude die Schüler dabei hatten.

Nach wenigen Sekunden waren die ersten „Catches" zu hören, das dumpfe Geräusch, wenn der Ball in die Dose knallte, und viel lauter war der Jubel darüber. Es geschah immer öfter und das Gelächter und der Spaß dabei waren gut erkennbar. Es war unglaublich, es kam tatsächlich an! Becher und Bälle?! Ich konnte es kaum fassen! Bisher hatten wir das ja nur im kleinen Rahmen gespielt.

11

Als ich dann einige Tricks zeigte, wie man den Ball z.B. durch die Beine werfen oder fangen konnte, konnten die Schüler kaum aufhören und erfanden selbst neue Tricks.

Kurzum: nach diesen zwei Turnstunden ging ich hinaus und dachte: „Geil, das wird was"!

Natürlich erzählte ich dem Spieleerfinder gleich darauf von dieser unglaublich positiven Erfahrung. Und so startete die allgemeine Testphase mit Bassalo!

Tagebucheintrag Montag, den 7.3.2011

Aktuell schaut es bei mir zum Thema Frauen nicht sehr rosig aus. Ich habe gerade eine Beziehung hinter mir und bin somit wieder Single. Darüber hinwegzukommen, kostet mich wohl doch mehr Zeit, als ich dachte. Seit 2-3 Monaten bin ich erst wieder allein. Ich bin wieder frei und bereit für etwas Neues. Auch wenn es nur ein kurzes Abenteuer wäre, wäre es eine gute Ablenkung. Doch nachdem ich schon 2–3-mal bei meinen Flirtversuchen abgeblitzt bin, habe ich doch keine Lust mehr. Das nagt dann schon am Selbstbewusstsein. Damit muss man erstmal klarkommen.

Auch mit meinen Freunden sieht es zur Zeit mager aus. Die meisten sind wieder im Ausland oder sonstwo verstreut. Einer wohnt eine Stunde von mir weg, ist verheiratet und hat gerade ein Mädchen bekommen. Der andere ist ständig am Arbeiten, versucht sich selbständig zu machen und hat eine Tochter. Und ein weiterer Freund, einer meiner besten, hat mir derzeit die Freundschaft gekündigt. Und eine andere gute Freundin habe ich mittlerweile auch abgeschrieben. Eine gute Freundschaft zeigt sich immer dann, wenn die Person für dich da ist, wenn du sie brauchst.

Wie oft war ich schon für jemanden da? Wie oft habe ich geholfen? Nun ja, jeder hat in seiner Welt zu kämpfen. Wichtig ist aber nur, dass man nicht alle um sich herum damit belastet. Denn wer negativ redet, wird wenig Zuhörer finden. Ich habe auch nicht immer Lust, mir jeden Mist von jedem anhören zu müssen, das macht depressiv.

Etwas Gutes hat das alles ja. So habe ich wenigstens einmal Zeit für mich. Eigentlich ist es das Beste, was mir passieren konnte! Doch hätte ich damals ein paar Euro sparen können, wäre es jetzt etwas leichter. Aber was soll's, ich kämpfe mich da schon irgendwie durch.

Gott und das Leben geben mir gerade die Möglichkeit zu lernen allein zu sein, mich selber zu verwirklichen, mein Ding durchzuziehen, und das ohne Ablenkung, und damit ich mich in Geduld üben darf. Denn Geduld war noch nie meine Stärke.

Man darf nie vergessen, dass alles im Leben immer einen Grund hat. Auch wenn man ihn im Moment nicht versteht und dir alles unfair und ungerecht erscheint. Man muss das von der Beobachter-Seite aus sehen, in der dritten Person quasi. Stell dir vor, du betrachtest dich neutral als "Höheres Selbst". Und du bist hier unten in deiner „Realität", du bist das Kind, das lernen muss und Erfahrungen sammeln darf, bevor du aufsteigen und zurück in die "Heimat" gehen darfst.

Es ist schwierig, aber es geht. Im Moment habe ich, außer meiner Schwester, die in der Nähe wohnt, keine Bezugsperson mehr (naja, meine Mutter noch per Telefon).

Und wie war es damals? Ich hatte immer Freunde, hatte immer jemanden zum Quatschen. Ich konnte mich oft gar nicht rausreden, irgendwohin nicht mitgehen zu wollen. Ständig war ich in Bewegung. Und über die Mädels gar nicht zu sprechen!

Nun denkt sich mein Höheres Selbst, Gott und das Leben vielleicht: „Er hatte so viel Selbstvertrauen, so viel Ablenkung, so viel zu tun, so viel Spaß, er hatte immer jemanden. Jetzt geben wir ihm die Möglichkeit, sich weiterzuentwickeln und er soll mal lernen, wie das ist, niemanden zu haben. Er soll lernen, wie das ist, ganz allein zu sein. Außerdem haben wir mit ihm noch etwas vor, dafür muss er jetzt allein sein. Jede Ablenkung hindert ihn an seinen Fortschritt. Denn nur in der Einsamkeit lernt man sich selbst kennen."

Von dieser Seite aus betrachtet sollte ich heilfroh sein, dass es gerade so ist, wie es ist.

Du glaubst ja gar nicht, wie kreativ man auf einmal sein kann, wenn man viel allein ist und nicht mehr arbeitet oder abgelenkt ist, wenn man nicht immer ins Büro gehen und arbeiten muss! Ich will nicht sagen, dass meine Arbeit schlecht war, sie hat mir sehr gefallen. Das Gehalt war gut, sehr gut. Doch nur das Geld reizte mich nicht mehr.

Es treibt mich wieder weiter voran, ich möchte etwas Neues machen, etwas Positives, etwas, was mich wirklich innerlich erfüllt. Etwas, wo ich morgens aufwache und mich auf den Tag freue! Viele sagen, das gibt es nicht. Ich sage: "Das gibt es wohl!" Ich muss es nur wollen, kreativ und risikobereit sein.

Ich muss an mich glauben! Nichts ist unmöglich!

Da wären wir schon beim nächsten Thema: meine aktuellen Pläne und Projekte. Ich bin gerade dabei, ein neues Ballwurfspiel auf den Markt zu bringen. Lassen wir uns überraschen, ob ich es schaffe.

Es ist gerade sehr aufregend und spannend. Das ganze Leben hängt von zusammenhängenden Ereignissen ab. Kennst du das auch? Hätte ich nicht damals..., dann wäre dieses oder jenes nicht passiert, dann hätte ich diese Person nicht kennengelernt oder hätte nicht jene Möglichkeit gehabt, gesehen oder erlebt.

Mit meinem Spiel ist es dasselbe. Hätte ich mich damals nicht entschieden in Heidelberg zu studieren, hätte ich meinen alten Studienfreund nie kennengelernt. Wäre er nicht gewesen, und hätten wir damals nicht schon diese Spielidee gespielt, dann wäre ich auch nicht auf die Idee gekommen, dieses Spiel jetzt professionell umzusetzen. Und hätte ich diesen verrückten Mann während meiner Ausbildung zum Freizeit- und Outdoor Trainer nicht kennengelernt und er mich nicht dazu motiviert, dieses Projekt anzugehen, hätte ich wohl nie damit gestartet. Ich bin der ganzen Situation, der ganzen Lebenskette dankbar!

Und doch, kennst du das Gefühl, ganz allein zu sein? Wie fühlst du dich dabei? Keiner will was von einem wissen, das Handy klingelt so gut wie gar nie. Freunde sind alle weg, und das Einzige, was mir sonst immer blieb – Affären, Frauen – sind auch weg, und hier habe ich nicht wieder vor, in naher Zukunft den ersten Schritt zu wagen.

Tagebucheintrag Sonntag, den 13.3.2011

Ich sehne mich nach körperlicher Liebe, nach Zuwendung, Aufmerksamkeit, nach jemanden, der sich um mich „kümmert". Ist das nicht normal? Wie schwach ich doch geworden bin. Oder einfach zu sensibel? Oder weiss ich jetzt nur, wie schön sich so was anfühlen kann und bin süchtig danach? Süchtig nach einer festen Beziehung? Süchtig auf der Suche nach der perfekten Beziehung? Um dann allen beweisen zu können, dass es sowas doch gibt?

Wahrscheinlich bin ich von allem etwas süchtig. Und ja, dieses Mal war es fast perfekt, meine Ex war fast perfekt. Nur zu aggressiv und stur. Das war alles. An den Rest hatte ich mich gewöhnt, es war schön. Jedoch wollte ich nicht immer für etwas eingeteilt werden: Familienfeiern, ihre Freunde treffen usw. Ich wars nicht gewohnt und genoss sonst immer meine Freiheiten. Und jetzt stehe ich allein da und weiss dieses "Einteilen" und Leute treffen wieder sehr zu schätzen.

Doch wo wäre ich nun, wenn nicht alles mit ihr vorbei wäre? Ich könnte mich auf mein Leben und meine berufliche Zukunft nicht wirklich konzentrieren. Ich könnte die Kurse und die Ausbildung zum Hochseilgartentrainer nicht machen. Und was wird mir bei dieser Ausbildung sonst noch passieren? Was oder wen werde ich dort wieder kennenlernen?

Jetzt kann ich über mich und mein Leben mal richtig nachdenken. Was will ich noch erreichen? Um was geht's hier überhaupt? Und ich kann mich jetzt auch mein Yoga, meinem Sport, dem Trommeln und Lesen widmen. Ich kann jederzeit wandern und Klettersteigen gehen. Jetzt kommt der Frühling und die Wakeboard-Saison steht ebenfalls vor der Tür. Ich bin echt ein Glückspilz! Ich bin seit Anfang Februar arbeitslos und das Arbeitsamt lässt mich sechs Monate in Ruhe, d.h. ich habe bis Ende Juni Zeit.

Was will ich tun? Ich möchte und werde „Bassalo" auf den Markt bringen. Momentan suche ich noch verzweifelt ein Unternehmen, welches mir die Dosen genauso herstellen kann, wie ich sie gerne hätte. Und das ist gar nicht so einfach!

Ab morgen werde ich wieder weiter an "Vogel-Adventures" arbeiten. Kontakte knüpfen, Termine ausmachen, Marketing betreiben.

Ende dieses Monats fange ich die Ausbildung zum Hochseilgartentrainer an. Danach kann ich damit nebenbei etwas dazu verdienen.

Ebenso fange ich Ende des Monats einen Kurs bei der Gründerakademie an: „Wie bereitet man sich auf die Selbständigkeit vor"! Das bringt sicher was und ich freue mich schon darauf!

Nebenbei versuche ich mich fit zu halten. Ich kann noch bis Ende April ins Fitnessstudio gehen.

Eine Freundin meinte gestern, ich sehe so ungesund und verkümmert aus. Ich weiss nicht, was die Leute momentan haben. Sind sie eifersüchtig oder schau ich wirklich so arm aus? Ich weiss selbst, dass ich viel abgenommen habe, denn ich wiege nur noch 65 Kilo. Aber ich fühle mich wohl damit, ich fühle mich fit, physisch wie psychisch. Ist das nicht das Wichtigste?

Tagebucheintrag Mittwoch, den 16.3.2011

Letztens war ich 5 Stunden allein wandern. Es war aufregend und sehr schön.

Heute dachte ich darüber nach, warum ich gerade so faul und müde bin, und warum meine Augenlider so runterhängen und so trocken sind!? Zuerst wurde mir gesagt, es läge daran, dass ich mich nicht mehr fettig ernähren würde. Doch heute schoss mir ein anderer Gedanke durch den Kopf. Denn seit kurzem habe ich, obwohl es gar nicht den Anschein danach hat, keine Lust mehr auszugehen, um nüchtern, belanglose Gespräche zu führen, geschweige denn Frauen anzusprechen.

Ich muss verstehen, was ich will. Und momentan will ich wirklich ganz allein sein, ohne Freunde, ohne Frau und ohne sonstwas. Meine Augen sind müde, sie waren jahrelang offen, neugierig und wach, vor allem sehr lange wach. So oft bin ich fortgegangen nachts, um zu feiern. Und jetzt sind sie einfach übermüdet und brauchen Ruhe. Meine Augen wollen keinen sehen und mit keinem reden. Und das ist auch gut so, ich möchte nur noch daheim sein.

So, gleich ist genug für heute, ich gehe ins Bett und werde morgen lange schlafen, meine Augen so lange geschlossen halten, bis sie sich erholt haben. Vielleicht habe ich morgen Glück mit dem Becherhersteller!? Ich bin zufrieden mit meiner aktuellen Situation.

"Ich habe auch immer genügend Geld auf meinem Konto, um gut leben zu können und bald viel mehr, um in meine Projekte zu investieren."

"Ich weiss, dass meine geistigen Helfer, meine Engel und mein Schöpfer immer gegenwärtig sind. Ich weiss, dass sie mein Glück und meine Zufriedenheit wollen. Und für diese Möglichkeit möchte ich euch allen danken. Ich möchte euch noch darum bitten, mir dieses Gefühl von „alleine sein" und „ich brauch eine Frau/ich brauche Liebe" wegzunehmen. Denn ich glaube auch, dass ich mich deshalb momentan nur halb so glücklich fühle."

Jeder möchte sich jemanden mitteilen, nicht immer nur der eigenen Familie. Auch die Zuwendung und Aufmerksamkeit von Freunden ist wichtig.

Wie sollte ich mich auch fühlen, wenn nichts dergleichen momentan da ist!?

"Und deshalb, hilft mir bitte weiterhin, dieses Gefühl loszuwerden, jemanden unbedingt brauchen zu müssen. Ich brauche niemanden, außer mich selbst, meinen Geist, meine Seele und meinen Körper, um mich hier bewegen zu können und das zu machen, was mein Geist mir sagt."

Ich habe jetzt keine Ablenkung mehr, ich kann in mich hineinhören und in der Stille sein. Und das ist ein Geschenk! Die Welt ist sowieso immer so stressig. Wie lange und wie oft habe ich schon gearbeitet? Wieviel Stress und Ablenkung hatte ich die ganzen Jahre über?

Alles ist gut so wie es ist und es wird besser. Ich beginne mich, bzw. die Situation zu erkennen und zu akzeptieren. Danke!

Tagebucheintrag Montag, den 21.3.2011

Ich erwarte gerade ein Muster für die Becher von einem Hersteller in China. Ich hoffe wirklich, dass es passt, damit ich in die nächste Phase übergehen kann. Danach stehen das Logo und das Design von Bassalo an. Dann muss ich die Marke noch schützen lassen. Die Bälle müssen auch noch überprüft werden; ich habe bereits eine E-Mail an einen Ballhersteller geschickt. Schritt für Schritt komme ich meinem Ziel näher, ich brauche nur noch ein wenig Geduld.

Aktuell habe ich die Arbeit an meiner Idee für die Vermittlung von Outdoor-Events mit "Vogel-Adventures" gestoppt, denn momentan fühle ich mich nicht danach. Ich weiß nicht genau, warum das so ist, aber sicherlich hat es einen Grund! Stattdessen schreibe ich lieber weiter in mein Tagebuch und warte auf Rückmeldungen für mein Spiel. Außerdem denke ich, dass es finanziell momentan ganz gut aussieht. Nächste Woche werde ich mit dem Verkauf der Infrarotliegen starten und bald auch im Waldseilgarten sein. Ich finde immer einen Weg, um mein Geld zu verdienen. Das sollte nicht meine Sorge sein.

Tagebucheintrag Donnerstag, den 24.3.2011

Ich habe jetzt ein Buch von Pascal Voggenhuber bestellt und bin schon am Lesen: „Entdecke deine Sensitivität". Und laut dem Buch sollte man in sein Tagebuch nur Dinge und Ereignisse aufschreiben, die gut gelaufen sind, die mir Freude bereitet haben und wofür man in seinem Leben dankbar ist. Auch wenn es sich um banale Dinge handelt. „Wir müssen lernen, uns wieder mit dem Positiven zu beschäftigen. Wer das Positive sehen kann, dem geht's automatisch besser".

Dann werde ich mal anfangen, was mir heute Freude bereitet hat und wofür ich heute dankbar bin: Ich war heute morgen dankbar dafür, dass ich aus eigener Kraft aufstehen konnte und ich gesund bin. Ich habe mich dann sehr darüber gefreut, dass das Wetter so schön war, ich glaube es waren fast an die 20 Grad.

Es hat mir auch Freude bereitet, dass ich mich heute wieder mehreren Dingen widmen konnte. Zum Beispiel habe ich mich heute um meinen Matratzen-Vortrag gekümmert und im Internet über Vitamin D recherchiert, welche ich in Zukunft für die Infrarot-Licht-Auflagen brauchen werde. Dieses Thema fand ich sehr interessant. Und ich freue mich darüber, dass ich in Zukunft so ein tolles, positives und hochwertiges Produkt an die Menschen bringen darf.

Auch freue ich mich darüber, dass ich bei diesem Job meine eigenen Visitenkarten verteilen darf, denn damit kann ich für mich selbst auch Werbung machen: "Life – Style – Game, Infrarot – Bassalo – Lichtarbeit." Wobei ich mich frage, ob ich für die Lichtarbeit wirklich schon bereit bin? Ich habe es schon einige Male gemacht und das Feedback war immer sehr gut. Also was soll's! Wenn man nie mit etwas beginnt und nur nachdenkt und rumgrübelt, geht nie etwas weiter.

Ich habe mich auch darüber gefreut, dass sich ein Ballhersteller heute bei mir gemeldet hat zwecks der Bälle, und ich hoffe, dass er mir bald ein günstiges Muster zukommen lassen wird.

Ebenso freut es mich gerade sehr, dass es bei Bassalo wieder ein Stück weitergeht. Ich werde mich hoffentlich nächste Woche für das richtige Logo entscheiden und mich dann mit meinem Kumpel der Homepage widmen. Und dann geht's los mit dem Patentanwalt zwecks Sicherung des Markennamens usw... Wie aufregend! Ich freue mich schon sehr darauf endlich losstarten zu können.

Ich hoffe jetzt nur noch, dass es mit der Überweisung an China endlich klappt und ich das Muster für die Becher so schnell wie möglich in der Hand halten kann und es dann auch für meine Zwecke geeignet ist!

Mir ist zudem gestern Abend wieder bewusst geworden, wie schön ich es doch momentan habe. Ich meine damit natürlich nicht, dass ich aktuell keine richtige Arbeit habe, sondern damit, dass ich momentan genau das tue, was ich will. Ich schlafe, wenn ich schlafen will. Ich arbeite, wann ich arbeiten will, und ich habe meine eigenen persönlichen Ziele, die ich verfolgen möchte. Ich darf nun ruhig an einem Mittwochabend Salsa tanzen gehen, ohne darüber nachzudenken, schnell heimfahren zu müssen, da ich am nächsten Tag wieder gezwungen bin, in die Arbeit zu gehen.

Jetzt darf ich selbst entscheiden, weil es meine eigene Arbeit ist. Dieser Zwang, bzw. der Druck ist weg. Und ich freue mich darüber, dass es in Zukunft auch so sein wird. Ich werde selbst entscheiden, was ich tue und wann ich es tue. Es ist ungewohnt, aber schön.

Und das ist der große Unterschied in der Selbständigkeit. Ich freue mich auch, bald in die Gründerakademie zu gehen und auf den Hochseilgarten. Ich werde so viele Dinge lernen.

Pascal Voggenhuber schreibt in seinem Buch über den eigenen Lebenswandel, dass dieser sehr wichtig sei. Man muss geistig und psychisch fit sein. „Dafür ist eine gute, gesunde Ernährung außerordentlich wichtig" und er empfiehlt leichte vegetarische Kost.

Ich weiss, ich esse wenig, aber warum sollte ich auch so viel in mich hineinstopfen, wenn ich keinen Hunger habe? Ich esse, wann ich Hunger oder Lust dazu habe, und ich esse, worauf ich Lust habe. Ich hatte nicht beabsichtigt, eine Diät oder Sonstiges zu machen. Es kam einfach von ganz allein. Und wenn so was von ganz allein kommt, muss es doch einen Grund dafür geben. Ich fühle mich besser und gesünder denn je! Im Fitnessstudio stemme ich mehr Kilos, obwohl ich leichter bin, und beim Basketball bin ich schneller als zuvor.

Auch sollte man genügend Ruhe haben und seiner Psyche Zeit geben, um alles zu verarbeiten, was man so erlebt hat. Und noch ein Tipp des Buches: letzte Mahlzeit vor 18 Uhr.

Tagebucheintrag Mittwoch, den 30.3.2011

Letzten Freitag war ich dann im Hochseilgarten zur Ausbildung. Es war anfangs schon ein bisschen komisch, denn ich kannte fast niemanden und wurde gleich von jedem zur Begrüßung in den Arm genommen. Ich kann gar nicht sagen, ob ich das wirklich toll fand. Es war zumindest sehr ungewohnt. Ich habe mich in letzter Zeit ja sehr von allen zurückgewiesen gefühlt. Ich wusste beruflich nicht genau, was ich alles tun möchte. Alles gleichzeitig geht ja auch nicht. Und gefühlsmäßig hatte ich auch nebenbei einen anderen Kampf auszutragen.

Denn meine Ex-Freundin ging mir immer noch nicht aus dem Kopf, ich hatte keine andere am Start, und wenn was am Laufen war, ging nichts weiter. Ich weiss, dass es daran lag, dass ich zu sehr und zu schnell etwas Neues wollte, oder gar nichts. Ein neues Verhältnis, eine neue Beziehung? Und warum? Erstens, um nicht allein sein zu müssen, zweitens, um eine Ablenkung zu haben und drittens, um meine Ex ganz vergessen zu können. Und wir wissen ja, wie es ist: um so mehr man verzweifelt etwas möchte, um so weniger bekommt man es. Und ich denke, das Zauberwort heißt „verzweifelt". Denn positiv und hoffnungsvoll sollte man immer sein. Auch Wünsche und Ziele sollte man haben. Aber nicht verzweifelt daran festhalten. Es sollte alles mit Leichtigkeit und Freude geschehen.

Meine Situation gefällt mir und es wird immer besser. Vor allem nach diesem Wochenende, nach der "psychologischen Hochseilgarten-Ausbildung".

Ich habe an diesem Wochenende gelernt, wieder freier und offener zu sein. Mein Herz wieder mehr zu öffnen! Übrigens sind wir unter anderem auch über Glasscherben gelaufen, das fand ich sehr aufregend.

Doch vorher wurde man darauf vorbereitet. Man sollte sich zuerst überlegen, was einem da alles passieren könnte und was für Sorgen oder Ängste man in

Bezug auf seine zukünftigen Projekte hat. Meine Sorge war, dass ich mich an den Scherben schneiden könnte, und bzgl. Bassalo hätte ich die Befürchtung, nicht genügend Geld aufzutreiben. Als alle Teilnehmer ihre Sorgen auf ihrem Papier zusammengetragen hatten, nahm der Ausbilder diese in seine Hände, zerknüllte sie und warf sie einfach ins Feuer mit einem „Wer hat euch diesen Scheiss erzählt? Das sind eure Sorgen und Ängste, die ihr euch selbst vormacht. Wer sagt euch denn, dass ihr davor Angst haben sollt? Eure Zukunft und Situationen macht ihr euch selbst. Eure Einbildung gestaltet eure Zukunft." Interessant!

Dann sollten wir uns vorstellen und beschreiben, wie wir die Glasscherben sehen sollen. Und zwar weich, sanft wie Grass, luftig, durchsichtig, weich wie Watte, usw.… Danach hatte jeder einen Partner, der einen an der Hand festhielt und man ging über die Glasscherben. Stück für Stück. Zuerst den einen Fuß, dann den anderen. Es tat gar nicht weh, nur an einer Stelle war es kurz etwas schwierig, weil die Scherben so spitz nach oben standen. Aber nach ein paar Anläufen war auch diese Hürde geschafft und ich erreichte das Ziel auf der anderen Seite. Kein Schnitt, gar nichts! Den anderen ging es ebenso, zwei Teilnehmer schnitten sich zwar etwas, aber sie verspürten alle keinerlei Schmerz.

Die nächste Übung war der „Pamper Pool". Da klettert man gesichert auf einen hohen dünnen Baumstamm, steigt über das Podest hinauf, stellt sich aufrecht hin und springt dann im freien Fall hinunter, wobei die anderen dich an einem Seil am Boden halten werden, bzw. sollten! Der Trainer meinte noch scherzeshalber, dass wir bloß nicht klatschen sollten, wenn jemand da runterspringt, sonst hält ja keiner mehr das Seil fest!

Nachdem schon zwei Kollegen oben waren und es jeweils eine halbe bis ganze Stunde dauerte, sie mit ihrer Angst und ihren aktuellen Projekten usw. kämpften, war ich an der Reihe. Ich wollte anfangs gar nicht. Denn ich hatte das schon mal gesehen und fand es nicht sehr aufregend. Ich hatte auch schon andere coole Dinge erlebt, wie zum Beispiel Bungee- und Fallschirmspringen. Diese Übung, einfach da hochzuklettern, gab mir nichts. Und plötzlich wurde ich doch mehr oder weniger dazu "gebracht". Ich muss dazu anmerken, dass ich zuvor, als ich die anderen zwei Personen dabei beobachtete, mir schon dachte, dass ich ihnen gerne zeigen, bzw. "beweisen" wollte, wie toll und schnell ich da hochklettern und runterspringen kann. Tja, und wie man es so will und sich vorgestellt hat, so war es auch schon dazu gekommen. Denn ich war jetzt an der Reihe...

Also kletterte ich hinauf, Stück für Stück, was mir sehr viel Spaß machte. Ich kletterte schon als Kind immer gerne und immer höher auf Bäume. Ich war schon fast ganz oben angekommen. Ich kletterte auf das Podest und stellte mich oben mit beiden Beinen hin. Es war ein komisches, aber gutes Gefühl, dort oben zu stehen. Das Podest war sehr klein und man musste ruhig stehen, damit es nicht so wackelte. Ich genoss das Gefühl der Freiheit, das herrliche Panorama und lauschte den Vögeln zu, die ein Konzert zu spielen schienen. Die Sonne schien mir ins Gesicht...

Dann überlegte ich, warum ich jetzt springen sollte. Wollte ich das wirklich oder warum tue ich das? Ok, das Hochklettern war cool, aber irgendwie wollte ich gar nicht runterspringen. Ich verspürte keine Angst. Jedoch störte mich etwas der Anblick der Sicherungsseile, die an beiden Seiten irgendwie komisch an mir dranhingen. Ich überlegte, dass ich das eine Seil beim Springen vielleicht zwischen meine Beine bekommen könnte. Kurzum, ich tat es im Prinzip nur, um anzugeben und entschied mich dafür, nicht zu springen. Unter anderem auch deshalb, weil mir bewusst geworden war, warum ich da überhaupt hinauf bin: „Ich wollte wieder mal allen beweisen, was für ein toller Hecht ich doch bin"! Das war der Grund, und da stiegen in mir viele Situationen hervor, in denen ich immer wieder kämpfen musste, weil ich das Gefühl hatte, es allen beweisen zu müssen.

Dieses Gefühl hatte ich oft im Leben. Ich meine, es ist und war ja nie wirklich schlecht. Ich wollte auch viele der Dinge tun, die ich gemacht habe und ich bin auch sehr stolz darauf, welchen Weg ich bisher gegangen bin. Doch hätte ich damals gewusst, was ich jetzt weiß, wäre ich zum Beispiel gerne beim Trompete- und Basketballspielen geblieben. Man sollte solche Träume nie aufgeben! Doch jetzt bin ich hier und überlege, was ich in Zukunft wirklich machen möchte. Und durch die Zeit des Alleinseins haben sich mehrere Türen geöffnet und ich konnte mich lange nicht entscheiden, was ich tun möchte. Dies werde ich nun in Angriff nehmen! Und zwar nur für mich selbst...

Also kletterte ich den Stamm wieder hinunter und war um eine Erfahrung reifer geworden.

Am Samstagabend, nach diesem super tollen, erfahrungsreichen Tag, beschloss ich wieder einmal, alleine auszugehen. Ich schrieb zwar einigen Kollegen, Bekannten und Freunden, ob sie nicht auch ausgehen wollten, bekam aber wenig Antworten und nichts, was mir jetzt was bringen würde. Dann dachte ich wieder nach: "Ich muss es keinem beim Ausgehen beweisen, wie toll ich bin, weil ich so viele Freunde habe. Ich beweise es mir jetzt selbst, dass ich auch allein ausgehen kann und ich genau das tue, was ich will." Ich werde auch in Zukunft keinen mehr in letzter Minute fragen, ob er mit mir ausgehen will. Das ist jetzt meine Zeit, mich selbst kennenzulernen und ich werde sie nutzen.

Ich fühlte mich an diesem Abend leicht und beschwingt, locker drauf und mit offenem Herzen. Ich beobachtete die Leute und versuchte nicht zu urteilen. Ich genoss es.

Am nächsten Tag war ich wieder im Hochseilgarten, und diesmal war alles, und vor allem ich, viel lockerer drauf als sonst. Ich unterhielt mich ungehemmt mit den Menschen dort. Die Atmosphäre hatte sich geändert. Sie war herzlicher. Ich war herzlicher.

Was ich dort so schön fand, war dieses herzliche, sich in den Arm nehmen. Es berührte mich auch sehr, dass hier alle ganz normal waren, dass jeder seine Ängste und Zweifel hatte und hier versuchte, sie zu bekämpfen. Auch das Mädchen, wo ich anfangs noch dachte, dass sie voll arrogant wäre, weinte auf dem Podest oben und hatte mit ihrer Angst zu kämpfen. Als sie wieder unten auf dem Boden war, umarmte ich sie und hatte sie einfach nur gern! "Was für eine Stärke es doch ist, sich auch einmal verletzlich zeigen zu können", dachte ich mir.

Eine andere Frau, die mit dabei war, sagte mir, nachdem ich ihr erzählte, was so in den letzten Monaten bei mir los war: "Ich verliere nun meine Oberflächlichkeit und beginne nun mit Qualität meine Mitmenschen auszusuchen". Das mit der Qualität hat mir sehr gut gefallen. Denn das mit der Oberflächlichkeit hatte ich schon öfter gehört und ich wollte es nie wahrhaben.

Durch mein Alleinsein, und weil ich dadurch lernen musste, dass niemand da ist, wenn man jemanden braucht, außer der Familie natürlich, habe ich auch angefangen, etwas Abstand zu anderen Menschen zu nehmen. Viel Abstand habe ich zu meinen Freunden genommen. Ich hatte mehr oder weniger eine Schutzhülle um mich herum aufgebaut. Das ist mir beim Ausgehen oft aufgefallen. Ich wollte oft nur ausgehen, um draußen unter Menschen zu sein. Um Menschen zu sehen. Aber reden wollte ich selten mit jemandem. Vor allem nicht nüchtern.

Das ist auch nicht schlimm, mir ist es nur bewusst geworden. Ich muss ja auch nicht immer mit jemandem reden müssen. Mir hat es bisher einfach an Qualität gemangelt. Ich hatte keine Lust mehr mit irgendwelchen Leuten über belanglose Dinge zu reden. Da warte ich lieber etwas ab und habe dann einen gleichgesinnten Gesprächspartner mit ähnlichen Interessen.

Doch nach diesem Wochenende im Klettergarten bin ich nun wieder offener geworden, ich lasse mehr Kontakt zu. Was aber nicht bedeutet, dass ich mit jedem unbedingt reden möchte. Ist etwas schwierig zu erklären.

Gestern, am Dienstag war ich in Oberösterreich bei einer Firma, für die ich in Zukunft Infrarot-Licht-Liegen verkaufen werde. Der Chef dort hatte mich sehr beeindruckt. Dieser hatte in mir erkannt, dass mir meine Ziele im Moment abhanden gekommen sind und ich diese erstmal wieder finden muss. Er kannte mich überhaupt nicht, aber dieses konnte er sehen: "Ich muss mir meine Ziele klar definieren. Was will ich genau tun: jetzt, später und wo möchte ich in zwei bis fünf Jahren sein?" Er hatte recht! Ich hatte in den letzten Monaten so viele Gedanken, Kontakte und Ideen, ich wusste gar nicht wohin damit und was ich nun zuerst machen sollte.

Da war mein Spiel, und die unendliche Suche nach dem richtigen Produkt, dann die Eventvermittlung „Vogel-Adventures", die Ausbildung zum Outdoor- und Freizeit Guide, die Idee mit dem Hochseilgarten, und die ganzen Bewerbungen und Vorstellungsgespräche bei verschiedenen Firmen. Ich hätte weiss Gott wo landen können!

Es war ein reines Durcheinander. Jetzt ist es mal an der Zeit zu klären, was ich wirklich will. Wo sind meine Prioritäten? Was will ich jetzt tun, was später usw. Es sollte nicht zu viel sein, doch sollten meine Ziele klar sein. Denn nur wenn ich meine Ziele genau vor Augen habe, kann ich mich drauf einstellen und sie mir vorstellen. Und da sind wir wieder am Punkt: Was ich mir in meinem Kopf vorstelle, das wird geschehen. Das Resonanzgesetz tritt hier ein. Und diese Ziele möchte ich mir nun notieren, damit diese klar sind.

Ich möchte mich selbst verwirklichen und etwas richtig Tolles und Besonderes machen. Und das ist mein Bassalo-Projekt.

Meine aktuellen Ziele: Becher-Muster aus China und Holland prüfen, Bassalo-Logo und Design fertigstellen, Bassalo-Facebookseite und Homepage einrichten, Marken-Patent anfragen.

Wieviel Kohle brauche ich dafür? Mit dem Geld der Vorsorge (der damaligen Arbeit) werde ich die erste Bestellung von mind. 5.000 Becher mit Aufdruck machen.

Das heißt, ich brauche hier ca. 5.000 € für die Dosen, 500 € für das Logo und Design und für die Homepage und Facebook ein paar Euro. Und für das Markenpatent ca. 1.000 €. Das wären insgesamt ca. 7.000 €. Das kann ich mir leisten für den Start!

Ich will und werde alles mit eigenem Kapital schaffen und mich über Förderungen informieren. Hier muss ich aber noch mein Konzept und Businessplan zusammenschreiben!

Gleichzeitig möchte ich etwas Gutes tun und den Menschen mit ihrer Gesundheit helfen, indem ich sie über die Infrarot-Licht-Therapie aufkläre und diese Matratzen verkaufe.

Mein Ziel hierfür ist, dass ich im ersten Monat jede Woche 5.000 € Umsatz mache. Dann kann ich eine gute Provision kassieren. Danach möchte ich 10.000 € Umsatz pro Woche machen! Damit tue ich was Gutes und verdiene mein Geld für Bassalo. (Anm.: sehr hoch gepokert, wie ich danach feststellen musste).

Das sind meine aktuellen Ziele und Prioritäten. Es ist nicht wenig, aber es ist machbar! Natürlich brauche ich dafür einen guten, erholsamen Schlaf und viel Energie. Aber da ich alles mit Liebe und Leidenschaft tun werde, werde ich das schaffen!

Ich will mich jetzt nicht NUR auf eine Sache konzentrieren. Bassalo läuft ohnehin nebenbei. Und bald möchte ich mein Spiel öffentlich bekannt machen, selbst wenn das Produkt noch nicht feststeht. Der Verkauf für die Infrarot-Liegen wird ohnehin nur nachmittags und abends gehen, wenn die Kunden Zeit haben.

Und Bassalo möchte ich in einigen Monaten bis maximal Ende Juni verkaufsbereit haben! Bis dahin sollte ich die richtigen Becher und Bälle gefunden haben.

Wo möchte ich in einem Jahr stehen? Ich will in einem Jahr schon ganz viele Bassalo Sets verkauft haben. Am liebsten bis zu 10.000 Sets im Monat!

Den Verkauf von Bassalo stelle ich mir total cool vor: Ich habe meine Vermittler, meine Händler und Großhändler. Ich bin oft unterwegs und stelle mein Spiel vor! Ich bin auf Messen und verschiedenen Events und arbeite mit meinen Partnern zusammen.

Jeder soll nächstes Jahr im Sommer Bassalo spielen: im Schulsport, im Freien, am See, auf allen Plätzen. Und in einem Jahr möchte ich anfangen, Wettbewerbe zu starten!

In einem Jahr möchte ich für Bassalo einen neonfarbenen Leuchtball haben, vielleicht sogar früher. Und dann auch eine eigene Verpackung für die Ladengeschäfte.

Ich werde aber immer wieder ein bis zwei Tage in der Woche Zeit für mich haben, um meinen Hobbies nachzugehen. Ich will Klettersteigen gehen und im Sommer Wakeboarden am See.

Ich könnte mir auch eine neue Beziehung vorstellen, weil es immer schön ist, jemanden zu haben, mit dem man sich austauschen kann.

So, nun genug über meine Ziele und Wünsche.

Tagebucheintrag Donnerstag, den 31.3.2011

"Ich danke Gott und der Infrarotliege für diesen herrlichen Schlaf und dass ich so fit und gut heute morgen um 6 Uhr aufgewacht und aufgestanden bin." Ich bin erholt und gesund aufgewacht. Das ist ein super Gefühl!! Dann duschen, meditieren, frühstücken, Mails checken.

Gesundheit ist einfach alles im Leben. Ohne dieses ist alles nichts! Und ich bete dafür, dass "alle Menschen, für die meine Produkte und Dienstleistungen segensreich und von Nutzen sind, mich heute oder morgen kontaktieren!"

Nun habe ich auch meine ersten eigenen Visitenkarten fertig. Der erste Schritt in die Selbständigkeit. Der erste Schritt in die Eigenverantwortung.

Und das steht alles drauf:

- Life – Style – Game

- Dipl. Freizeit- und Outdoor Guide
- Infrarot / Bassalo / Lichtheiler

Heute bekam ich das Becher-Muster aus China. Was für ein Reinfall! Da war ich schon sehr enttäuscht. Von wegen „strong"! Es war butterweich, genau der gleiche Mist, den ich vorher schon aus Holland bekommen hatte. Und zudem konnte man den Boden auch noch locker entfernen. Dafür habe ich 50 Dollar bezahlt, super!

Tagebucheintrag Donnerstag, den 7.4.2011

Heute möchte ich mir mal auf die Schulter klopfen für den mutigen, geilen und tapferen Bergaufstieg letzten Samstag im Zillertal. Das war was! Ich war letztes Jahr einmal mit einem Freund von mir in Salzburg am Klettersteig. Dieser ging etwa 50 Meter hoch und dauerte ca. 20 Minuten. Das war damals schon ein super Kick! Und seitdem hatte ich beschlossen, dieses Jahr mir das Klettersteigset zu kaufen und diesen Sport regelmäßig zu betreiben. Gesagt, getan. Set gekauft und ab ins Zillertal. Ich hatte den Tipp von einer Freundin erhalten, nach Mayrhofen zu fahren, dort gäbe es zwei Aufstiege ohne langen Zustieg.
Denn das Wandern interessierte mich weniger, mehr das Klettern. Einer der beiden Aufstiege war leichter und war eher für Familien mit Kindern gedacht. Ich entschied mich für den schwierigen Aufstieg, bei dem es Stufen bis D+ gab.

Schon beim Anblick von unten hinauf dachte ich mir, "oh Gott, das wird was. Da muss ich jetzt mutig und stark sein!" Ich war total nervös. Aber ich war gut drauf und wollte was erleben. Ich war ganz allein, nur die Natur um mich herum und der Berg. Dazu war es an diesem Tag, es war Anfang April, wirklich sehr schön und warm. Die Sonne schien, es hatte an die 22 Grad und es war um die Mittagszeit.

Nun stieg ich da also rauf, Stück für Stück, den ersten Meter von insgesamt 240 Höhenmeter, immer wieder zurückblickend, hinunterschauend auf das, was ich schon bestiegen hatte. Es war unglaublich, ich war stolz, stark, manchmal war mir mulmig, dann komisch zumute, und manchmal zitterten mir die Knie

27

oder die Füße. Die Überhänge waren nicht leicht und allein schon der Anblick war nicht sehr angenehm. Doch ich konzentrierte mich nur auf das, was vor mir lag und vergaß irgendwann die Höhe. Stück für Stück also, ganz gemütlich, mit Leichtigkeit kletterte ich immer weiter, ich fing an, das Ganze zu genießen. Ich eilte überhaupt nicht. Manchmal hing ich irgendwo an der Wand mit einer Hand und hin und wieder an einen Überhang, ich war so stark geworden in letzter Zeit. Ich fühlte mich gut, stark und sicher. Ich hielt mich einfach fest und sicherte mich immer wieder ab. Ich genoss es sehr. Manchmal blieb ich einfach stehen oder hockte mich nieder. Ein anderes Mal berührte ich während des Kletterns einfach den Berg und fühlte ihn. Dann drehte ich mich um und schaute in die Ferne und stellte mir vor, wie schön es ist frei zu sein. Fliegen wäre jetzt noch der Hammer! Vielleicht können wir das irgendwann mal wirklich!

Und nach ca. einer ganzen Stunde schaffte ich es schlussendlich auf den Berg zur Hütte hinauf. Ich war so stolz auf mich! Doch irgendetwas fehlte, denn ich war körperlich nicht wirklich beansprucht worden. Außerdem merkte ich, dass der Kick mit der Höhe weg war. Ich brauchte einen anderen Kick, eine neue Herausforderung. Außerdem war es erst 13 Uhr gewesen und ich wollte an diesem schönen Tag noch etwas anderes tun.

Doch zuerst aß ich meinen mitgebrachten Salat, mein Obst und hockte mich dann auf einen Multivitaminsaft auf die Terrasse einer nahegelegenen Hütte. Dort las ich in meinem neu bestellten Buch "Natürlich besser sehen" ein paar Seiten und fand es erstaunlich und doch logisch und verständlich. Diese Frau schrieb, man könne mit Übungen wieder an sein ursprüngliches gutes Sehvermögen herankommen und sogar verbessern. Sie schreibt, man solle einfach ALLES, die Natur und das Leben SEHEN und wahrnehmen. Genauso lebendig wie alles andere um uns herum IST, so sind wir auch. Wir müssen nur die Augen öffnen und an diesem Leben teilhaben. Klingt für mich verständlich.

Doch ich weiss noch nicht, warum meine Augen momentan an einer Art Trockenheit leiden. Meine Augenlider sind trocken und schwer geworden. Ich dachte daran, im Leben jetzt gerade eine Pause zu machen, damit ich länger schlafen könnte. Vielleicht brauchen sie einfach mal Ruhe!? 7 Jahre war ich immerhin 5 Tage die Woche 8 – 10 Stunden vor dem Computer gesessen.

Eigentlich ist es kein Wunder, dass meine Augenlider ausgetrocknet und müde sind. Auch jetzt bin ich täglich am PC, nur keine 8 Stunden mehr.

OK, da saß ich nun und las dieses Buch.

Danach ging ich wieder den Berg hinab und hoffte, die ganze Zeit noch einen höheren und schwierigeren Klettersteig heute noch besteigen zu können. Nur wusste ich nicht wo.

Wie es der „Zufall" so will, traf ich unten am Auto zwei Mädels, die ich danach fragte. Sie meinten, es gäbe einen sehr hohen, schwierigen und anspruchsvollen Klettersteig hier in der Nähe. Dieser hat 330 Höhenmeter! Sie fragten mich, ob ich schon Erfahrung hätte und ob ich allein sei, und ich antwortete, dass der Steig gerade eben zuvor, mein zweiter Klettersteig gewesen sei und dass ich allein wäre.

Danach schauten sie sich nur an und meinten: "Wem ich es denn beweisen will", und dass ich vorher besser ein paar leichtere Klettersteige machen sollte, um in Übung zu kommen. Sie sagten noch, dass der Berg so herausfordernd wäre, dass es irgendwo in der Mitte einen Notausstieg gäbe und dass man irgendwo ganz oben etwas Pause machen müsste, um Energie zu tanken. Wenn man das nicht täte, würde man eine gewisse schwierige Stelle nicht schaffen. Und allein sollte man sowieso nicht gehen. Hört sich vielversprechend an, oder?

Was habe ich dann also gemacht? Ich bin natürlich dorthin gefahren und wollte mir diesen Berg mal anschauen und es zumindest versuchen. Im Notfall könnte ich den Notausstieg benutzen. Und wem sollte ich es wohl beweisen wollen? Mir selbst natürlich!!

Als ich am Fuße des Berges, am Anfang des Klettersteigs stand und hinaufsah, musste ich lachen und dachte mir „mein Gott, da willst du wirklich rauf?" Er war wirklich sehr hoch und anspruchsvoll. Es ging auch gleich sehr steil hinauf.

Ich fing also wieder an, Stück für Stück hinaufzuklettern, wie beim vorherigen Berg, immer weiter und weiter. Die Höhe machte mir dieses Mal gar nichts mehr aus. Jedoch waren einige Stellen schon sehr schwierig. Vor allem das Festhalten mit einer Hand und das Nachziehen und Sichern der Karabiner war oft nicht leicht und lange zum Aushalten. Also stieg ich immer weiter, es ging ganz gut. Der Berg war echt verdammt hoch!

Diesmal machte ich nicht so viele Pausen wie vorher. Trotzdem kletterte ich ohne Hektik und ich genoss es einfach. Ich konzentrierte mich nur auf den nächsten Schritt und ging einfach weiter. Beim Notausstieg ging ich ebenso vorbei, hier war schon die Hälfte bestiegen. Aber da ich schon so weit gekommen war, wollte ich auch noch bis zum Schluss weitergehen.

Ich wollte es einfach schaffen! Ich wollte es mir selbst beweisen, dass ich es kann!

Da hing ich also, mitten an der Felswand, in ca. 200 Meter Höhe, manchmal sogar an einem Überhang und bemühte mich, mit aller Kraft nach oben zu hangeln, zu hängen und zu steigen. Irgendwann kam der Punkt, an dem ich irgendwie nicht mehr weiterwollte. Ich wollte nur noch festen Boden unter den Füßen haben. Klettere mal 1 ½ Stunden ununterbrochen irgendwo eine Felswand hinauf, da bist du froh, wenn du mal einen Quadratmeter Platz hast zum Stehen oder Sitzen! Auf jeden Fall wollte ich irgendwann nicht mehr, aber ich musste!! Denn wo sollte ich denn aussteigen? Runterspringen? Oder einfach hängenbleiben und warten bis es dunkel wird? Nein, da musste ich wieder mal allein durch. Da hilft einem nichts und niemand! Das habe ich schon gelernt. Einfach weitergehen, stark sein, durchhalten. Das Ziel ist nah und danach bist du ein Stück weiter im Leben!

Dann kam das starke, schwierige Stück, wovor die Mädels mich gewarnt hatten: "Ich solle vorher Energie tanken". Leider tat ich das nicht wirklich und da war ich schon mittendrin, als ich plötzlich keine Kraft mehr hatte... Kurz vor dem Ziel bei ca. 300 Höhenmeter...

Ich weiss nicht mehr, was mir da durch den Kopf ging. Es war ein Überhang, ganz schwierig, man konnte sich nicht wirklich mit den Füßen irgendwo abstützen. Es war alles Kopf- und Kraftsache. Ich bekam leicht die Panik. Meine Sicherung blieb unten auch noch am Steig hängen, und ich musste mich auf mein Ziel, den nächsten Schritt konzentrieren, dann wieder festhalten, Karabiner nachziehen und absichern.

In der Panik, in dieser Situation, Angst zu haben, hängen zu bleiben, war unbeschreiblich. Ich bekam die Krise.

Dann nutzte ich doch noch alle möglichen Kraftreserven, die noch irgendwo zu finden waren, griff weiter und zog mich mit all meiner letzten Kraft nach oben.

An dieser Stelle war ich wirklich an meine Grenzen gekommen. Ich zog mich hoch und hatte es schlussendlich doch geschafft und bin dann ganz rauf gekommen! Nach fast 2 Stunden!!

Mein Gott war ich froh, endlich wieder normal auf einer größeren Fläche zu gehen. Endlich wieder richtigen Boden unter den Füßen zu haben. Ich fühle es jetzt immer noch, wie es da oben war! Ich war sowas von stolz auf mich und konnte Gott und die Welt umarmen. Ich war richtig glücklich und fühlte mich wie der geilste Typ und der König der Welt! Ich fühlte mich stark, richtig stark!

Ich dachte mir: "Wenn ich das schaffe, irgendwo in den Bergen, ALLEIN so eine hohe, schwierige und steile Felswand zu besteigen, dann werde ich unten am Boden einfach ALLES schaffen können, was ich möchte. Es ist alles möglich!"

Als ich dann so dasaß und mein restliches Obst aß, hörte ich hinter mir einen Raben sprechen, als würde er mich beglückwünschen.

Das war ein wirklich herrlicher Tag – Ein wirkliches Abenteuer. Das Leben zu spüren und zu sehen, mit mir selbst zu sein. Ich war Ich. Und ich fühlte mich dort oben trotz der Schwierigkeiten nicht komplett allein gelassen.

Das war mein eigenes, persönliches Erlebnis...

Am Sonntag war relaxen mit meiner Schwester an einem nahen gelegenen See angesagt. Wir spielten natürlich Bassalo mit den Chipsdosen. Was ich toll fand, war, dass die jungen Leute dort alle an meinem Spiel interessiert waren! Ich spielte mit meiner Schwester und beobachtete währenddessen, dass die Jugendlichen ständig zu uns rüberschauten und sich wunderten, was wir da spielten. Plötzlich fragte ich sie einfach, ob sie es mal ausprobieren möchten und alle waren dabei. Da spielten dann sechs Leute miteinander MEIN Spiel, was mich sehr glücklich stimmte und mich wieder mal bestätigte, dass dieses Spiel in Zukunft der Renner wird!

Ich bin hier jetzt mit Bassalo schon einige Schritte weitergekommen. Das mit dem richtigen Ball wird sich noch ergeben. Einige Muster von einem Moosgummiball-Hersteller sind heute angekommen und schauen gut aus. Ich hoffe jetzt nur, dass er mir 100 oder 200 Bälle für den Anfang verkaufen kann und ich nicht gleich 1.000 Stück oder mehr abnehmen muss! Jetzt wäre es noch super, wenn diese Bälle 5,5 cm Durchmesser hätten und man sie mit meinen Logo- Farben bedrucken lassen könnte.

Auch ein anderes Becher-Muster von einer Kartonfirma ist gekommen und schaut okay aus. Zumindest das Material ist schon mal super! Ich bekomme aber noch Muster von zwei anderen Herstellern und dazu noch von einem neuen Holländer.

Gestern hatte ich zwei Termine bei Kunden für die Infrarot-Matratzen und ich war insgesamt 12 Stunden unterwegs. Das war echt der Hammer! Ich habe nichts abgeschlossen und trotzdem fühlte ich mich gut. Es war wieder sehr positiv und sympathisch und ich lernte bei jedem Besuch etwas Neues.

Bei einem der beiden Termine lernte ich eine ganz interessante Frau kennen. Sie ist Psychologische Beraterin und kam mir sehr wissend und tiefgründig vor. Sie zeigte mir auf, wie wir Menschen funktionieren, bzw. wie unser Netzwerk. Zum Beispiel erklärte sie mir, dass wenn man positiv oder negativ über eine Sache denkt, sich dieses dann auch unbewusst auf die weiteren Personen und somit im gesamten menschlichen Netzwerk überträgt. Deshalb wäre es so wichtig, immer positiv zu denken! Das war jetzt nicht unbedingt was Neues für mich, doch wie sie es bildlich darstellte, faszinierte mich.

Auch erklärte sie mir die Hierarchie über uns und unser Sein. Von unten angefangen:

1. Generelle Lebensbedürfnisse wie Essen, Trinken, Schlafen, Dach über dem Kopf
2. Sicherheit und Arbeit
3. Beziehungen

4. Werte

5. Sein

6. Transformation – über uns hinauswachsen

Heißt folgendes: die Menschen damals mussten noch ums Überleben kämpfen. Viele müssen das leider natürlich immer noch. Sie mussten sich ums Essen und Trinken kümmern und waren einfach nur froh, dass sie ein Dach überm Kopf hatten.

Die nächste Generation, vor allem die nach der Kriegszeit, waren darauf ausgelegt, immer Arbeit zu haben und in Sicherheit zu sein. Menschliche Beziehungen waren da nicht so wichtig. Dafür aber die Sicherheit, Geld verdienen, Haus bauen. Denn so hat man für sein Leben gesorgt. Sie sagte, da haben damals auch die Beziehungen von Frau und Mann einen anderen Wert gehabt. Sollte die Frau mal wissen, dass der Mann fremd geht, hat man es einfach ertragen, solange er brav mit dem Geld nach Hause kam und man bei ihm die Sicherheit hatte. Diese Generation, wenn überhaupt, lernt erst heute den Wert der Beziehungen kennen oder vielleicht sogar die Werte generell.

Die heutige Generation, wie ich zum Beispiel (Baujahr 1981), ist mit den "Beziehungen" aufgewachsen. Sicherheit haben wir alle gehabt – die meisten zumindest. Dafür haben unsere Eltern gesorgt. Dafür lernen wir jetzt ganz schnell, wie wichtig für uns zwischenmenschliche Beziehungen sind. Uns reicht es nicht aus, einen Partner oder einen Vater zu haben, der nie mit uns spricht usw. Soziale Kontakte und Beziehungen sind uns sehr wichtig.

Und als nächstes dann natürlich die Wertvorstellungen. Was tue ich hier? Man stellt alles in Frage. Die Religion zum Beispiel. Man überprüft alles. Man will mehr wissen! Und und und… Viele Menschen befinden sich in dieser Phase. Heutzutage geht das alles ganz schnell. Viele junge Leute, die jetzt um die 20 Jahre alt sind, haben die Beziehungsebene schon früh begonnen oder bekommen, und sind jetzt schon bei den "Werten" angelangt.

Der nächste Punkt ist unser SEIN: Wer bin ich und was will ich hier auf Erden tun? Es ist die Phase der Selbstverwirklichung! Auch hier sind schon jetzt viele Jugendliche. Viele junge Menschen starten bereits mit irgendwelchen Startups und sind noch nicht einmal aus der Schule heraus.

Und in der letzten Phase habe ich nicht ganz zugehört. Aber es ging darum, dass man hier über sich hinauswächst und einfach alles erreichen kann.

Es war auf alle Fälle mal ganz interessant, dies alles so schön vor sich aufgezeichnet zu sehen und über so ein tiefgründiges Thema zu sprechen.

Tagebucheintrag Montag, den 11.4.2011

Letzten Freitag war ein guter Arbeitstag. Und ich bekam sogar wieder ein tolles neues Muster von der gleichen Verpackungsfirma wie zuvor. Dieses Gewindepack-System aus PP gefällt mir sehr. Mal sehen, was sonst noch kommt! Nur mit den Bällen hapert es jetzt noch, denn die 55 mm Durchmesser, die ich brauche, gibt's nur ab 60 mm. Und das ist leider zu groß. Tja, das sind die Anlaufschwierigkeiten. Aber die gibt's immer wieder mal, egal bei was. Da muss man durch!

Ich will mit Bassalo am 1. Juni 2011 in den Verkauf gehen. Ich will bald den Ball- und Dosenhersteller finden und nächste Woche auch schon Infrarotliegen mit Matratzen verkaufen, um Geld für Bassalo und fürs Wakeboarden zu haben. "Bitte Gott, hilf mir und unterstütze mich mit meinen Plänen und Vorhaben!!!!"

Ich habe heute seit über einer Woche wieder mal TV geschaut. Und meine Erkenntnis war, dass wir viel zu viel Zeit damit verschwenden. Ich hätte viel mehr an meinem Konzept oder in meinem Tagebuch schreiben sollen. Ich dachte, ich könnte einfach mal wieder mit TV relaxen, aber irgendwie empfand ich es als sinnlos und als Zeitverschwendung. Ganz komisch. Ich hätte auch mal bügeln oder die Blumen gießen können, oder mal wieder ausräuchern oder sonstwas tun können. Alles sinnvoller als wieder einfach nur vorm TV auf der Couch zu liegen. Jetzt weiß ich es besser!

Bassalo goes online

Am 14. April 2011 schaltete ich zum ersten Mal meine Facebook-Seite online. Das war spannend! Ich stellte alle Infos und Fotos hinein, die ich hatte und war mega stolz darauf, meine eigene Bassalo-Facebook-Seite zu haben. Gleich darauf verbrachte ich Stunden damit, alle meine (Facebook-)Freunde zu informieren und ihnen den Link zu schicken, damit sie bitte meine Seite liken. Der Spieleerfinder hatte gerade jetzt eine neue Geschäfts- bzw. Eventmöglichkeit gefunden und meinte, wir müssten jetzt so schnell wie möglich etwas online stellen. Also beeilte ich mich!

Tagebucheintrag Ostersonntag 5:34 Uhr, den 24. April 2011

Der Countdown für meinen geplanten Markteintritt mit Bassalo läuft, und doch stecke ich immer noch mit der Produktsuche fest. Es mangelt nicht an Events und Interesse. Die Menschen wollen mein Spiel. Aber die richtigen Dosen oder Becher zu finden, ist eine echte Herausforderung! Es ist frustrierend zu wissen, dass ich bereits starten könnte, aber nicht kann. Ein Reiseveranstalter benötigt bis zum 10. Mai zwei Sets zum Probespielen für ein Event in Moskau. Und am 20. Mai plant auch mein Partner sein erstes Event mit Bassalo. Auf seiner Homepage gibt es bereits eine eigene „Bassalo-Galerie".

Verdammt, ich brauche dringend die richtigen Dosen! Kann es wirklich so schwer sein, die Pringles-Dose aus festem Kunststoff zu bekommen? Den Moosgummi-Ball aus Deutschland habe ich bereits, auch wenn er etwas teuer ist und der Lack abblättert, was ich nicht ideal finde! Aber am wichtigsten sind die Dosen mit meinem Design und Logo darauf.

Ein wenig beschäftigt mich mein Gewissen, dass die Grundidee zu diesem Spiel von meinem alten Studienfreund stammt und nicht von mir. Bisher habe ich nur erwähnt, dass wir es damals oft in Heidelberg gespielt hatten. Aber letztendlich ist das jetzt unwichtig. Denn wie ich gelernt habe, kann jeder dieses Spiel rechtlich gesehen kopieren und nachmachen. Die Spielidee ist nicht neu.
Es war meine Absicht und meine Idee, dieses Spiel auf den Markt zu bringen. Es ist nun meine Arbeit, mein Zeitaufwand und meine Geldinvestition. Auch in Zukunft werde ich hauptsächlich für Bassalo unterwegs sein und diesen Beruf voll ausüben. Vielleicht hätte ich meinem Freund davon erzählen können, um zu sehen, was er davon hält und ob er mein Partner werden möchte. Aber für was genau? Würde er dieses Projekt wirklich mit Geld unterstützen wollen? Würde er seinen Job aufgeben? Wie soll das mit der Zusammenarbeit

funktionieren? Er wohnt in Deutschland und ich in Tirol. Und geschäftlich gesehen ist es oft schwierig, sich mit anderen etwas zu teilen.

Übrigens habe ich nun 101 Fans auf meiner Bassalo-Facebookseite. Es sind genau 11 Tage vergangen, seitdem ich diesen Account erstellt habe. Ich erinnere mich noch genau daran, wie es war.

Das war einer der aufregendsten Momente für mein Spiel! Jetzt war ich tatsächlich in der „Öffentlichkeit". Das erste Mal! Jetzt wissen ein paar mehr Menschen, dass es Bassalo gibt, dass es von mir ist und worum es überhaupt geht! Wow, das war ein Gefühl!

Viele wollen das Spiel bereits haben und ausprobieren. Mein Partner hat schon mehrere Events geplant, und ich freue mich darauf, das Spiel unter die Leute zu bringen. Es ist warm, die Sonne scheint – also bestes Wetter für Bassalo. Aber ich habe das Produkt immer noch nicht!

Ich lasse mich jetzt nicht stressen, denn wie es in meinen Affirmationen heißt: „Alles Positive kommt zu mir, und ich nehme alles mit Leichtigkeit."

Es bringt nichts, sich jetzt so stressen zu lassen. Ich bin schon gut dabei. Der Ball hat bereits zu rollen begonnen und wird weiterrollen. Ich sollte mich jetzt bloß nicht kaputtmachen. Das habe ich anfangs nicht getan, und siehe da, was passiert ist. Ich bin so weit gekommen, und ich werde nun auch Ruhe bewahren. Alles Positive kommt zu mir!

Letzte Woche habe ich eine Network-Firma mit Gesundheitsprodukten kennengelernt. Die Produkte, die ich bisher kennengelernt habe, sind unglaublich. Natürlich habe ich gleich meine erste Bestellung aufgegeben und allen davon erzählt, bzw. allen erzählen wollen. Aber ich musste feststellen, dass es wirklich darauf ankommt, wie man es den Leuten erzählt. Es kommt auch darauf an, welche Erfahrungen die Leute mit solchen Systemen bereits gemacht haben. Wenn es heißt: „Hey, du kannst ohne großen Aufwand locker ein paar Hundert Euro nebenbei verdienen", sind gleich alle so skeptisch. Mein Gott, warum sind so viele Menschen immer so verschlossen?

Letzten Freitag bin ich mit einer Freundin Paragliding am Tegernsee gewesen. Es war schön, aber auch ein etwas komisches Gefühl. Auch wenn ich das Fliegen mag, fand ich das Gleiten mit dem Schirm wirklich seltsam, und ich fühlte mich nicht ganz wohl dabei. Ich danke Gott – wieder einmal – dass ich heil unten angekommen bin! Ich war ja schon einmal Fallschirm- und Bungeespringen. Da springt man einfach weg und fliegt in rasendem Tempo nach unten, das geht irgendwie, keine Ahnung warum!? Aber dieses langsame Gleiten, jeden Windstoß spüren, dieses unsichere Gefühl... Ich weiß nicht, das war nicht wirklich meins.

Die Suche nach dem richtigen Produkt

Eines der ersten Designs war dieses:

Und nachdem das Logo und auch schon fast der Slogan feststand und ich aus unerklärlichen Gründen die Farbe Blau mit einfließen lassen wollte, entstand ein neues Design. Anfangs noch mit vielen Erklärungen direkt auf dem Becher drauf (Siehe Foto nächste Seite).

Und nach langer Bechersuche kam eine Hoffnung aus Holland. Ich hatte einen Produzenten von Kartondosen im Internet gefunden und gleich 100 Stück bestellt. Jedoch musste ich hier allerdings die Ränder an der Öffnung innen wegschleifen. Denn dieser stand etwas nach außen ab und so konnte der Ball nicht richtig aus dem Becher rollen. Und dann wurden Aufkleber-Folien mit Logo und Design auf die Dosen geklebt.

Zum Thema Bälle hatte ich fast alles mögliche ausprobiert. Die besten waren bislang 55 mm große Moosgummi-Bälle. Doch diese sprangen viel zu stark. Die Suche danach ging also weiter.

Nachdem ich also überall auf der Welt vergebens nach bestehenden Bechern, Dosen oder Röhren aus Kunststoff gesucht hatte, hatte ich mich dann doch entschlossen, alles auf eine Karte zu setzen und einen Kunststoff-Hersteller zu suchen, der mir das Werkzeug für ganz neue Becher bauen könnte. Doch es war alles andere als leicht, einen dafür zu finden. Denn die Kosten für so ein Werkzeug lagen im Bereich von 20.000 - 80.000 €.... Und so suchte und suchte ich weiterhin nach einer günstigeren Alternative.

Ich fokussierte mich bisher nur auf die Suche nach Bechern, und wenig nach Bällen, weil ich dachte, dass es mit den Bällen schon nicht so schwierig sein würde.

Das Geld wurde immer knapper, ich war immer noch viel bei "Bassalo-Test-Events" unterwegs und es nagte schon lange an meiner Psyche.

Zu dieser Zeit hatte ich mich auch schon mit diesem Spieleerfinder gut angefreundet und wir entschieden uns für eine Partnerschaft. Leider lag mir das aber auch schwer auf den Schultern, weil er freiwillig und voll motiviert, immer mehr versuchte zu machen, als ich überhaupt hinterherkam. Ich hatte ja immer noch keine richtige Arbeit und versuchte alle Jobs und Projekte gleichzeitig zu machen. Ich war sehr überfordert!

Dann kam mir auch noch ein schlechtes Gewissen, bzgl. meines alten Studienfreundes, von dem ich die Spielidee aufgeschnappt hatte. Irgendwann, als ich die Facebook-Seite schon hatte und seine Freundin oder er es sahen, rief er mich an und ich erzählte ihm alles. Zuerst war er etwas beleidigt, dass ich ihm nicht von Anfang an davon erzählt hatte. Doch ich entschuldigte mich und sagte, dass ich ja selbst nie gedacht hätte, dass das alles Potential hätte und ich zugleich nicht wusste, wo ich eigentlich im Leben stehe.

Kurzum, er war begeistert und wollte mitmachen.

Da waren wir nun also schon zu dritt. Ein gutes Gespann mit verschiedenen Charakteren und unterschiedlichen Erfahrungen. Hätte eigentlich gut zusammengepasst...

Während aber der eine mir zu schnell voran ging und mir fast das Ruder aus den Händen nahm, war mein Studienfreund nicht einmal bereit, eine kleine Summe Geld für einen Grafiker in die Hand zu nehmen. Da spitzte sich die Lage Stück für Stück zu. Er wollte erst einmal Bestellungen entgegennehmen und dann schauen, wie sich das entwickelt. Er wollte auf „Nummer sicher gehen." Es war nicht leicht für mich, denn jeder redete einem dazwischen, man wußte nicht genau, wer wieviel genau daran arbeitete und jeder meinte es besser. Dann fing es auch an, dass beide mir Schlechtes über den anderen erzählten und versuchten, mich zu beeinflussen.

Lange Geschichte, leider mussten wir beiden Österreicher, also ich und der Spieleerfinder, uns von meinem Studienfreund verabschieden. Das war nicht leicht, aber leider nötig und er selbst hatte auch keine Lust mehr. Dafür wollte er jetzt die Spielidee irgendwie selbst umsetzen mit einem anderen Namen usw. Und das stresste mich wieder innerlich sehr. Rechtlich gesehen, hatte er natürlich das Recht dazu. Doch für mich war das Stress pur!

Und mein "Noch-Partner" machte mir zusätzlich Stress, denn er versuchte die ganze Zeit so schnell und günstig wie möglich, irgendein Produkt zu finden, um "Bassalo" in sein Portfolio mit seinen anderen zwei Spielen mit reinzunehmen. Ich wollte mein Spiel aber als individuelles Produkt von mir eigenständig vermarkten.

Mir ging es finanziell und psychisch schon ganz miserabel. Ich hatte keine Einnahmen und mit der Produktsuche kamen wir oder ich auch nicht weiter. Ich spürte diesen Stress schon sehr stark an meinem Aussehen. Ich wurde sehr dünn, sah wie abgemagert aus und meine Haut verschlechterte sich immer mehr. Ich wog gerade mal 62 Kilo mit meinen 1,75 m Körpergröße.

Nach einem Besuch beim Arzt hatte er bei mir leider Neurodermitis diagnostiziert, bedingt durch psychischen Stress. Das machte mich fertig. Denn meine Haut juckte und kratzte und die Augenlider hingen mir über die Augen. Ich dachte: "Das gibt's ja gar nicht. Das ist doch positiver Stress, ich kreiere etwas Neues und Großartiges!"

Der Arzt meinte, es wäre unheilbar, doch ich wollte ihm nicht glauben. Ich wollte es nicht hören und schon gar nicht akzeptieren! Wenn es vorher nicht da war, kann es auch wieder weggehen….

Auf jeden Fall nahm ich mir dann eine kleine Auszeit und fuhr zu meiner Mutter nach Hause in den Schwarzwald.

Tagebucheintrag Dienstag, den 3.5.2011

„Ich fahre aus der Haut" – so lautet doch das Sprichwort, wenn einem alles zu viel wird. Deshalb habe ich wahrscheinlich auch meine Hautprobleme. Nur gerade jetzt ist es etwas besser geworden. Doch letzte Woche, als ich von einem Hersteller von Weißblechdosen aus Kufstein erfahren habe, dass sie jetzt doch meine Wunschmaße herstellen könnten, war ich wieder auf Vollstrom. Ist ja klar, denn endlich schaut es mal so aus, als hätte ich einen Becherhersteller gefunden. Witzig, denn als ich vor ein paar Tagen anrief und nachfragte, meinte die Dame noch, dass sie keine 25 cm hohen Dosen herstellen könnten, weil sie die Maschine dafür nicht hätten. Und jetzt ganz plötzlich rief sie mich an, dass ich doch vorbeikommen sollte - sie hätten die Muster schon bereitgelegt.

Als ich dann dort war, sagte sie mir überraschenderweise, dass sie genau heute eine neue Maschine bekommen hätten, die genau meine Wunschlänge von Dosen produzieren könnte!! Wow, da war ich natürlich überwältigt und dachte "das gibt's doch nicht"!!

Ja, das Leben ist nicht einfach. Zumindest nicht für mich momentan. Ich bin ständig in Bewegung und überlege, was als nächstes zu tun ist. Und seitdem ich in Bewegung bin, ist mein Umfeld auch ständig in Bewegung.

Der Anwalt hat mich jetzt kontaktiert bzgl. meiner Bassalo Markenanmeldung. Es gibt da eine Marke "Basalo" mit einem „s" von einer deutschen Firma, die aber in einer ganz anderen Branche tätig ist. Diese darf jetzt aber trotzdem Einspruch binnen drei Monaten erheben. Sollte eigentlich kein Problem sein. Jedoch sind mir drei Monate zu lang, um zu wissen, ob es okay sein wird oder nicht. Ich meine, es ist mein Spielname! DER Name, der jetzt die ganze Zeit schon benutzt wird und mit dem ich mich voll und ganz identifizieren kann. Ich wünsche mir, dass dieser Name bestehenbleiben wird!!

Bevor ich meinen Traum von letzter Nacht vergesse, möchte ich ihn noch schnell aufschreiben: Ich träumte endlich, dass ich richtig fliegen konnte. Es war der Wahnsinn! So ein herrliches, wundervolles Gefühl, wow!! Ich habe schon öfter geträumt, dass ich es lernen würde. In diesen Träumen wurde es mir auch oft gezeigt und erklärt: es hieß "positiv bleiben und leicht denken, nur positives Denken und leicht fühlen", und schon hebt man ab. Es darf da nichts Negatives dazwischenkommen. Gar nicht so einfach, seine Gedanken permanent leicht und positiv zu halten.

Und letzte Nacht bin ich dann tatsächlich geflogen! Gegen Ende des Traums bin ich zwar immer wieder gestürzt und hatte keine Energie mehr, aber ich bin geflogen, hoch hinaus, habe mich gedreht und bin einfach geflogen. Es war so unglaublich schön! Endlich habe ich es geschafft!!

Heute regnet es den ganzen Tag und meine Stimmung passt sich dem Wetter an. Keine Neuigkeiten von der Dosenfirma in Kufstein und auch keine Nachricht von meinem Anwalt bezüglich der Markenanmeldung. Der Grafiker arbeitet am Dosendesign, und die Flyer für die Infrarotliegen werden bald gedruckt. Doch was bleibt mir zu tun? Ich fühle mich unproduktiv und von einem ständigen Druck begleitet, immer etwas tun zu müssen. Vielleicht sollte ich die Unterlagen von der „Gründerakademie" durchlesen, doch es ist so viel, und die vielen Gedanken über Bassalo machen mich verrückt. Manchmal habe ich das Gefühl, dass mir der Schädel platzt.

Ich habe auch eine E-Mail an einen deutschen Ballhersteller geschickt und warte gespannt auf eine Antwort. Die finanzielle Lage beschäftigt mich ständig. Rechnen wir mal zusammen, was ich im nächsten Monat an Geld benötigen werde:

1. 900 € für den Patentanwalt + 600 € zusätzliche Kosten
2. 1.000 € für das Grafikbüro
3. 2.000 € für die Weißblechdosen
4. 2.000 € für die Bälle

Insgesamt brauche ich also 6.000 bis 7.000 € im nächsten Monat. Ein erschreckender Betrag. Und wie sieht es aktuell aus? Ich habe 800 € auf dem Sparkonto und bin 500 € auf dem Girokonto im Minus. Es werden noch ca. 1.000 € abgezogen. Am 8. Mai erwarte ich 1.300 € auf meinem Konto, was mich insgesamt nur auf ein Plus von 200 € in 10 Tagen und 800 € auf dem Sparkonto bringt.

Zum Glück hat mir meine liebe Schwester 2.000 € geliehen, und sie wäre bereit, mir noch einmal 2.000 € zu leihen. Obwohl ich nicht so viele Schulden machen will, wäre es eine Lösung innerhalb der Familie, was mir lieber ist als Fremdkapital aufzunehmen.

Was klar ist: Bis zum 20. Mai muss ich die 900 € an den Anwalt zahlen. Was die Dosen und Bälle angeht, wird man sehen.

Die Unsicherheit und der Druck, alles rechtzeitig zu finanzieren, belasten mich. Aber gleichzeitig motiviert mich der Gedanke, dass ich es irgendwie schaffen werde. Jeder Regentag geht irgendwann vorüber, und ich hoffe, dass auch meine Anstrengungen bald Früchte tragen.

Tagebucheintrag Donnerstag, den 5.5.2011

Der Weißblechdosen-Hersteller aus Kufstein ist momentan meine einzige Möglichkeit und Hoffnung. Sie haben versprochen, mir bis morgen zu sagen, wann sie die ersten zehn Muster herstellen können. Ich hoffe, dass es schnell geht, denn ohne diese Dosen kann ich mein Projekt nicht vorantreiben.

Auch aus Holland kommen hoffnungsvolle Nachrichten. Ein Hersteller schickt mir Muster aus Karton. Zwar nicht das optimale Material, aber wenn sie sehr günstig sind, könnte ich 100 Stück als Prototypen bestellen und kostenlos verteilen. Das wäre perfekt, um erste Rückmeldungen zu sammeln und die Reaktion auf mein Produkt zu testen. Besonders dringend ist das, weil ein Reiseveranstalter die Dosen schon in fünf Tagen benötigt!

Beim Ball gibt es ebenfalls einen Lichtblick. Es besteht die Chance, einen neonfarbigen Ball in „gold gesprenkelt" zu bekommen, genau in meiner gewünschten Größe von 47 mm. Ursprünglich hatte ich 55 mm geplant, aber kleiner ist oft besser – besonders für den Anfang. Wenn das klappt, hätte ich zumindest für die erste Phase ein passendes Produkt.

Die Spannung und die Hoffnung sind kaum auszuhalten. Jeder Anruf, jede E-Mail könnte die entscheidende Nachricht bringen, die mein Projekt voranbringt. Gleichzeitig lastet der Druck auf mir, alles rechtzeitig zu bekommen und zu finanzieren. Es sind nervenaufreibende Tage, aber auch solche, die voller Möglichkeiten und Chancen stecken.

Ich weiß, dass diese Momente entscheidend sind. Jeder Schritt bringt mich näher an mein Ziel. Die Arbeit, die ich in die Entwicklung meines Spiels gesteckt habe, muss sich jetzt auszahlen. Die Dosen aus Kufstein, die Kartonprototypen aus Holland und die neonfarbigen Bälle – all das sind Bausteine, die mein Projekt möglich machen. Ich hoffe inständig, dass sich alles zum Guten wendet und ich bald sagen kann: Es hat geklappt!

Bis dahin bleibt mir nur, weiterzumachen, zu hoffen und zu glauben, dass all die Mühe und Anstrengung sich lohnen werden. Die nächsten Tage werden zeigen, ob sich meine Träume erfüllen und mein Spiel endlich Wirklichkeit wird.

Tagebucheintrag Donnerstag, den 12.5.2011

Endlich gibt es gute Neuigkeiten aus Holland! Der Hersteller hat mir ein Angebot für Dosen gemacht, die genau meinen Wunschmaßen entsprechen: 73 mm Durchmesser und 250 mm Höhe. Der Boden und der Ring am oberen Rand sind aus Metall, was wirklich großartig ist und den Dosen eine stabile Struktur verleiht. Das einzige, was mich noch etwas stört, ist, dass der Rest der Dosen aus Karton besteht. Irgendwie scheint nie alles perfekt zu sein!

Aber mein Partner hat mir Mut gemacht. Er meinte, dass die Kartondosen für den Anfang durchaus ausreichen und sich auch gut verkaufen lassen können. Und das neue Design mit dem coolen Hintergrund sieht jetzt wirklich fantastisch aus. Besonders stolz bin ich auf den professionellen Look mit dem Barcode – es wirkt jetzt alles richtig gut und professionell.

Dann der Moment, der mich wirklich überwältigt hat: Mein Partner sagte, er würde sofort 1.000 Sets abkaufen! Diese Nachricht hat mich so glücklich gemacht, dass ich es kaum glauben konnte. Und es kommt noch besser – er hat bereits zwei Sets an ein Hotel verkauft, das nun ungeduldig darauf wartet, sie zu erhalten.

In diesem Moment fühlte ich eine immense Erleichterung und Freude. Es scheint, als würden sich all die Mühen und der Stress endlich auszahlen. Der Gedanke, dass mein Produkt bald in den Händen von Kunden ist, die es schätzen und nutzen, erfüllt mich mit Stolz und Zuversicht.

Natürlich bleibt noch viel zu tun, aber dieser Fortschritt gibt mir die Energie und Motivation, weiterzumachen. Die Vorstellung, dass mein Spiel bald auf dem Markt ist und Menschen Freude bereitet, treibt mich an, trotz aller Herausforderungen nicht aufzugeben. Jeder kleine Schritt nach vorne bringt mich meinem Traum näher und zeigt mir, dass sich der Einsatz lohnt.

An dieser Stelle möchte ich Gott für diesen Tag danken. Es war ein guter Tag, und ich spüre, wie sich meine Haut langsam verbessert. Natürlich ist es wichtig, auf meine Ernährung zu achten – keine Kohlensäure, keine Kuhmilch, keine Zitrusfrüchte, keine Nüsse, kein Käse, generell keine Milchprodukte, kein Süßes, kein Fleisch und vor allem so wenig Stress wie möglich.

Man sagt, dass Neurodermitis einmal ausbricht und dann nie wieder richtig weggeht. Bei jedem Anzeichen von Stress flammt sie wieder auf. Das bedeutet, ich muss und ich darf jetzt lernen, beruhigt und zufrieden durchs Leben zu gehen. Eigentlich eine interessante Wendung. Ich werde dazu gezwungen, immer ruhig zu bleiben! Wie kurios...

Ist das meine nächste Stufe im Leben? Warum geht alles so verdammt schnell? Ich komme kaum noch mit. Ich erinnere mich noch daran, als ich vor nur drei Monaten mit all dem hier angefangen habe. Es war Anfang Februar und ich fühlte mich überfordert von den vielen Gedanken und Ideen. Mein Kopf drohte vor lauter Überlastung zu platzen.

Und doch habe ich diesen Weg eingeschlagen und ich möchte ihn wirklich durchziehen. Der anfängliche Stress ist wohl ganz normal. Aber jetzt soll ich mich auch noch gleichzeitig beruhigen? Mensch, da muss ich ja selbst lachen!

Ich denke, wir leben in einer Welt, die sich rasend schnell entwickelt. Eine Welt, in der bald eine Entscheidung, eine Veränderung ansteht. Die Welt dreht sich momentan sehr schnell und wird von Tag zu Tag verrückter. Entweder kannst du mit dieser Schnelligkeit und der steigenden Frequenz mithalten, oder du bleibst zurück. Ich möchte mithalten. Ich klammere mich daran fest. Zwar hänge ich oft an der Grenze, am Limit, und möchte nicht loslassen. Das ist wohl der Grund für meine aktuelle Hautkrankheit. Wenn mein Körper mir das jetzt nicht aufzeigen würde, würde ich wohl immer weiterarbeiten und mir immer mehr Gedanken machen. Also muss ich mir immer wieder Pausen gönnen, in mich kehren und ruhen. Deshalb danke ich meinem Körper sehr für diese Krankheit: Vielen Dank!

Übrigens bin ich letzten Samstag nach dem Hochseilgarten spontan nach Hause zu meiner Mutter nach Deutschland gefahren. Plötzlich stand ich vor der Tür und meine Mutter öffnete sie. Sie konnte es überhaupt nicht fassen! Ich hatte lange überlegt, ob ich alleine oder mit meiner Schwester fahren sollte. Es ging mir natürlich auch im die Benzinkosten.

Letzten Endes war mir alles egal. Ich wollte meine Mutter und unsere Hündin Pia sehen. Das Leben spielt sich jetzt ab. Nicht in der Zukunft. Es ist egal, was Geld und Vernunft sagen. Wenn dein Gefühl, dein Bauch, dein Herz dir sagen, was jetzt zu tun ist, dann tue es trotzdem! Ich habe es nicht bereut, im Gegenteil!

Tagebucheintrag Dienstag, den 7.6.2011

Das dritte Modul der "Freizeit- und Outdoor Ausbildung" Ende Mai war ein absoluter Höhepunkt. Wir wagten uns beim Rafting aufs Wasser und testeten eine Vielzahl von Fun-Sport-Geräten wie Hydrospeed, Riverbug, Tube und Canyoning. Es war eine aufregende Erfahrung, aber das Herumtoben im eiskalten Gebirgswasser war nichts für mich. Da ziehe ich definitiv wärmere Gewässer wie Seen oder Strände vor.

Auch die Fun-Geräte für den Berg, wie die Mountain-Card, das Bockerl und der Monster Roller, brachten uns jede Menge Spaß. Es war ein wahres Abenteuer!

Besonders beeindruckt hat mich jedoch die Höhlentour. Die kalte, frische Luft und die Stille in der Höhle waren einfach herrlich. Als wir tief im Bergesinneren waren, wurden wir gebeten, 10 Minuten lang ganz still zu sein und über uns selbst nachzudenken. Das war eine sehr intensive Erfahrung!

Während ich all diese Erlebnisse genoss, drehte sich in meinem Kopf trotzdem alles um Bassalo und andere Dinge. Mir wurde klar, dass ich mich nicht mehr zu sehr verzetteln darf. Ich sollte mich auf 1-2 Hauptprojekte konzentrieren, höchstens drei, wenn sie nicht zu viel Aufwand und Konzentration erfordern. Daher habe ich mich nun für folgende Projekte entschieden:

1. Bassalo
2. Infrarot
3. Hochseilgarten

Ich bin zuversichtlich, dass diese Fokussierung mir helfen wird, meine Ziele effektiver zu verfolgen und erfolgreich umzusetzen.

Man muss wirklich vorsichtig sein, nicht zu viele Dinge gleichzeitig anzugehen. Ich bin überzeugt, dass das langfristig nicht gutgehen kann. Wenn wenigstens alles in derselben Branche wäre, dann wäre es sicherlich einfacher. Aber in verschiedenen Bereichen gleichzeitig zu jonglieren, treibt einen ja förmlich in den Wahnsinn.

Seit ein paar Tagen regeneriert sich meine Haut endlich wieder. Das ist ein kleiner Lichtblick, der mir sehr viel bedeutet.

Gestern war ich beim Arbeitsmarktservice bezüglich der Gründerförderung. Leider bin ich zu spät dran. Ich hätte mich früher melden müssen. Aber gut, es wird schon seinen Grund haben. Immerhin bleibe ich noch arbeitslos gemeldet, und ab dem 1. Juli habe ich trotzdem mein eigenes Gewerbe.

Der Berater dort meinte jedoch, mit Bassalo würde ich nicht viel verdienen. Nach diesem Gespräch fühlte ich mich wieder merkwürdig und ein wenig niedergeschlagen. Warum müssen die Menschen immer so pessimistisch sein? Er hat Bassalo nicht einmal gespielt, er hat nicht erlebt, wie begeistert die Leute davon sind. Woher zum Teufel will er wissen, dass man damit nicht viel Geld verdienen kann?! Diese Art von Menschen, echt jetzt!

Oder bin ich einfach zu naiv? Sehe ich immer alles zu groß und mächtig? Sehe ich wirklich immer alles zu positiv? Meine Sichtweise, egal wie die Realität ausfallen mag, ist doch immer noch viel besser als ständig negativ zu denken!

Er weiß nicht, was meine Partner und ich bereits erreicht haben. Er hat keine Ahnung, wie wir das Spiel vermarkten werden. Und von wegen "im Winter wird es weniger Geschäfte geben"!? Bis dahin haben wir sicherlich bereits Partner in Ländern wie Spanien, Griechenland und Italien gewonnen. Außerdem kann man Bassalo das ganze Jahr über spielen, nicht nur im Sommer.

Und was das Geld betrifft, okay, ICH WEISS, ICH HABE KEIN EIGENKAPITAL – IM GEGENTEIL – ICH BIN SOGAR IM MINUS!! Na und? Nur weil man kein Geld hat und nichts gespart hat, heißt das doch nicht, dass man seine Träume nicht erreichen kann, oder? Was ist das überhaupt für ein ständiges Bedürfnis nach Sicherheit? Es gibt keine Garantien im Leben, nichts ist sicher. Selbst wenn du viel Geld auf dem Konto hast, kannst du nicht sicher sein, dass du die nächsten 3-5 Jahre erlebst.

Also wozu brauche ich so viel Geld, um meine Träume zu verwirklichen? Irgendwo und irgendwie findet sich immer eine Lösung für ein Problem, oder nicht? Wie oft hat man schon selbst in der Klemme gesteckt und plötzlich tauchte jemand oder etwas auf und hat geholfen, wieder auf die Beine zu kommen?

Wichtig ist nur folgendes:

- NICHT AUFGEBEN!
- SEI NAIV UND GLAUBE DARAN!
- HABE DEINE TRÄUME!
- VERFOLGE DEINE ZIELE!
- HÖRE AUF DICH SELBST!

Und ich bleibe dabei – die werden sich alle noch wundern. Vielleicht halte ich meinen Umsatz dieses Jahr tatsächlich unter 30.000 €. Aber was dann? Vielleicht wird es ein riesiger Erfolg und ich verdiene das Doppelte oder Dreifache! Wer kann das schon vorher wissen? Es ist doch lächerlich, alles im Voraus zu planen!

Die ersten 100 Dosen vom Holländer sind endlich angekommen. Doch leider ist etwas nicht richtig. Der Metallring innen stört beim Spielen. Also habe ich bei allen Dosen den Innenring weggeschliffen, damit man problemlos spielen kann. Trotzdem werde ich sie für die bevorstehenden Events nutzen, draußen damit spielen und sie verschenken. Ein kleiner Rückschlag, aber nichts, was mich aufhalten könnte.

Die ersten 1.000 Weißblechdosen sind ebenfalls bestellt und sollten bald fertig sein. Dann kann es endlich losgehen!

Auch die Moosgummibälle sind bestellt – 500 Stück in leuchtendem Neongelb. Und die Beachbälle sollten auch bald eintreffen. Die Spannung steigt weiter.

Das erste Ziel wird sein, dass alle mein Produkt, das Material und das Design gut und cool finden. Die Dosen müssen einfach hervorragend sein und den Preis wert. Wenn alles passt und die Sets gut ankommen, werde ich sofort weitere 2.000 – 3.000 Sets mit Aufdruck bestellen und genügend Bälle dazu. Das Design kann dann je nach Erfahrung angepasst werden.

„So viel Mut muss unterstützt werden", schrieb mir gerade eine Ex-Arbeitskollegin auf Facebook. Wie wahr, das denke ich mir auch immer wieder. Mut zur Durchsetzung von Bassalo. Ich bete oft und wünsche mir, dass alle mir dabei helfen. Ich könnte auch einfach einen normalen Job finden, viel verdienen, jeden Tag zur Arbeit gehen, meine Freizeit genießen, ein festes Einkommen und somit keine Sorgen haben.

Aber das wäre nicht ich. Das wäre nicht das, was ich wirklich will. Ich möchte etwas bewegen, erfolgreich sein, mein eigenes Ding machen. Selbständig sein und meine Träume verwirklichen. Auch wenn das bedeutet, dass ich vorübergehend auf Sicherheit verzichten muss.

Ich finde meine Situation gerade sehr witzig: kein Geld, kein Kapital, nichts Angespartes. Aber ich habe einen neuen Opel Astra, auf den ich noch einen Kredit von 18.000 € zurückzahlen muss, eine tolle Wohnung für 600 € im Monat, mache eine Ausbildung zum Outdoor- und Freizeit Guide für 2.300 € und möchte mich jetzt mit diesem Spiel selbständig machen. Verrückt, oder?

Jahrelang habe ich nie wirklich etwas gespart. Und wenn doch, habe ich es immer für Urlaub, Kleidung, Ausgehen oder für meine Familie ausgegeben. Ich war großzügig und habe mir um Geld keine Gedanken gemacht. Zumindest seit ich in Tirol angefangen habe zu arbeiten.

Und jetzt ist Sommer und ich bin so froh, dass ich nicht ins Büro muss. Ich habe Freizeit und kann mich jetzt mit 30 Jahren selbst verwirklichen. Ich bin bereit dafür.

Tagebucheintrag Mittwoch, den 8.6.2011

Es ist wirklich zum Verzweifeln, wenn man mit leeren Taschen dasteht! Manchmal möchte ich einfach unter die Bettdecke kriechen und erst wieder

hervorkommen, wenn das Unwetter vorbei ist! AAAaaaaaaahhhhhhhhhhhh....
Was für ein Mist!!!!

Gerade habe ich mit dem Grafikbüro gesprochen – sie sind total beleidigt,
weil ich nur das Logo bezahlen möchte und die Homepage selbst gestalten will.
„Was ist denn mit den bisherigen Arbeitsstunden?", fragten sie. Ja, toll! Wenn
das Ergebnis bisher überzeugt hätte, wäre das vielleicht in Ordnung gewesen.
Aber bisher kamen zu 90 % der Ideen und Inhalte von uns. Wie soll ich jetzt
entscheiden, was ihre bisherige Arbeit wert ist?!?! Hallo, ... Ich habe keinen
Cent übrig – noch nicht mal ansatzweise.

Und dann bin ich jetzt auch noch 3.200 € im MINUS. Heute kommen 1.400
€ AMS-Geld dazu. Dann stehe ich nur noch 1.800 € im Minus. Und dann 200
€ vom Waldseilgarten, 100 € von meiner Mutter zum Geburtstag, plus 100 €
vom Vertrieb der Gesundheitsprodukte und hoffentlich noch mal 300 € zu meinem Geburtstag. Vielleicht schaffe ich es, bis Ende des Monats nur bei 1.100 €
Minus zu landen. Doch da warten noch Kosten auf mich, wie z.B. 500 € für die
Versandverpackungen und etwa 200 € für die Beklebung der Dosen. Und für
die 1.000 Dosen brauche ich 2.000 €.

Da haben wir das Problem schon! Wie um alles in der Welt soll ich das schaffen??? Ich habe noch ungefähr zwei Wochen, bis die Dosen eintreffen!! Und
die anderen 100 Dosen müssen jetzt auch noch gemacht werden!!! Ach,
jeeeee.... Es ist verdammt schwierig, etwas auf die Beine zu stellen, wenn man
überhaupt kein Geld mehr hat!! Nicht mal ein bisschen.... weniger als nichts!!!
Ich sitze hier und warte auf ein Wunder!

Warum werden denn auch noch die Termine für die Infrarotliegen ständig
abgesagt? Ich weiß, es hat alles seinen Grund. Aber ich glaube, dass es gerade
jetzt zu diesem Zeitpunkt am schwierigsten ist. Die Dosen und Bälle sind bestellt, das Wichtigste habe ich bereits. Doch jetzt fehlt nur noch das Design auf
den Dosen, und das ausgerechnet jetzt, kurz vor Schluss!!!!!!

Tagebucheintrag Dienstag, den 21.6.2011 – um 00:08 Uhr

Heute war mein 30. Geburtstag!

Ich war leicht schockiert und enttäuscht, als ich erst um 11:30 Uhr morgens auf die Uhr schaute! 30 Jahre alt und die Hälfte des Tages verschlafen, super!! Aufgestanden, etwas müde, habe ich aufs Handy geschaut, ein paar Anrufe von der Infrarotliegen-Firma. Auf diesen Job habe ich auch keinen Bock mehr. Ich musste mich erstmal aufrichten und gemütlich aufwachen. Ich hatte vorerst keine Lust mit jemandem zu sprechen. Ich war irgendwie sehr geflashed – 30 Jahre – die 30!! Irgendwie sehr nachdenklich...

Den ganzen Tag bin ich schon in Gedanken! Mensch, mit 20 war das Feiern das Wichtigste, dann wurde in Heidelberg weiter Party gemacht – das war so wichtig für mich. Das Studium ging mir auf den Sack, ich hatte Depressionen. Ich hatte aber auch tolle Zeiten erlebt mit vielen Partys. Danach war ich drei Monate in Venezuela – das war eine krasse Zeit – viel erlebt – wieder viel gefeiert – aber auch sehr viel allein unterwegs gewesen. Danach drei Tage Karibik St. Lucia ohjee... dann drei Monate London, ebenso super Zeit gehabt mit vielen Abenteuern. Zwischen Venezuela und London nur Partys gefeiert – und dann bei der Spedition in Kufstein angefangen zu arbeiten. Neues Land, neue Arbeit, neue Menschen. Super tolle Freunde gefunden!

Die letzten Monate waren hart, sehr hart und sehr erfahrungsreich. Jetzt mache ich mich selbständig und hoffe, dass alles gut wird! Ich möchte mich selbst verwirklichen, meine wahre Berufung finden, fit und gesund sein, ich möchte eine tolle Frau kennenlernen, die zu mir passt. Ich will Ruhe, ich will Zufriedenheit und Ausgeglichenheit, Ich will mich selbst kennenlernen – ich habe mich schon sehr gut kennenlernen dürfen.

Ja, ich bin jetzt müde und werde gleich schlafen gehen. Ich freue mich auf meine nächsten 10 Jahre.

Meine Wünsche und Ziele sind auf jeden Fall, dass Bassalo jetzt volle Kanne ankommt und ich damit erfolgreich werde. Und ich wünsche mir, auf der

Eventschiene auch mit einsteigen zu können und coole Sachen damit zu machen!!

Und bald bald…. Wünsche ich mir einen meiner Seelenverwandten kennenzulernen und Liebe wieder voll erfahren zu dürfen!

Auf jeden Fall war dieser Tag heute sehr komisch. Hatte nicht das Bedürfnis, feiern zu müssen! Ich habe mich dann abends mit meiner Schwester und ihrer Freundin getroffen und eine Flasche Prosecco in einer Bar getrunken.

Tagebucheintrag Donnerstag, den 23.6.2011

Die 1.000 Weißblechdosen sind auch am Dienstag angekommen. Noch bin ich nicht 100 % sicher, ob sie so passen. Doch eigentlich, wenn man darüber nachdenkt, könnte man diese passend machen. In der Spielerklärung muss drinstehen, dass die Dosen nur unten anzufassen sind und beim Mitnehmen in der Tasche sollte der Deckel mit drauf sein, fertig.

Auch haben wir heute prüfen können, an welchem Termin wir nun den neuen Imagefilm drehen wollen und ob in Frankfurt oder Stuttgart.

Es läuft alles. Ich muss mich nur immer wieder zur Geduld und Ruhe zwingen!!!

Ich liebe mein Leben – ich wünsche mir so fest, dass es mit Bassalo bald richtig toll wird und ich tatsächlich bald gut davon leben kann!!! Das wäre echt der Wahnsinn!!!!

Tagebucheintrag Donnerstag, den 30.6.2011

Scheisse, schon wieder haut mich das AMS einfach um! Was ein paar Worte schon bewirken können!!! Jetzt habe ich wieder Druck – als wenn ich den nicht ohnehin schon hätte!! Die Weißblechdosen aus Deutschland sind überhaupt nicht gut. Sie sind doch zu weich und die "Nahtfalz" in der Mitte der Dosen geht leicht auf, Verletzungsgefahr. Oh man!! Nächsten Monat habe ich noch einen AMS-Termin, und ab dem 18. September stehe ich offiziell als

"Notstand" im System und dann soll ich jede Arbeit annehmen, die sie mir geben. Echt zum Kotzen!

Was soll ich jetzt tun??? Ich dachte, ich starte erst richtig durch, wenn ich mit dem Verkauf von Bassalo beginne. Und jetzt?? Soll ich weiter warten, hoffen und beten?? Meinem Schicksal ins Auge schauen? Oder soll ich mich schon um einen Plan B oder C kümmern? Was ist denn überhaupt Plan B? Plan A war, dass wir Bassalo verkaufen. Plan B wäre die Eventsache plus Hochseilgarten! Plan C wäre momentan in der alten Spedition wieder anzufangen!

Ach je, ist das zum Verzweifeln, ich will eigentlich nicht wieder zurück. Doch im Notfall, was soll ich tun? Da ist die alte Speditionsfirma doch eine gute Alternative. Ich verdiene wieder gut, habe Sicherheit, und ich könnte nebenbei Bassalo machen! Und dass nach der Arbeit und am Wochenende. Eigentlich nicht schlecht! Die Arbeit in der Dispo war immer ganz lustig mit den Kollegen. Die Arbeit an sich wird mich nicht mehr so nerven wie früher, da ich ja nebenbei was anderes mache.

Ich hoffe und wünsche mir, dass der deutsche Dosenhersteller eine gute Alternative findet. Ich bin fest davon überzeugt, dass wenn ich die richtigen Dosen einmal hier habe, es richtig laufen wird!

Da machst du was mit. mit dieser Selbständigkeit. Jetzt sind genau fünf Monate rum. Wie schnell die Zeit vergeht.

Ich möchte jetzt eigentlich nur etwas tun, was mir wirklich im Herzen Freude bereitet, und damit will ich mein Geld verdienen!! Aber was ist das genau?? Bei Bassalo zusehen, wie die Menschen daran Spaß haben, erfüllt mein Herz mit Freude. Dieses Spiel auf den Markt zu bringen, wäre ein super Ding für alle!

Ach, bitte lieber Gott, ich will mir keinen Plan B, C oder D ausdenken. So bin ich einfach nicht. Ich habe EIN Ziel und das verfolge ich. Wird da nichts draus, verfolge ich ein anderes Ziel. Aber gleich mehrere zu haben ist doch scheisse!!

"Bitte lieber Gott, liebe Engel, helft mir bitte bitte bitte bitte, ganz ganz ganz schnell das richtige Produkt so schnell wie möglich hier bei mir zu haben, dass ich tatsächlich um einen guten Preis verkaufen kann!!!! Bittteeeeeeeeeeeeee!!!!!!!! Ich liebe euch so sehr, und ich spüre, dass dieses Spiel und die Events, die ich damit in Zukunft machen kann, MEIN DING wird und ich damit viel Geld machen kann!!! Bitte helft mir, gebt mir Licht!!!! Gebt mir Unterstützung!! Bitte, bitte bitte… helft mir, dass der deutsche Hersteller mir die Dosen wieder zurücknimmt und mir die richtigen Dosen schickt. Das wäre momentan am schnellsten und am einfachsten!! Aber das lasse ich in euren Händen…"

Ich bin grad etwas planlos und warte…. Ich warte auf etwas Glück und Hilfe von irgendwo her!! Ich sitze da und schaue sinnlos in der Gegend herum, dann wieder auf den Bildschirm. Was soll ich tun? Ich will jetzt nicht rumfahren und die Flyer vom Hochseilgarten verteilen.

Früher war das immer so einfach – da habe ich gemacht, was ich wollte, kaufte hier mal was, kaufte dort mal was, das war egal. Das Geld kam immer wieder, da ich ja noch angestellt war.

Ach, irgendwie habe ich keinen Bock drauf – soll ich weiter Hersteller suchen? Neee… hab schon so viel gesucht!!!

Tagebucheintrag Donnerstag, den 14.7.2011

Die finanzielle Lage ist momentan wirklich zum Haare raufen! Ich bin aktuell über 2.800 € im Minus, schulde meinem Partner 800 € wegen dem Rückzieher meines Studienfreundes, zusätzlich liegen 1.870 € in Deutschland beim Weißblechhersteller. Aber damit nicht genug! Mein Internetdienstleister hat den Nerv, mir fast 1.000 € in Rechnung stellen zu wollen, und das auch noch aus Versehen! Und die Verpackungsfirma bekommt auch noch ca. 500 € von mir für die Versandkartons! Außerdem schulde ich meiner Schwester ja noch die 2.000 € und dem Grafikbüro noch 500 €.

Die Situation ist zum Verzweifeln! Jeder Euro, den ich umdrehe, fühlt sich an wie ein Kampf gegen die Flut. Ich stecke fest in einem Sumpf aus Schulden, und es scheint, als gäbe es keinen Ausweg. Die Gedanken kreisen in meinem

Kopf, und die Sorgen drücken schwer auf meine Schultern. Es ist, als würde ich in einem Albtraum gefangen sein, aus dem ich nicht aufwachen kann. Aber ich darf nicht aufgeben. Ich muss einen Weg finden, diese finanziellen Fesseln zu lösen und mich aus dieser Misere zu befreien. Es ist Zeit, die Ärmel hochzukrempeln und nach Lösungen zu suchen, koste es, was es wolle!

Tagebucheintrag Dienstag, den 19.7.2011

Wow, gestern war ein Tag voller Adrenalin und Selbstüberwindung! Ich habe tatsächlich den Feuerlauf gemacht – und nicht nur einmal, sondern gleich sechs Mal bin ich über die glühenden Kohlen gelaufen! Ein unglaubliches Erlebnis, das meine innere Stärke auf eine ganz neue Ebene gehoben hat. Es war, als würde ich meine eigenen Grenzen durchbrechen und mich von jeglichen Ängsten befreien. Mit jedem Schritt über die heißen Kohlen fühlte ich mich mutiger und selbstbewusster. Es war ein Moment der absoluten Freiheit, der mich gelehrt hat, dass ich alles erreichen kann, wenn ich nur an mich glaube und meine Ängste überwinde.

Und jetzt, da ich diesen mutigen Schritt gemacht habe, fühle ich mich bereit für alles, was das Leben mir noch entgegenwirft. Morgen früh um 8 Uhr habe ich einen Termin mit einer Frau von Tupperware. Ihre Worte am Telefon haben meine Neugierde geweckt – sie hätte etwas, das ich gebrauchen könnte! Vielleicht ist das der entscheidende Schritt, der mir hilft, endlich mein Ziel zu erreichen. Es fühlt sich an, als würde das Universum mir einen weiteren Schubs in die richtige Richtung geben.

Ich kann die Aufregung in mir spüren, während ich auf diesen Termin warte. Es ist wie das Kribbeln vor einem großen Abenteuer. Ich weiß nicht genau, was mich erwartet, aber ich bin bereit, alles anzunehmen, was das Leben mir bietet. Also drückt mir die Daumen und wünscht mir Glück – denn wer weiß, was sich hinter dieser Begegnung mit der Frau von Tupperware verbirgt!

Am nächsten Tag:

Leider lag der Einkaufspreis hier schon bei 30-40 € pro Dose. D.h. mein Spiel mit zwei Bechern und 1-2 Bällen hätte somit schon fast 80 € im Verkauf kosten müssen. Siehe Foto:

Tagebucheintrag Donnerstag, den 4.8.2011

Ich habe immer noch kein passendes Produkt gefunden. Jedoch sind einige Leute am Start, die sich umschauen, und noch warte ich auf Angebote. Mein Partner sucht in China, aber ich möchte eigentlich jemanden aus der EU haben. Am liebsten wäre mir aus Deutschland oder Österreich. Ich denke, die Leute wären bereit, lieber 5 – 10 € mehr zu zahlen, wenn sie dafür sicher sein können, dass es von hier stammt und nicht aus China.

Momentan sind nur Angebote hier mit ca. 20.000 € Werkzeugkosten oder mehr, was ich mir jetzt auf keinen Fall leisten kann. Irgendjemand wird diese Dosen/Becher schon haben! Auch wenn ich ein Werkzeug dafür bauen lassen muss!

Finanziell bin ich nun wirklich an einem Punkt angelangt, wo wirklich was geschehen muss. Ich bin bei über 2.500 € im Minus und einige Rechnungen

stehen noch aus. Es ist Anfang des Monats und die Fixkosten von ca. 1.200 €
müssen bezahlt werden. Darüber hinaus bin ich froh, dass mein Ex-Grafikbüro
mir keinen Stress mehr macht, und ich ebenso die Matratze noch nicht bezahlt
habe, die ich mir um 400 € geleistet habe. Ich bin schon ein komischer Vogel –
kein Geld, überhaupt nix, aber Hauptsache die Matratze kaufen!! Ich sag nur,
wer nicht richtig gesund schläft, hat keinen angenehmen Tag!! Und sowas muss
ich mir auch jetzt schon leisten können.

Und ich habe mich dazu entschlossen, ab September bei einer kleinen Spedition hier im Dorf anzufangen zu arbeiten. Der Entschluß kam, nachdem ich
von meiner Ex-Arbeitsstelle, die Bestätigung erhalten habe, dass sie nicht von
der Konkurrenzklausel Gebrauch machen werden. Ich war wirklich sehr, sehr
glücklich darüber, da mir diese Bestätigung wieder arbeitsmäßig alle Türen öffnet. Prinzipiell war ich anfangs nicht so glücklich, da ich ja was ganz anderes
machen möchte. Doch um anfangs Fuß fassen zu können, ist das ein gutbe-
zahlter easy Hauptjob, bei dem ich mein festes Gehalt im Monat verdiene und
zusätzlich mein Bassalo und Hochseilgarten durchziehen kann. Somit bezahle
ich meine monatlichen Fixkosten von ca. 1.200 €, habe Geld für mein Bassalo-
Projekt und kann noch davon leben.

Es kotzt mich nämlich mittlerweile an, mir nichts mehr leisten zu können.
Immer nur aufs Geld zu schauen. Ich möchte wieder frei sein! Ich weiss jetzt
das Geld noch mehr zu schätzen als zuvor. Wobei ich sagen muss, dass ich diese
Situation trotz allen Tiefen sehr gut gemeistert habe. Natürlich ging es mir im-
mer wieder schlecht, doch habe ich im großen Ganzen immer die Ruhe bewah-
ren können. Ich war doch positiv und bin es immer noch! Das Spiel wird der
Hammer, es wird der Renner. Ich glaube immer noch daran – ich habe keine
Zweifel mehr. Doch muss ich einen Job annehmen, um mich finanziell über
Wasser halten zu können. Die Bank stresst, die Rechnungen machen mir zu
schaffen.

Laut meinem neuen Arbeitgeber sind die Arbeitszeiten flexibel, und die Ar-
beitsmoral ist lässig. Sie suchen keinen Dispo-Superstar. Sie wollen klein und
fein bleiben und trotzdem ihre Geschäfte machen. Genau sowas habe ich gesucht. Ich bin gut in diesem Job, ich werde sicher die Erwartungen erfüllen, und

wenn diese darüber hinausgehen, umso besser. Denn so habe ich Chancen auf noch mehr Geld und evtl. auch mehr Freizeit.

Noch ist meine Mutter bei mir zu Besuch – was ich immer noch sehr schön finde. Ich fühle mich wohl, wenn sie hier. Mit ihr und unserer Hündin Pia ist Bewegung und Ruhe im Haus und das finde ich sehr schön! Und das Wichtigste: Ich bin nicht allein!

Was geht mir noch durch den Kopf? Eigentlich sehr viel. Ich bin wieder viel nervöser geworden – deshalb ist es auch sehr gut, dass meine Mutti bei mir ist. Ich könnte manchmal die Krise bekommen. Diese blöden Dosen!!! Ende August werden 25.000 Exemplare der Schülerkalender gedruckt und an alle Schulen in Niederösterreich versendet. Und darin wird mein Spiel als "Sommertipp" empfohlen!! Bis dahin sollten die Dosen schon bei mir und ich versandbereit sein! Und ich habe immer noch keine.

Affirmation: "Ich habe bis zum Start der Schülerkalender die richtigen Dosen und das gesamte Spielset komplett versandbereit bei mir im Haus."
Ja, das wünsche ich mir. Und dass ich immer genügend Geld habe, für alles, was ich gerade benötige!

Irgendwie kommt man doch immer über die Runden, wenn man will, was dafür tut und natürlich auch daran glaubt, dass immer alles gut werden wird!
Eigentlich geht's mir gar nicht so schlecht. Ich denke gar nicht ans Geld! Ich hoffe zwar noch immer, dass meine Bankkarte mir erlaubt, wieder mal tanken zu gehen oder Essen einkaufen zu können. Doch vielmehr hoffe ich sehr, bald meine Dosen/Becher zu finden!! Das mit dem Geld und der finanziellen Lage wird sich danach hoffentlich automatisch lösen. Ich glaube daran!!

Jo, ansonsten sitze ich gerade ein bisschen auf der Leitung. Jetzt muss ich aber noch das Video auf spanisch und englisch gut übersetzen und online schalten. Und die Bälle müssen auch mal fixiert werden, und nach jemandem gesucht werden, der mein Logo drauf machen kann.

Das Wichtigste sind aber die Dosen. Als Bälle verwende ich einfach die Beachbälle und die Moosgummi Bälle, ganz einfach. Deckel braucht es nicht unbedingt. Jedoch könnte ich mich in der Zwischenzeit auch darum kümmern. Die Zeit nutzen. Denn sobald ich in der Spedition beginne zu arbeiten, wird's mit der Zeit auch knapper!

Ein Jobwechsel als Rettungsanker?

Es war bereits Juli/August und ich war total am Ende meiner finanziellen Ressourcen. Ich hatte schon einiges an Geld investiert: für den Anwalt für die Markenregistrierung, für den Grafiker für die Designs der Becher-Aufkleber, für die 1.000 Weißblechdosen, die mich fast 2.000 € kosteten, für 500 Moosgummibälle und die ganzen Muster, die ich bestellt hatte. Ebenso lagen bereits 500 Versandkartons bei mir im Keller. Ich musste weiterhin meine Miete zahlen und kam mit den Rechnungen nicht mehr hinterher. Ich war total am Ende! Und so kam es, dass mir meine Schwester zum Glück 2.000 € lieh.

Zusätzlich saß mir aber auch noch das Arbeitsamt im Nacken. Ich war ja immer noch arbeitslos gemeldet und wäre ab September als „Notstand" eingestuft worden. Ab da hätte ich mich für jede Arbeit, die sie mir schicken würden, bewerben und annehmen müssen. Und das wollte ich auf jeden Fall vermeiden. Denn ich wusste, dass ich etwas Besseres selbst finden könnte.

Ich hätte mich unter der Bettdecke verkriechen können, was ich ohnehin des Öfteren tat, weil ich keine Lust mehr auf das alles hatte und nur noch auf ein Wunder hoffte.

Und da ich finanziell so am Ende war, kam mir natürlich auch der Gedanke, dass ich vielleicht doch wieder in einer Spedition arbeiten könnte, um wieder Geld zu verdienen. Es half nichts. Es sollte keine hohe Position oder Stelle sein, etwas Einfaches. Etwas, wo ich nicht viel Kraft aufbringen müsste und nebenbei die Zeit hätte, mich weiter auf mein Spiel zu konzentrieren.

Und so bewarb ich mich erst einmal wieder bei meinem alten Arbeitgeber, wo ich letztes Jahr noch angestellt war. Doch leider brauchten sie keinen mehr. Dann fragte ich einen Bekannten, dem eine eigene Spedition gehörte. Das

Gespräch mit ihm klang vielversprechend, doch ich hätte wieder mehr Verantwortung zu übernehmen. Klar, ich hatte ja auch viel Erfahrung in dem Bereich. Doch mehr Verantwortung hieß mehr Arbeit und Konzentration auf diese Sache. Also lehnte ich dankend ab und suchte weiter.

Und dann fand ich plötzlich eine Dispo-Stelle bei mir im Dorf und ich entschloss mich, ab September dort erstmal anzufangen. Und hier wäre ich einfach nur Disponent, müsste LKW´s von A nach B schicken und das Gehalt war in Ordnung. Zudem konnte ich in der Mittagspause immer schnell nach Hause fahren und für Bassalo arbeiten.

Und dort startete ich auch am 1. September 2011. Dazu später…

Tagebucheintrag Montag, den 8.8.2011

In dieser späten Stunde, um 23:30 Uhr an einem Montag, sitze ich hier, mein Herz voller Hoffnung und mein Verstand voller Dringlichkeit. Ich brauche diese Cups – und zwar nicht irgendwelche, sondern solche, die perfekt zu meinem Spiel passen. Sie müssen die richtigen Maße haben, insbesondere die Höhe, damit das Spielgefühl stimmt. Aber nicht nur das, das Werkzeug, um sie herzustellen, sollte auch bezahlbar sein, idealerweise unter 10.000 €. Und am besten noch aus Österreich oder Deutschland, damit die Lieferzeit kurz ist. Ein wahres Wunder wäre es, wenn ich jemanden finden könnte, der all diese Kriterien erfüllt. Oh, wie sehr ich mir das wünsche!

Geduld – ein Wort, das in den letzten 6-7 Monaten zu meinem ständigen Begleiter wurde. Anfangs war da die Ratlosigkeit, dann die hektische Suche nach den richtigen Herstellern, nach den passenden Dosen, nach einem Job. Dazu kamen die persönlichen Herausforderungen, der Kampf mit meinen Gefühlen und der Versuch, von meiner Vergangenheit loszulassen. Und jetzt sitze ich hier, seit Tagen, seit Wochen, seit Monaten und warte auf ein Wunder.

Es ist unfassbar, wie lange diese Suche dauert. Doch zu Beginn wussten wir nicht einmal genau, wonach wir suchen sollten. Ich wusste jedoch immer, dass die Cups aus festem Kunststoff sein mussten, so wie die von Tupperware. Und die Idee, sie wie Becher zu gestalten, ist brillant. So gibt es keine Verwechslungen mehr mit Chipsdosen, und sie passen perfekt zu unserem Spielkonzept.

In den letzten Tagen und Wochen hatte ich einige merkwürdige Träume. In einem davon rang ich um Luft in einem Gebäude, als würde mich jemand erwürgen. Doch als ich entkam, konnte ich endlich wieder frei atmen. Ein Gefühl der Erleichterung durchströmte mich.

Ein anderer Traum führte mich auf ein sinkendes Schiff, wo ich verzweifelt versuchte, meine Lieben zu retten. Überall lauerten Haie, doch ich gab nicht auf, bis wir sicher an Land waren.

Und dann war da noch der Traum von einem Krieg auf einem riesigen Kampfroboter, wo ich mich gegen feindliche Kämpfer verteidigte. Obwohl ich getroffen wurde, kämpfte ich weiter, bis ich schließlich erwachte.

All diese Träume zeigen, dass ich kämpfe – und dass ich immer irgendwie durchkomme. Doch jetzt, mehr als je zuvor, brauche ich Unterstützung. Ich bete zu Gott, zu den Engeln, dass mir endlich jemand hilft, die richtigen Cups zu finden. Es wird langsam Zeit, bitte! Bitte! Bitte!

Die entscheidende Wendung

Die Geschichte beginnt in einem kleinen Dorf im Schwarzwald, als ich im August meine Mutter besuchte. Sie ist mit einer Freundin gesegnet, die eine besondere Gabe zu haben scheint – sie kann die Zukunft in den Kaffeesatz lesen. Ich war damals am Ende meiner Kräfte, von der Suche nach dem richtigen Produkt, von meiner finanziellen Lage und der Last, wieder arbeiten zu müssen. Also bat ich um Hilfe und Rat.

Meine Mutter schlug vor, dass ihre Freundin mir den Kaffeesatz lesen solle. Ich hatte nichts zu verlieren. Schließlich bin ich mit solchen Dingen aufgewachsen und habe immer an Schicksal und Zeichen geglaubt. Es musste doch einen Sinn geben!

Die Freundin riet mir, alles für 4-6 Wochen ruhen zu lassen. Einfach loszulassen und zu vergessen. Ich dachte, sie sei verrückt! Doch sie warnte mich auch, dass ich sonst dem Zusammenbruch nahe sei. Dann prophezeite sie, dass ich zwei Männer treffen werde, die mir helfen würden. Sie könnten sogar Brüder sein. Einer mit einem kantigen Gesicht und kurzen Haaren im typischen "Ami-Style", und der andere groß, mit einem runden Gesicht und einer Mähne voller Locken. Diese beiden Herren würden mir den Weg weisen.

Zurück in Tirol erzählte ich meinem Partner, dem Spieleerfinder, von meinem Entschluss. Er verstand nicht, warum ich alles auf Eis legen wollte. Unsere Partnerschaft endete, und ich stand alleine da mit meinem Projekt. Doch mit dem Ende der Partnerschaft kam ein weiterer Stressfaktor dazu. Er wollte die Spielidee weiterverfolgen. Ich dachte nur, das könne nicht wahr sein. Ich hatte die Idee, hatte sie umgesetzt und gekämpft, und jetzt gab es bald drei ähnliche Produkte mit der gleichen Idee? Das war frustrierend.

Das Wunder kam im September

Das Leben scheint manchmal wie ein undurchsichtiges Puzzle, dessen Teile sich erst dann fügen, wenn man es am wenigsten erwartet. Ich beobachtete meinen alten Studienfreund auf Social Media, sah seine ständig neuen Videos, und obwohl er noch kein konkretes Produkt hatte, nagte dennoch die Unsicherheit an mir. Gleichzeitig war da der Spieleerfinder, der nicht unbedingt Geld mit seiner Idee verdienen wollte, sondern eher in der Event- und Teambuilding-Branche aktiv war. Er würde irgendwie Becher auftreiben, um seine Spiele zu vervollständigen. Doch während ich hin- und hergerissen war zwischen Zweifeln und Hoffnung, erinnerte ich mich an den Rat der Kaffeesatz-Freundin meiner Mutter: eine Pause, ein Bassalo-Urlaub, könnte genau das sein, was ich brauchte.

Also beschloss ich, dem Stress eine Auszeit zu gönnen, nicht mehr krampfhaft nach einem Hersteller zu suchen und mich stattdessen auf mich selbst zu konzentrieren. Und dann geschah es plötzlich, wie aus dem Nichts: Eine E-Mail von einem Becher-Vertreter landete in meinem Posteingang, mit dem Kontakt seines Herstellers. Ich zögerte nicht, rief sofort an, und bevor ich es richtig realisieren konnte, vereinbarten wir einen Termin.

Der Treffpunkt lag nur zwei Stunden von mir entfernt, in Bayern. Als ich das Büro betrat, traf ich auf einen jungen Mann mit kantigem Gesicht und kurzen Haaren, sympathisch und offen. Doch dann trat sein Bruder ein, und in diesem Moment erkannte ich sie sofort: Der größere Mann, mit rundem Gesicht und wilden Locken, genau wie es die Freundin meiner Mutter vorausgesagt hatte. Die beiden waren Brüder, und plötzlich wurde mir klar, dass dies die Männer waren, auf die ich gewartet hatte.

Während sie meine Idee lobten und sich begeistert zeigten, hatte ich einen kurzen Blackout. Doch in meinem Inneren wusste ich: Egal, was jetzt passiert, egal, was sie anbieten, wir werden es machen, und es wird funktionieren. Diese beiden Männer werden mir helfen. Und tatsächlich, sie konnten mir weiterhelfen, das benötigte Werkzeug für meine "Sport-Becher" zu modifizieren und das alles zu einem vernünftigen Preis. Es war wie ein Wunder, nach monatelanger Suche und Enttäuschung fand ich plötzlich den passenden Hersteller – und das, während ich eine Pause einlegte. Es war einfach unglaublich!

Tagebucheintrag Samstag, den 8.10.2011

Das Leben ist eine ständige Achterbahnfahrt der Entscheidungen, und inmitten dieser Drehungen und Wendungen stehe ich nun vor einem weiteren Wendepunkt. Bereits seit einem Monat arbeite ich bei der Spedition, als plötzlich ein Angebot einer anderen Spedition hereinflattert. Es verspricht eine Beförderung zum Abteilungsleiter, ein Gehalt, das um etwa 500 € höher liegt, und die Möglichkeit, den spanischen Markt zu erschließen. Klingt verlockend, nicht wahr? Doch während ich die Vor- und Nachteile abwäge, drängt sich eine Frage auf: Will ich das wirklich?

Es ist eine Entscheidung zwischen finanzieller Stabilität und persönlicher Erfüllung. Geld ist zweifellos wichtig, aber ist es wichtiger als ein Job, der mich wirklich erfüllt? Ich bin hin- und hergerissen, denn zu oft wurde ich enttäuscht, weil ich zu viel Gutes erwartet habe. Sollte ich meinen Glauben aufgeben? Nein, das kann und will ich nicht. Ich muss weiterhin daran glauben, dass sich die Dinge zum Guten wenden können, auch wenn der Weg steinig ist.

Und was ist mit Bassalo, meinem Herzensprojekt? Kann ich weiterhin an seinen Erfolg glauben? Die Antwort sollte klar sein, aber jetzt wird es ernst. Nächste Woche könnte ich meinen Kredit erhalten, und dann? Ich halte daran fest, lasse alles stehen und liegen und konzentriere mich auf Bassalo. In Bezug auf meine Arbeit habe ich meine Entscheidung bereits getroffen. Ich bleibe hier, in meinem Dorf, bei der Spedition. Vielleicht fordere ich in ein paar Monaten eine Gehaltserhöhung an, aber egal. Ich werde so viel mit Bassalo verdienen, dass ich diesen Job nicht mehr brauchen werde.

Doch während ich über meine berufliche Zukunft grüble, war mein Alltag ein wahres Feuerwerk der Arbeit. Der gesamte September verging wie im Flug, ohne auch nur einen Tag auszuruhen. Tagsüber in der Spedition, während der Pause E-Mails checken und nach Herstellern suchen, abends immer beschäftigt mit Bassalo. An den Wochenenden arbeitete ich im Waldseilgarten, ohne Unterlass. Kein einziger freier Tag, keine Auszeit, nur Arbeit.

Aber trotz des endlosen Arbeitsmarathons fühle ich mich lebendig und erfüllt. Ich habe meinen Businessplan für die Banken geschrieben, Tag für Tag, fast bis Mitternacht. Und als ich endlich fertig war, war ich stolz wie nie zuvor. Es war ein hartes Stück Arbeit, aber es hat sich gelohnt. Ich kann es kaum fassen, dass ich es geschafft habe!

Doch während ich mich über diesen Erfolg freue, lauern bereits die nächsten Herausforderungen. Wie bekomme ich so schnell wie möglich meinen Kredit? Wie löse ich die Sache mit meinem Ex-Partner aus Tirol, dem Spieleerfinder? Diese Fragen drängen sich mir auf und treiben mich an.

Und als ob das nicht genug wäre, kämpfe ich immer noch mit finanziellen Schwierigkeiten. Aber ich bin reich, nicht an Geld, sondern an Erfahrung,

Hoffnung, Glauben und positiver Energie. Ich habe ein schönes Zuhause, ein Auto, das ich liebe, und vor allem habe ich mich selbst.

Die Zukunft mag ungewiss sein, aber ich bin bereit, sie mit beiden Händen zu ergreifen. Ich habe gelernt, auf mein Bauchgefühl zu hören und die richtigen Entscheidungen zu treffen. Und während meine Reise mit Bassalo erst beginnt, weiß ich, dass ich auf dem richtigen Weg bin.

Tagebucheintrag Samstag, den 15.10.2011

Seit ein paar Tagen fühle mich verschnupft, ausgepowert und einfach nur müde. Mein Kopf pulsiert, als wäre er ein Vulkan kurz vor dem Ausbruch. Und als ich heute morgen um 6:20 Uhr aufwachte, war da dieser dumpfe Schmerz, der sich hartnäckig in meinem Schädel festgesetzt hatte. Es war dunkel, viel zu früh für solche Beschwerden. Aber zumindest konnte ich liegenbleiben, musste nicht aufstehen und mich zur Arbeit schleppen.

Doch nicht nur mein körperliches Befinden bereitet mir Sorgen. Auch mein Ex-Partner, er ist wie ein Schatten, der immer da ist, auch wenn ich ihn nicht sehe. Eine Art Konkurrenz zu meiner Spielidee, die mich nervt und ärgert. Schließlich war es meine Idee, die ihn überhaupt erst dazu inspirierte. Hätte ich ihm nichts davon erzählt, wäre er jetzt nicht allein damit unterwegs. Aber andererseits hat er mir auch geholfen, daran zu glauben, dass meine Idee etwas Wertvolles ist. Vielleicht ist es okay, dass er nun seinen eigenen Weg geht. Vielleicht werde ich meinen Plan so weit voranbringen, dass er mir nicht mehr im Weg steht. Vielleicht.

Bassalo ist meine Chance, aus diesem Schlamassel herauszukommen. Ich will, dass die Welt meinen Namen kennt und dass ich genug Geld habe, um meine Träume zu leben. Die Spedition ist nur ein Mittel zum Zweck, ein notwendiges Übel, um die Rechnungen zu bezahlen. Aber ich träume von einem Job, der mich erfüllt, der mich begeistert und beflügelt.

Letzten Dienstag, als ich in der Badewanne lag und versuchte, mich zu entspannen, überfiel mich eine Welle aus Wut und Traurigkeit. Ich fluchte laut, beschimpfte die Engel und fragte mich, warum sie mich im Stich lassen. Soll ich weiterhin an meine Träume glauben oder alles aufgeben? Ich war einmal großzügig, habe viel Geld ausgegeben, verschenkt und verliehen. Aber jetzt, wenn ich Hilfe brauche, steht niemand bereit, um mir unter die Arme zu greifen. Warum ist das Leben so hart zu mir? Warum muss ich so kämpfen?

Ich war mutig, als ich all das begonnen habe. Ich habe gesucht, gekämpft und mich durchgeschlagen. Aber wo bleiben die Freuden in meinem Leben? Ich habe mich verloren in dieser Spirale aus Arbeit und Sorgen, und dabei vergessen, was es heißt, wirklich lebendig zu sein. Es wird Zeit, dass ich mir wieder Freude und Glück erlaube, auch wenn es nur kleine Momente der Zufriedenheit sind. Es wird Zeit, dass ich wieder an mich selbst glaube.

Die Frustration, die sich in mir aufgebaut hat, ist fast greifbar, verdammte Sch****! Ich fühle mich gefangen, ohne Ausweg, in einem Strudel aus finanziellen Problemen und dem ständigen Druck meines Ex-Partners im Nacken. Ich brauche dringend Licht, Hoffnung, Hilfe und Unterstützung, sonst gehe ich daran noch zugrunde!

Als ich aus der Wanne stieg und mein damaliges Gebet suchte, wurde mir plötzlich bewusst, dass ich die Engelskarten schon lange nicht mehr benutzt hatte. In einem Anflug von Verzweiflung und Entschlossenheit griff ich nach ihnen und flehte die Engel an, mir durch die Karten irgendeine Botschaft zu übermitteln. Einen Hinweis, einen Ratschlag, irgendetwas, das mir weiterhelfen könnte. Ich war bereit, alles anzunehmen, was sie mir zu sagen hatten.

Und dann geschah etwas Unglaubliches: Als ich die Karten in meinen Händen hielt und sie vor mir ausbreitete, spürte ich eine Welle der Emotion über mich hinwegrollen. Tränen stiegen mir in die Augen, als ich erkannte, dass diese scheinbar simplen Karten eine Quelle der Hoffnung und des Trostes sein könnten. Es war ein ergreifender Moment, der mich tief berührte und mir zeigte, dass die Engel tatsächlich da waren, um mich zu unterstützen, selbst in meinen dunkelsten Stunden. Und so zog ich diese 3 Karten:

1. Karte: Urteilsvermögen

„Urteilsvermögen ist ein Gespür dafür, was richtig und was falsch ist. Du vertraust auf dein Urteil und handelst danach. Die Botschaft deiner Engel lautet: Nimm die Menschen und Situationen in deinem Leben genau in Augenschein und höre auf deine innere Stimme!

Lerne deine Intuition zu entwickeln und bitte die Engel, dass sie dir helfen, zwischen Gut und Böse zu unterscheiden. Sie werden dich führen und dir zu den richtigen Eingebungen verhelfen. Dann wirst du dich sicherer, glücklicher und stärker fühlen und alles viel klarer sehen. Die Engelsweisheit verrät dir: Wenn du dich auf dein eigenes Urteilsvermögen verlassen kannst, dann bist du in der Lage, dem Universum wertvolle Dienste zu leisten.

Affirmation: Ich vertraue auf meine Intuition."

Diese Karte hat mir eine wichtige Lektion erteilt – eine, die ich tief in meinem Inneren schon lange hätte erkennen müssen. Sie hat mir gezeigt, dass Stillstand unausweichlich ist, wenn ich nicht in der Lage bin, zwischen richtig und falsch zu unterscheiden, und dass ich meiner Intuition viel mehr Gehör schenken muss, wenn es darum geht, das Gute vom Bösen zu trennen. Diese intuitive Stimme, die in mir schlummert, wird oft überhört, unterdrückt von Zweifeln und Ängsten, doch sie ist da und wartet darauf, gehört zu werden.

Es ist leicht, sich mit anderen zu vergleichen und zu glauben, man handle mehr nach seiner Intuition als andere. Doch darum geht es nicht. Ich muss bei mir selbst bleiben, mich immer wieder in die Stille zurückziehen und den sanften, aber bestimmten Ruf meiner Intuition erkennen. Ich muss lernen, auf sie zu hören, auf das, was sie mir sagt, und dann mit Entschlossenheit danach handeln, ohne mich von den Meinungen anderer beeinflussen oder mich von Zweifeln abhalten zu lassen. Es ist Zeit, meiner inneren Stimme zu vertrauen und den Mut zu haben, ihr zu folgen, wohin sie mich auch führen mag.

2. Karte: Sinn

„Heute möchten die Engel dir sagen, dass jede Situation und jede Person, die in dein Leben tritt, einen ganz bestimmten Sinn für dich haben.

Letzten Endes besteht der Sinn deines Lebens darin, das zu tun, was dir Freude, Befriedigung und Erfüllung schenkt. Wenn du nach diesen Seelenqualitäten strebst, gelangst du automatisch auf den Weg, der dir bestimmt ist. Und sobald du dich auf deinem Lebensweg befindest, lasse dich von nichts und niemandem mehr von deiner Mission abbringen! Deine Botschaft lautet: Bitte deinen Engel, dass er dir hilft, den Sinn in deiner jetzigen Situation zu entdecken oder deine Lebensaufgabe zu finden, falls du schon bereit dafür bist.

Richte deine ganze Konzentration, Stärke und Willenskraft auf die Verwirklichung deines Ziels! Dann werden die Engel dich unterstützen und du wirst alles erreichen, was du dir vorgenommen hast. Affirmation: Ich bin stark und entschlossen."

Das Gefühl, das mich überkam, als ich diese Botschaft der Engel empfing, war überwältigend. Schon beim Lesen des zweiten Satzes konnte ich die Tränen nicht mehr zurückhalten. Es war, als ob ein Licht inmitten der Dunkelheit aufleuchtete, und plötzlich spürte ich eine Welle der Dankbarkeit, die mich durchströmte. Ich konnte förmlich spüren, wie meine Mission und mein Lebensweg sich vor mir entfalteten, und ich fühlte mich fest verwurzelt in dem, was ich tat. Dieses Spiel, Bassalo, es war nicht nur ein Projekt – es war meine Bestimmung. Und ich war entschlossen, diesen Weg weiterzugehen, koste es, was es wolle.

Selbst wenn die Schulden sich weiter auftürmten, selbst wenn die Herausforderungen immer größer wurden, ließ ich mich nicht entmutigen. Mit weiteren 15.000 € an Schulden würde ich bereits bei insgesamt 36.000 € stehen. Doch diese Zahlen, sie verblassten im Angesicht meiner Entschlossenheit. Ich wollte, ich würde und vor allem ich konnte weiter daran glauben. Die Engel hatten mir versichert, dass sie an meiner Seite waren, und das gab mir eine unerschütterliche Gewissheit.

Denn letztlich war ich bereits reich, nicht in materiellem Sinne, sondern in meinem klaren Ziel und meiner klaren Vision. Andere mögen viel Geld haben, aber sie irrten im Nebel ihrer Unsicherheiten und Zweifel umher. Ich hingegen wusste genau, wohin ich wollte und was ich tun musste, um dorthin zu gelangen. Mein Weg war vielleicht nicht einfach, aber er war mein Weg, und ich war bereit, ihn mit all meiner Kraft zu gehen.

Jetzt kommt die dritte Karte, welche den vorher gezeigten Karten noch den Rest gibt:

3. Karte: Streben

„Jetzt ist die Zeit gekommen, tiefere Einsicht zu erlangen. Statt dich mit Durchschnittlichem zu begnügen, strebe lieber nach dem Glorreichen. Wachse über dich selbst hinaus und verwirkliche alle Möglichkeiten, die in dir stecken. Gestatte dir mächtige Visionen.

Entdecke deine innere Weisheit, die es dir ermöglicht, nach dem Großen und Glorreichen zu streben. Erweitere die Grenzen dessen, was du als bequem empfindest, damit du alle deine Träume erforschen kannst. Die Botschaft deiner Engel lautet: Gib dich nie mit weniger zufrieden, als dein unendlicher Geist erreichen kann und deshalb auch verdienst. Bitte die Engel um Hilfe; dann werden sie dich führen und inspirieren, sodass du dein Bewusstsein und dein Leben auf ein höheres Niveau bringen kannst. Lasse deinen Geist hochfliegen! Strebe nach dem Göttlichen. Affirmation: Ich strebe nach dem Großen und Glorreichen."

Die Tränen, die mir beim Lesen dieser Karte in die Augen traten, waren nicht nur Tränen der Erleichterung, sondern auch der Erinnerung. Ich erinnere mich an jenes Gespräch mit meiner Ex-Freundin, als sie mir sagte, ich solle doch endlich zufrieden sein mit meiner damaligen Arbeit, denn schließlich kenne sie niemanden, der so viel Geld im Monat verdiente wie ich. Sie verstand nicht, warum ich immer nach mehr strebte, warum ich nicht einfach zufrieden sein konnte mit dem, was ich bereits erreicht hatte.

Doch tief in mir drin, widerstand ich diesem Gedanken vehement. Ich wusste, dass da draußen noch so viel mehr für mich wartete, so viele Möglichkeiten, so viele Wege, die ich erkunden wollte. Ich hatte dieses unersättliche Verlangen nach persönlichem Wachstum, nach Erfüllung und nach einem Beitrag, den ich der Welt leisten konnte. Bassalo, es war mehr als nur ein Projekt für mich. Es war eine Möglichkeit, etwas Positives zu schaffen, etwas, das nicht nur mir, sondern auch anderen Freude bereitete.

Diese drei Karten, sie waren wie ein Lichtblick in der Dunkelheit, ein Zeichen dafür, dass ich auf dem richtigen Weg war. Und jetzt, jetzt fehlte nur noch der Kredit, dann konnte der Bau des Werkzeugs für die Becher beginnen. Ich hatte bereits Pläne für das Design der Becher und die Gestaltung meiner Homepage. Mein Ziel war klar vor Augen: einen Monat nach dem Verkaufsstart wollte ich meine Tätigkeit bei der Spedition aufgeben. Das war mein Traum, und er rückte mit jedem Tag näher.

Sobald der Kredit bewilligt war und die erste Hälfte des Werkzeugs bezahlt war, würde ich mir endlich wieder erlauben, auszugehen und das Leben zu genießen. Denn ich wusste, dass ich nicht allein war. Die Engel waren bei mir, sie hatten mich durch die dunkelsten Zeiten geführt und würden auch weiterhin an meiner Seite sein. Ich konnte sie förmlich spüren, ihre unsichtbare Präsenz, die mich stärkte und mich daran erinnerte, dass ich niemals aufgeben durfte. Ich liebte sie, von ganzem Herzen. Amen.

Die Herausforderung der Finanzierung

Endlich hatte ich meinen Becherproduzenten gefunden, aber die wirkliche Herausforderung stand noch bevor. Ich musste nun ohne meine zwei Partner und ohne finanzielle Mittel den entscheidenden Schritt wagen. Sollte ich wirklich alles auf eine Karte setzen? In gewisser Weise hatte ich diese Entscheidung bereits zuvor getroffen. Ich bekam zu der Zeit noch Arbeitslosengeld und ein kleines Einkommen vom Waldseilgarten, wo ich gelegentlich arbeitete. Und meine Familie konnte mir finanziell nicht helfen, und meinem Vater war eine Bürgschaft auf unser Haus zu riskant. Also musste ich einen Kredit beantragen

– mit einem Businessplan, den ich mühevoll in zwei Wochen bis in die Nacht erstellte.

Ich setzte alles daran, eine Bank zu finden, die an meine Idee glaubte und mir Geld lieh. Ich musste ihnen beweisen, dass ich mit Bechern und Bällen meinen Kredit zurückzahlen konnte. Ohne jegliche Erfahrung begann ich, einen Businessplan zu schreiben. Mein optimistischer Plan zeigte, dass ich nach nur drei Jahren Millionär sein könnte.

Voller Stolz präsentierte ich diesen Plan zuerst meiner Hausbank, die mich schon jahrelang kannte. Zu meiner großen Enttäuschung lehnten sie jedoch schnell ab. Ich konnte es kaum fassen. Jahrelang hatte ich gut verdient und bei zwei angesehenen Firmen gearbeitet, und nun, da ich eine – wie ich dachte – brillante Geschäftsidee hatte, wurde ich einfach abgewiesen. Das war ein harter Schlag.

Doch ich gab nicht auf. Ich ging von Bank zu Bank, jede lehnte ab. Manche sahen sich meinen Businessplan nicht einmal genau an, sondern fragten nur nach Sicherheiten, die ich nicht hatte. Mein neues Auto war noch auf Kredit finanziert, und Ersparnisse hatte ich keine. Die Ablehnungen häuften sich, und meine Hoffnung schwand.

Dann, bei einem Seminar der Wirtschaftskammer, traf ich einen jungen Kreditmakler, der mir helfen wollte. Er arrangierte ein Treffen mit einer neuen Bank, die angeblich offener für solche Projekte war. Dies war bereits die siebte Bank, mit der ich sprach. Doch diesmal war es anders. Der Bankberater las meinen gesamten Businessplan durch und war nicht abgeneigt. Es half sicher, dass der Makler dabei war und mich unterstützte. Der Berater glaubte an mich und meine Spielidee, besonders da ich nun einen festen neuen Job hatte.

Von Januar bis Oktober waren harte Monate vergangen. Ich war fest entschlossen, mein Projekt durchzuziehen. Zum Glück hatte ich wieder bei einer Spedition angefangen zu arbeiten, um wenigstens ein Einkommen zu haben. Trotz der kurzen Zeit in dieser Firma und dank der Unterstützung des Maklers bekam ich schließlich tatsächlich den Kredit. Es war nicht viel – keine 20.000 € – aber es reichte für den Bau des Werkzeugs, die erste Produktion von 5.000 Bechern und die Deckung weiterer Kosten. Endlich konnte es losgehen!

Ein großer Meilenstein war erreicht. Die Arbeit in der Spedition war erträglich und nahe bei mir zu Hause. Mein Plan war, nur das Nötigste zu tun, um mein Gehalt zu sichern. Doch wie ich bin, tat ich wieder mehr. Ich engagierte polnische und portugiesische LKW-Unternehmen, die ich kannte, und ließ sie meine Ladungen fahren. Für meine Kollegen war es unfassbar, dass ich so günstige Fahrer gefunden hatte. So baute ich meine eigene Flotte und Abteilung auf. Leider konnte außer mir niemand mit den Fahrern kommunizieren, also riefen sie mich auch abends und in den Mittagspausen an, während ich weiter an Bassalo arbeitete. Trotz meines Glücks wegen des Kredits und des Becherherstellers war ich ständig unter Stress.

Trotz der Herausforderungen und Rückschläge wusste ich, dass ich auf dem richtigen Weg war. Ich konnte es kaum erwarten, meinen Traum zu verwirklichen und die Welt von Bassalo zu begeistern.

Tagebucheintrag Dienstag, den 25.10.2011

Yeaaahhh… Ich hab den Kredit bekommen!!! Aaaaaaahhhhhhhhhhhhh!!!!

Obwohl ich schon Gott und den Engeln gedankt habe, kann ich es immer noch nicht fassen. Sie werden diesen Dank noch viele, viele Male von mir hören, bis ich es endlich realisiert habe! Vor 2-3 Wochen habe ich geträumt, dass die Bank mir den Kredit gewähren würde. Heute morgen hatte ich denselben Traum erneut – es war so real. Und das Unglaubliche: beim Termin vorhin wollte mir der Bankberater tatsächlich 3.700 € bar auf die Hand geben! Unfassbar!

Die Flasche Wein ist bereits leer! Ich kann es einfach kaum glauben. Ich habe sogar mit der Bank verhandelt und durchgesetzt, dass ich weniger Zinsen zahlen muss. Obwohl ich schon wegen des Kredits glücklich war, wollte ich fair und zufrieden aus der Bank gehen.

Nachdem mein Kreditmakler die Konditionen bestätigt hatte, war ich unglaublich stolz auf mich, dass ich noch verhandelt habe! Jetzt kann ich morgen sofort die 50 % für das Werkzeug bezahlen und bekomme insgesamt einen Kredit von 16.500 €! Der Bankberater meinte, eine Bedingung sei, dass ich "Vollkunde" bei der Bank werde. Doch ich sagte: "Nein, das werde ich nicht." Ich habe ja noch meine andere Privatbank. Dennoch spielte er mit und sagte nur: "Dann müssen wir uns wohl um Sie bemühen." "Genau!" erwiderte ich selbstbewusst.

Vor Freude hätte ich fast explodieren können, dass mir überhaupt jemand einen Kredit gibt. Und dann noch so cool die Ruhe zu bewahren und zu verhandeln – das zeigt wirklich Mut und Selbstüberzeugung. Wahnsinn! Das ist unglaublich. Ich bin so stolz auf mich!

Jetzt kann es endlich losgehen! Endlich, endlich, endlich!!!

Jetzt beginnt der Spaß und der Ernst! Jetzt muss ich mich wirklich gut vorbereiten. Mich konzentrieren, Pläne schmieden und alles durchdenken... aaaaahhhhhhhhhh!! Juuhuuuuuuuuuuuuuuuuuuuuuu!!!!!!

Die Suche nach dem perfekten Ball

Der Stress schien kein Ende zu nehmen. Ein wichtiges Zeitfenster musste eingehalten werden. Ich brauchte dringend die passenden Bälle. Doch diese Suche war alles andere als einfach, wie ich es mir vorgestellt hatte! Die normalen Beachbälle waren zu leicht für weite Distanzen und starken Wind. Zudem eigneten sie sich nicht zum Spielen gegen eine Wand – eine Funktion, die ich für das Solospiel unbedingt haben wollte. Die Moosgummi-Bälle, die ich bereits gekauft hatte, waren zu sprunghaft und flogen meterweit weg, viel zu hoch. Und noch dazu konnte ich nicht den Namen "Bassalo" darauf drucken lassen. Kein einziger meiner Muster-Bälle erfüllte meine Anforderungen.

Eines Tages, während ich wieder einmal mit meinen Musterbechern spielte, unterhielt ich mich mit einem anderen Spieler über mein Ballproblem. Plötzlich sagte er: "Versuch es doch mal mit Squashbällen!" Squashbälle? Ich kannte den Sport zwar, aber nicht die Bälle dazu. Sofort kaufte ich mir einige Bälle im nächsten Sportgeschäft und probierte sie aus. Und siehe da, sie hatten genau die Eigenschaften, die ich benötigte, auch wenn sie ziemlich teuer waren. Sie waren einfach perfekt! Endlich hatte ich einen Anhaltspunkt, wonach ich suchen konnte.

Also begann ich im Internet nach Squashbällen zu suchen und fand schließlich einen Hersteller aus China. Doch das war erst der Anfang der Herausforderungen. Es war nicht einfach, über diese Entfernung einen verlässlichen Partner zu finden, der die richtigen Muster schickte und dann auch das richtige Produkt produzierte und lieferte. Die Sorge, dass das im Voraus bezahlte Geld auch wirklich ankommen würde, war groß. Viele Hersteller verlangten zudem eine Mindestbestellmenge von 10.000 Stück – und das war noch wenig im Vergleich zu manchen anderen.

Doch ich hatte Glück und fand relativ schnell den richtigen Ballproduzenten. Bald würde mein Spiel also komplett sein und ich könnte endlich mit dem Verkauf starten.

Im Dezember 2011 wurde das Werkzeug für die Becher"gebaut", die ersten 5.000 Becher sowie die ersten 5.000 Bälle wurden bestellt. Was für ein aufregender Moment!

Tagebucheintrag Freitag, den 18.11.2011

Ich habe endlich akzeptiert, dass ich diesen Weg ganz alleine gehen muss, auch ohne eine Partnerin an meiner Seite. Es war eine harte Erkenntnis, aber ich bin bereit, den Kampf allein anzutreten. In den letzten drei Wochen bin ich kaum ausgegangen – warum auch? Es gab zuhause genug zu tun, und ich habe es tatsächlich genossen.

Doch gestern abend war alles anders. Vielleicht lag es daran, dass ich den ganzen Tag vor dem Fernseher verbracht habe. Plötzlich verspürte ich den Drang, mal wieder auszugehen, etwas zu trinken, zu feiern, zu tanzen und einfach nur Spaß zu haben. Bald werde ich das wieder öfter tun, ohne Sorgen und Bedenken.

Der Film "The Social Network" hat mich gestern abend sehr fasziniert. Es gab jedoch große Unterschiede zwischen dem Erfinder von Facebook und mir. Erstens war er ein eigenartiger Typ, zumindest im Film kam er so rüber. Und zweitens war er ein wahres Computer-Genie, das sein Unternehmen unglaublich schnell aufgebaut hat. In einer Woche, glaube ich? Das erfordert ein außergewöhnliches Maß an Intelligenz. Im Gegensatz dazu bewege ich mich in einer ganz anderen Branche und hatte bisher mit viel mehr Problemen zu kämpfen als er.

Hallo, er war ein Harvard-Student, da wird er wohl kaum so arm gewesen sein – auch wenn sein damaliger Freund ihm finanziell unter die Arme griff. Ich hatte niemanden, der mein Projekt finanzierte. Trotzdem habe ich weiterhin große Visionen.

Jetzt muss ich nur noch die Bälle prüfen und die erste Hälfte davon bezahlen, dann habe ich alles zusammen in 30-40 Tagen. Ich muss mich etwas beeilen, aber ich möchte auch keine überstürzten Entscheidungen treffen. Selbst die Bälle müssen perfekt sein, bevor ich starte!

Alles in allem geht es mir gut, viel besser sogar. Ich bin zufrieden mit meinem Fortschritt. Nur die Arbeit bei der Spedition nervt mich ein wenig.

Tagebucheintrag Dienstag, den 22.11.2011

Momentan fühle ich mich irgendwie seltsam. Es ist, als ob ich in einer Art Trance gefangen wäre, ein bisschen träge, irgendwie "hängend" im Moment. Ein potentieller neuer Partner hat mich heute angerufen, um über eine

Zusammenarbeit zu sprechen. Ich bin mir nicht sicher, was ich tun soll, und deshalb bin ich ein wenig unschlüssig. Aber warum ist das so?

Vielleicht liegt es daran, dass ich mich nicht unter Druck setzenlassen will. Vielleicht glaube ich sowieso, dass alles so kommt, wie es kommen soll? Ich weiß es nicht! Vielleicht habe ich mich bereits so sehr gestresst, dass ich einfach keine Lust mehr darauf habe?

Aber dann erinnere ich mich an meine Ziele:

Ziel 1: Im Januar 1.500 Sets verkaufen und weitere 3.000 Sets bestellen.
Ziel 2: Bis Ende März 3.000 Sets verkaufen.

Das sind hohe Ziele, aber warum eigentlich nicht? Ich werde weiterhin Schulen besuchen. Wenn ich an jede Schule 15 Sets verkaufe und das auf 30 Schulen hochrechne, sind das bereits 450 Sets. Dazu kommen noch 100 Sets für Privatkunden und all die anderen Kontakte, die ich bereits habe! Es wird zwar schwierig sein, so viele im Januar zu verkaufen, aber wenn ich mich anstrenge, könnte es möglich sein.

Vielleicht frage ich mich, ob ich einen Partner brauche. Kann ich das alleine schaffen? Ja, warum eigentlich nicht!? Ich brauche nur ein paar Leute, die das Spiel selbst weiterverkaufen wollen. Das wird schon klappen – ich habe ein großartiges Spiel, ich habe mich durchgesetzt und ich habe ein fantastisches Produkt!

Tagebucheintrag Sonntag, den 18.12.2011

Abends vor dem Schlafengehen muss ich mich besser darauf einstimmen. Meistens lasse ich mich von TV oder dem PC ablenken, anstatt Zeit zum Nachdenken zu finden. Doch sobald ich dann im Bett liege, strömen tausend Gedanken auf mich ein, und ich liege stundenlang wach, bis ich endlich einschlafe. Und dann bin ich seit Wochen morgens so unglaublich müde! Das Aufstehen fällt mir echt schwer. Es ist wirklich schlimm!

Trotzdem bin ich gerade sehr glücklich darüber, dass ich wieder öfter ausgehe und Spaß daran habe! Es tut gut, wieder unter Leute zu kommen. Nur der nächste Tag ist halt wirklich mühsam! Ich glaube nicht, dass ich es nächstes Jahr so oft krachenlassen möchte. Ich hatte einiges aufzuholen!

Bald werden die Muster der Cups und Bälle geliefert, und dann kann es endlich losgehen. Ich setze alles auf dieses Projekt und will keinen Plan B. Ich glaube fest daran, dass es ein Erfolg wird. Es wird der Oberhammer!

Tagebucheintrag Mittwoch, den 28.12.2011

Gerade bin ich wieder zu Hause – im Haus meiner Mutter. Es ist hier so gemütlich. Natürlich ist es nicht das gleiche wie mein Zuhause in Tirol, aber dennoch fühlt es sich gut an. Es ist einfach schön, in der Nähe meiner Familie zu sein!

Morgen sind die Muster-Cups fertig, inklusive des neuen „Haltegriffs", und ich kann es kaum erwarten, sie endlich in den Händen zu halten! Die Vorfreude ist riesig!

Mein sehnlichster Wunsch ist es, so schnell wie möglich ausschließlich für Bassalo zu arbeiten. Vielleicht würde ich mich dann auch mehr trauen, wenn ich zumindest meine Verbindlichkeiten beglichen hätte und mein Konto auf Null stehen würde. Mal sehen – vielleicht habe ich ja bald etwas Glück!

Wunder geschehen schließlich immer wieder, warum also nicht auch bei mir? Denn mit nur 2.600 € könnte ich alles begleichen und wäre mit meinen Schulden beim Grafikbüro, meinem T-Mobile-Handy und der Wirtschaftskammer endlich durch. Natürlich bliebe noch der Kredit bei der Bank, aber zumindest hätte ich dann keine aktuellen Schulden mehr!

Was meinen Job bei der Spedition angeht, glaube ich nicht, dass es dort noch lange für mich weitergehen wird. Wenn ich vorher schon nicht besonders motiviert war, warum sollte ich es dann jetzt sein, wo die Cups und Bälle endlich bei mir sind? Ich muss jetzt einfach handeln:

- Fotos machen
- Verkaufs-Flyer erstellen
- Netze für die Bälle beim chinesischen Lieferanten organisieren und/oder eine Verpackungsfirma in Tirol finden
- Das Image-Video produzieren

Und dann heißt es: spielen, spielen und nochmals spielen... Das Spiel muss endlich unter die Leute!

Meine Haut, besonders um meine Augen herum und an den Innenseiten meiner Arme, spielt momentan verrückt und juckt wahnsinnig. "Bitte macht, dass das bald nachlässt", denke ich mir. Es ist wirklich nervig. Dieses unangenehme Gefühl, wenn die Haut um die Augen herum so trocken ist, aber du nicht genau weißt, warum?! Klar, ich bin aufgeregt, aber auf eine positive Weise. Wovor habe ich Angst? Nun ja, die Angst ist da, dass Bassalo nicht so gut anläuft, wie ich es mir erhoffe, und vor allem nicht so schnell. Dann sitze ich weiterhin in der Spedition fest.

Es geht nicht nur um das Geld oder die Kredite, die ich zurückzahlen muss. Es ist die Angst, nicht zu wissen, was ich sonst tun soll! Wenn Bassalo gut läuft, habe ich etwas, das mir Einkommen bringt, mein eigenes Unternehmen ist und mir und anderen viel Freude bereitet. Das wäre natürlich ein Traum! Und dann hätte ich auch später genug Geld und Möglichkeiten, um ein neues Geschäft zu gründen. Aber jetzt, ohne nichts... Wie soll es weitergehen?!

Man muss wirklich stark sein. Aber hey, ich glaube daran! Die Leute lieben das Spiel. Ich bin sogar im Schülerkalender in Niederösterreich als "Sommertipp 2012" aufgeführt! Und auf der ISPO 2012 werde ich sicherlich einige interessante und potentielle Händler treffen. Vielleicht sogar 3, 4 oder 5 mittelständische Händler, die sofort ein paar tausend Stück kaufen wollen! Das ist überhaupt nicht unrealistisch - im Gegenteil: Es ist komplett realistisch. Das

Spiel ist fantastisch, es weckt Emotionen... Aaaahhh und schon juckt mein rechter Arm wieder! Ja, das Spiel hat einen großartigen Namen, es sieht cool aus, ist einfach zu erlernen, aber nicht zu einfach! Es spricht eine breite Zielgruppe an, ist preiswert und macht einfach nur Spaß - und hat dabei so viele andere Vorteile.

Ich habe letztens 2 Träume gehabt, an die ich mich noch sehr gut erinnern kann:

Traum 1: Ich stand an der Bar in diesem Club, als plötzlich dieser riesige Kerl auftauchte und mich total provozierte. Was genau er sagte oder wollte, ist mir entfallen. Aber ich erinnere mich noch daran, wie ich mich fühlte und was ich tat. Plötzlich war mir alles egal. Was konnte er mir schon antun? Wer glaubte er überhaupt zu sein, dass er so etwas versuchen konnte? Ich fühlte mich stärker, größer und mutiger als er. Er konnte mir nichts anhaben. In einem Augenblick - ich meine, sofort - zog ich meine Jacke aus und forderte ihn heraus, das draußen zu klären. Im nachhinein wunderte es mich, dass er deutlich größer und stärker wirkte als ich. Doch trotzdem stand er auf und kam auf mich zu, und ich schlug ihn mit ein paar gezielten Schlägen K.O. Danach ging ich zurück an die Bar und bestellte mir etwas zu trinken.

Traum 2: Ich war zu Hause, als ich plötzlich draußen mehrere Tornados auf mich zukommen sah. Mein erster Gedanke war: "Oh nein, jetzt ist es soweit." Doch gleichzeitig freute ich mich auch, denn ich wusste, dass nach diesen Stürmen endlich das Licht kommen würde. Die Tornados kamen näher und näher, bis sie schließlich das Haus erreichten. Ich versuchte zu flüchten, während sich mehrere Stürme um mich herum formten, aber ich fühlte mich geschickt dabei. Plötzlich umkreisten mich die Tornados, wirbelten gefährlich um mich herum. Doch keiner von ihnen traf mich. Andere Menschen wurden mitgerissen, aber ich blieb unberührt. Ich stand da, in der Mitte, und fühlte mich sicher, während die Tornados wild um mich herumtobten. Es war ein seltsames, aber auch erhebendes Gefühl, das mich durchflutete.

Diese Träume, sie bedeuten mehr als nur Bilder im Schlaf. Sie sind wie Botschaften aus einer inneren Welt voller Stärke, Mut und Entschlossenheit. Ich spüre, wie ich stark bin, wie ich mutig voranschreite und fest entschlossen bin, mein Vorhaben mit Bassalo zu verwirklichen. Nichts kann mich aufhalten. Und selbst wenn Hindernisse auftauchen, werde ich sie einfach niederreißen. Selbst wenn sich um mich herum ein Sturm zusammenbraut und alles chaotisch erscheint, stehe ich dort in der Mitte, unerschütterlich und beschützt. Es ist, als würde jemand über mich wachen.

Aber da ist noch etwas. Diese Sehnsucht nach meiner früheren Haut, sanft, geschmeidig, glatt und schön. "Bitte, lieber Gott, hilf mir, meine Haut wiederzuerlangen. Lass sie sich beruhigen." Doch wie kann sie zur Ruhe kommen, wenn ich doch immer wieder an die Arbeit im Büro, an meine Pflichten in der Spedition und an die ungewisse Zukunft denke?

Und dann ist da die Einsamkeit. Ich habe noch keine Frau gefunden, die zu mir passt, und das nagt doch etwas an mir. Ich weiß, dass ich mein Leben gut meistere, dass ich meinen Zielen folge und akzeptiert habe, dass ich auch ohne Frau an meiner Seite leben kann. Aber das Verlangen nach Nähe, nach Umarmungen, Zärtlichkeit und einfach nur dem Gefühl, abschalten zu können, das ist stark.

Doch jetzt, in diesem Moment, könnte ich darüber nachdenken, wie mein Flyer aussehen könnte. Denn in einem Monat ist es schon soweit, und ich muss bereit sein.

KAPITEL 3: Der Startschuss: Bassalo auf dem Markt

Tagebucheintrag Montag, den 2.1.2012

Neues Jahr, neues Glück! Endlich, nach all dem Mist vom letzten Jahr, fühle ich mich bereit für frischen Wind und neue Möglichkeiten! Yeahhh, es geht endlich los, ich spüre diese Energie, dieses Aufbruchgefühl, das mich antreibt, yuuuuuhhhhhh, ich bin bereit, durchzustarten!

Heute habe ich den Keller aufgeräumt und gründlich saubergemacht, um Platz für die kommenden Lieferungen zu schaffen! Es fühlt sich gut an, Ordnung zu schaffen und sich auf das Neue vorzubereiten. Doch bevor die Lieferungen eintreffen, muss ich noch den Postversand organisieren. Da darf nichts schiefgehen!

Das Spazierengehen ist für mich eine Art Meditation. Schritt für Schritt bewege ich mich durch die Welt, betrachte meine Umgebung und lasse meine Gedanken kreisen. Es ist wie eine Befreiung von allem, ein Moment der Ruhe und Selbstreflexion. Ich spreche oft mit mir selbst, lasse meine Gedanken fließen und finde dabei Klarheit und Inspiration. Vielleicht solltest du das auch einmal ausprobieren!

Was meine Arbeit in der Spedition betrifft, so bin ich dankbar, dass ich überhaupt eine Beschäftigung gefunden habe. Im Grunde genommen stresst mich die Arbeit dort nicht so sehr. Im Vergleich zu anderen Jobs, bei denen ich ständig überwacht würde, ist es erträglich. Ich bin dort, weil ich Arbeit und Geld brauche, aber ich brauche auch Freiheit und Flexibilität. Vielleicht ändert sich die Lage bald, wenn die drei neuen LKW´s von einem Frächter dazukommen und noch zwei Portugiesen einsteigen. Dann werde ich kleines tolles Team haben, und das wird mir helfen, Umsatz zu generieren und so kann ich vielleicht noch einige Monate hier durchhalten.

Ich liebe mein Leben und bin so gespannt auf das, was dieses Jahr für mich bereithält! Es fühlt sich an, als würde ich auf einer Welle des Optimismus reiten, und ich bin bereit, sie zu surfen, wohin auch immer sie mich trägt!

Start des Verkaufs

Anfang Januar war ein entscheidender Moment für mich. Ich hatte die zweite Hälfte des Becher-Werkzeugs bezahlt und auch die restliche Hälfte der ersten 3.000 produzierten Becher. Zusätzlich hatte ich die zweite Hälfte der ersten 5.000 Bälle aus China beglichen, die ebenfalls im Januar eintrafen. Es war ein Gefühl der Erleichterung, aber auch der Aufregung, als ich diese Zahlungen tätigte. Jeder Cent war eine Investition in meine Vision, und ich konnte es kaum erwarten, die Ergebnisse zu sehen.

Am 27. Januar war es dann endlich soweit. Die Becher kamen bei mir an, und mein Set war komplett! Ein Moment der Euphorie durchströmte mich, als ich die Verpackungen öffnete und die Becher in den Händen hielt. Es war der erste greifbare Beweis dafür, dass meine Idee Realität wurde. Ich konnte es kaum erwarten, sie in Aktion zu sehen.

Gleich darauf organisierte ich ein Foto-Shooting mit ein paar Freiwilligen, um das Produkt gebührend zu präsentieren. Es war aufregend, das erste Mal die Becher vor der Kamera zu sehen, sie in verschiedenen Perspektiven einzufangen und das Potential meiner Idee zu visualisieren.

Die Becher und das Logo mit Schriftzug hatten noch einen eher verspielten Charakter, gemacht für den privaten Gebrauch. Die Becher waren hauptsächlich blau, mit einem auffälligen Logo, das Aufmerksamkeit erregen sollte. Dazu kamen zwei gelbe Squashbälle, die durch ihre Farbe gut sichtbar waren und den spielerischen Aspekt unterstrichen.

Ich erinnere mich noch genau an das Gefühl der Aufregung, als ich meinen gesamten Keller voller Becher, Bälle, Deckel und Flyer hatte und endlich die ersten Sets zum Verkauf zusammenpackte. Es war ein Moment, den ich kaum in Worte fassen kann. Es fühlte sich an, als würde ich ein lang ersehntes Baby in den Armen halten - das Ergebnis unzähliger Monate harter Arbeit und Entbehrungen. Ein ganzes Jahr lang hatte ich nach den richtigen Bechern und Bällen gesucht, und oft schien es fast unmöglich, sie zu finden.

Der Anblick meines eigenen fertigen Produkts, das nun endlich vor mir lag, erfüllte mich mit unbeschreiblicher Freude und Stolz. Mein Keller war bis obenhin gefüllt, und ich konnte es kaum erwarten, mit dem Verkauf zu beginnen. Jeder Becher, jeder Ball war ein Meilenstein, ein Beweis dafür, dass meine Vision Realität geworden war.

Sobald die ersten Sets verpackt waren, stürzte ich mich voller Eifer in die Bearbeitung der ersten Aufträge. Durch Mundpropaganda und soziale Medien hatte ich bereits im Vorfeld einige Sets verkauft, und nun war es an der Zeit, sie zu verschicken und Rechnungen zu erstellen. Jeder Auftrag, den ich abwickelte, erfüllte mich mit einem Gefühl von Erfüllung und Vorfreude. Ich konnte es kaum erwarten, meine Kunden glücklich zu machen und mein Produkt in die Welt zu bringen.

Doch bald wurde mir klar, dass der Weg zum Erfolg noch lange nicht vorbei war. Nur weil mein Spiel online verfügbar war, bedeutete das noch lange nicht, dass es auch gefunden wurde. Ich war kein Experte im Online-Marketing, also konzentrierte ich mich darauf, physische Präsenz auf Messen und Events zu zeigen. Die Suche nach Verkaufsmöglichkeiten und Präsentationsmöglichkeiten im Internet wurde zu meiner neuen Herausforderung, der ich mich mit Entschlossenheit stellte. Hier ein Foto meines ersten Sets:

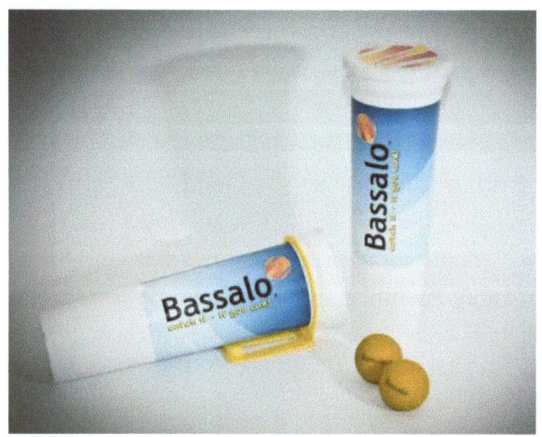

Ein Lichtblick auf der ISPO

Ende Januar war es endlich soweit - mein erster Besuch auf der ISPO-Messe in München stand bevor. Die weltweit größte Fachhändlermesse für Sportartikel - ein Ort voller Möglichkeiten und potentieller Chancen für mein Spiel. Die Hoffnungen und Erwartungen waren hoch, als ich mich auf den Weg machte.

Die Nervosität und Aufregung waren kaum zu bändigen, als ich die Messehallen betrat. Ich war fest entschlossen, mein Spiel jedem vorzustellen, der Interesse zeigte. Doch zunächst musste ich meine Zurückhaltung überwinden und den Mut aufbringen, von Stand zu Stand zu gehen. Ich studierte die Aussteller sorgfältig, bevor ich mich näherte, um sicherzustellen, dass mein Spiel in ihr Sortiment passen würde.

Es war ein ständiges Auf und Ab der Gefühle, als ich mein Spiel den potenziellen Interessenten präsentierte. Die meisten zeigten wenig Begeisterung und äußerten Bedenken bezüglich der Einfachheit und des Preises. Die Rückmeldungen waren enttäuschend und frustrierend. Es fühlte sich an, als würden meine Träume und Hoffnungen langsam zerplatzen.

Aber ich ließ mich nicht entmutigen. Trotz der vielen Absagen und negativen Rückmeldungen gab ich nicht auf. Ich suchte weiter, Stand für Stand, und hoffte auf einen Funken Interesse.

Und dann, wie aus dem Nichts, traf ich auf einen Großhändler, der mein Spiel tatsächlich mochte. Die Aussicht auf eine Bestellung von 1.000 Sets ließ mein Herz vor Freude höherschlagen. Es war ein Lichtblick inmitten der Dunkelheit der Ablehnung. Ich konnte es kaum fassen, dass ich zumindest einen potenziellen Partner gefunden hatte.

Auch wenn der Rest meines Besuchs nicht so erfolgreich verlief, war ich dennoch dankbar für diesen einen Lichtblick. Ich kehrte mit einem Gefühl der Hoffnung nach Hause zurück, bereit, weiterzumachen und mein Spiel voranzutreiben - egal, was kommen mag.

Tagebucheintrag Mittwoch, den 1.2.2012

Der Verkauf von Bassalo hat endlich Fahrt aufgenommen, und die ersten Pakete sind bereits auf dem Weg zu ihren neuen Besitzern. Ich kann es kaum fassen, wie positiv die Rückmeldungen sind, besonders von der Schule hier in meinem Dorf. Ich erinnere mich noch lebhaft daran, wie ich zu Beginn eine Turnstunde organisiert habe, um mein Spiel zu testen. Als Dankeschön für ihre Unterstützung habe ich ihnen gleich ein Klassenset geschenkt.

Eine andere Schule hat auch schon begonnen, Bassalo zu spielen, und ein bekannter Großhändler aus Deutschland, den ich auf einer Messe kennengelernt habe, zeigt Interesse daran, mein Spiel zu vertreiben. Es ist ein aufregendes Gefühl zu sehen, wie mein Produkt langsam, aber sicher seine Verbreitung findet.

In den letzten Tagen habe ich unzählige Infomails verfasst, an Schulen in der Umgebung, Outdoor- und Teambuilding-Firmen, Erlebnispädagogik-Unternehmen und vieles mehr. Es war eine regelrechte Flut von über 70-80 E-Mails! Und morgen steht bereits der nächste Schwung an Schulen auf meiner Liste.

Doch es gibt noch so viel zu tun! Flyer müssen verteilt, Pressemitteilungen im Netz verbreitet, freiberufliche Journalisten kontaktiert und Poster für Schulen entworfen werden. Und nicht zu vergessen der Imagefilm, den ich an Schlag den Raab und Galileo schicken möchte! Auch der Musterschutz muss beantragt und eine geeignete Verpackung gefunden werden. Die To-Do-Liste scheint endlos zu sein, aber ich spüre eine unbändige Energie, die mich antreibt, jeden dieser Punkte anzugehen.

Mein Ziel ist es, so schnell wie möglich all diese Sets zu verkaufen, damit ich das nötige Geld für neue Becher und Bälle habe. Es ist eine Herausforderung, aber ich bin entschlossen, sie zu meistern.

Und dann ist da noch dieser große Traum: Diese deutsche Firma von der Messe, die gleich 1.000 Sets kaufen möchte, und danach sogar 10.000 Sets! Ein

Gedanke, der mich mit Stolz und gleichzeitig mit Aufregung erfüllt. Es wäre ein wahrer Durchbruch für Bassalo und für mich persönlich.

Tagebucheintrag Montag, den 6.2.2012

Heute war ein weiterer harter Tag auf meiner Reise mit Bassalo, und es fühlte sich an, als wäre ich nach meinem Besuch auf der ISPO-Messe in München gerade erst aufgestiegen, nur um dann wieder in die Tiefe gerissen zu werden. Der Großhändler, der 1.000 Stück bestellen wollte, hat seine Entscheidung plötzlich rückgängig gemacht. Seine E-Mail traf mich wie ein Schlag ins Gesicht:

"Ich muss Ihnen leider mitteilen, dass mein Vater, der oberste Firmenchef, entschieden hat, im Moment keine weiteren Vertriebsprodukte außerhalb der eigenen Marken mehr aufzunehmen. Der Grund dafür liegt hauptsächlich in der Firmenfinanzierung, aber auch in der Bündelung der vorhandenen Kräfte auf das bestehende Programm und die eigenen Marken. Daher müssen wir leider für den Vertrieb Ihres Produktes absagen."

Ich war am Boden zerstört. Diese Nachricht war wie ein Schlag ins Gesicht nach all meinen Hoffnungen und Träumen. Und das Timing hätte nicht schlechter sein können, denn das Geld hätte ich dringend gebrauchen können.

Mein Kontostand ist ein Albtraum: Wir sind gerade mal am Anfang des Monats, und ich bin bereits 3.200 € im Minus. Mein Kontorahmen war bereits bei 2.500 € im Minus. Jetzt stehe ich vor einer finanziellen Mauer, die ich kaum überwinden kann. Die Hoffnung, um 200 € für die Flyer abzuheben, die morgen kommen sollen, ist fast schon zum Greifen nah, aber dennoch unsicher.

In der Mittagspause konnte ich kaum fassen, was passiert war. Ich wollte einfach nur nach Hause und mich wieder unter der Bettdecke verkriechen. Doch stattdessen saß ich schon wieder am PC und kämpfte weiter. Es war und ist hart, aber irgendwie kann mich das nicht wirklich umhauen. Finanziell stehe ich am Abgrund, aber meine Entschlossenheit ist stärker als je zuvor.

Ich muss über mich selbst lachen, wie verrückt ich bin, so viel Risiko auf mich zu nehmen. Über 20.000 € in ein Spiel zu investieren, das aus dem Nichts heraus entstanden ist! Vielleicht sogar mehr? Aber es ist da, es ist real, und ich kann und will nicht mehr zurück. Ich will vorwärts! Und das, obwohl ich erst seit einer Woche dabei bin.

Wenn nicht dieser Großhändler, dann eben ein anderer. Ich brauche und will erstmal viele kleine Händler und Privatkunden, um selbst etwas zu verdienen. Und hier sieht es eigentlich ganz gut aus.

Heute war ich einfach nur müde davon, immer wieder kein Geld zu haben, durchzuhalten, mich selbst zu motivieren, stark zu sein und meinen Traum im Auge zu behalten. Doch ich fliege weiter und höher, halte meinen Traum fest und vergesse niemals mein Ziel, egal wie hart es ist. Und ich bin nicht allein. Es gibt noch viele Menschen da draußen, die an mich und Bassalo glauben. Ihre Begeisterung gibt mir Hoffnung und stärkt meinen Willen, weiterzumachen. "Kopf hoch, nicht aufgeben" - das ist mein Mantra.

Tagebucheintrag Mittwoch, den 15.2.2012

Mein Leben ist wie eine Achterbahnfahrt - voller Höhen und Tiefen, aber immer aufregend! Ende März muss ich die Spedition verlassen. Das war absehbar, wenn du keine Umsätze machst und der Firma auf der Tasche sitzt. Aber immerhin habe ich die letzten sieben Monate ohne Bassalo-Produkt überlebt. Gott sei Dank!

Endlich habe ich auch einige finanzielle Altlasten abgearbeitet. Die T-Mobile-Rechnung von 950 € wurde auf 70 € reduziert, ein echter Glücksfall. Und das Grafikbüro bekommt seine letzten 200 €, dann bin ich aus dem Schneider. Meine Schulden bei meiner Familie und meinem Ex-Partner sind auch überschaubar, aber der aktuelle Kontostand von ca. 3.350 € im Minus ist erschreckend.

Aber ich bin entschlossen, das durchzustehen! RegioTV, TV Tirol und vielleicht sogar der ORF werden über mich berichten. Das "Tiroler Wirtschaftsblatt" wird auch ein Stück über meine Geschichte veröffentlichen. Die Messe in Bremen könnte ein Wendepunkt sein - nicht nur für die Bekanntmachung, sondern auch für den Verkauf von mindestens 100 Sets pro Tag. Vielleicht schaffe ich es sogar, die Kosten der Messe zu decken!

Heute morgen fühlte ich mich auf dem Weg zur Arbeit leicht und befreit - trotz der bevorstehenden Kündigung. Es ist seltsam, in einem Job zu sein, von dem du weißt, dass du bald gehen musst. Aber ich brauche das Geld bis Ende März.

Danach träume ich davon, im Hochseilgarten zu arbeiten und mich voll und ganz auf Bassalo zu konzentrieren. Und übrigens, die neue Creme von meiner Hautärztin ist ein Wundermittel. Ich habe keine Hautprobleme mehr im Gesicht, an den Augen und Armen. Einfach unglaublich!

Kampf um Bassalo

Meine Zeit in der Spedition war eine Phase des ständigen Jonglierens zwischen Arbeit und meinem Traumprojekt, Bassalo. Früh morgens, noch vor dem Beginn meiner Arbeit, arbeitete ich bereits an meinem Spiel. Während meiner Arbeitszeit recherchierte ich weiter und schickte mir interessante Links zu meinem Bassalo-E-Mail-Account. In der Mittagspause hetzte ich nach Hause, um weiterzuarbeiten, kaum Zeit zum Essen. Danach ging es zurück zur Arbeit, und nach Feierabend arbeitete ich oft bis Mitternacht.

Mein ganzes Herzblut floss in Bassalo. Ich suchte nach potentiellen Händlern und Veranstaltungen, an denen ich teilnehmen konnte. Alles drehte sich nur noch um mein Spiel. Schließlich realisierte ich, dass ich mich nicht mehr auf meine Anstellung konzentrieren konnte und verließ nach etwa acht Monaten meinen Job.

Doch selbst mit dem anfänglichen Bankdarlehen kam ich finanziell nicht über die Runden. Im Februar musste ich mir weitere 16.000 € in Anspruch nehmen. Zwei Monate später rief mich meine Bank an und fragte, warum kein Gehalt mehr einging. "Ich habe vor zwei Monaten gekündigt", erklärte ich. Das gefiel der Bank natürlich überhaupt nicht.

Aber ich fühlte mich frei - endlich frei, mein Herzprojekt voranzutreiben und damit Geld zu verdienen! Die Vermarktung von Bassalo war meine oberste Priorität. Außerdem genoss ich es, allein zu arbeiten, ohne meine damaligen Partner. Ich konnte nun schnell und eigenständig Entscheidungen treffen.

Finanziell stand ich allerdings am Abgrund. Die Verkäufe liefen schleppend, sehr schleppend. Und dann kam auch noch die große Rechnung meines neuen Grafikers über 1.100 €. Doch sie enthielt alles, was ich benötigte: das Design der Becher, Visitenkarten, Aufkleber, Poster, Facebook-Bilder und Grafiken für die Beach-Flags für Messen und Events.

Mein erster Imagefilm

Im Februar wagte ich mich an mein erstes Filmprojekt für Bassalo. Mit einigen aufstrebenden Filmstudenten aus der Nähe von Innsbruck machten wir uns an die Arbeit. Die Sporthalle war unsere Kulisse, ein Ort, der die Fantasie der Schulen entfachen sollte. Die Nervosität kribbelte in mir wie tausend kleine Ameisen. Jede Aufnahme des Textes, den ich sprechen sollte, erforderte zahlreiche Takes. Immer wieder verhaspelte ich mich oder vergaß einfach den nächsten Satz. Die Anspannung war greifbar!

Bis zu diesem Zeitpunkt hatte Bassalo noch keine festen Regeln oder Teamspiele. Es gab lediglich Grundkonzepte wie das Einzel- und Doppelspiel sowie das Turnierspiel mit mehreren Spielern im Kreis. Die Idee von Mannschaftssportarten mit einem klaren Wettkampfcharakter war noch in weiter Ferne. Doch in diesem Moment ging es vor allem darum, das Spiel in Aktion zu zeigen, um den Zuschauern einen ersten Eindruck zu vermitteln.

Mein Versuch der Straßenpromotion

An einem kalten Märztag begab ich mich auf die Straßen von Rosenheim, voller Entschlossenheit, mein Spiel einer breiteren Öffentlichkeit vorzustellen. Es war ein Experiment, das von Hoffnung und einer Prise Naivität geprägt war - die Vorstellung, dass die Menschen sich begeistern würden, wie bei einem Flashmob, wenn sie mein Spiel sehen würden. Doch die Realität erwies sich als weniger enthusiastisch.

Die Kälte durchdrang die Luft und schien die Menschen davon abzuhalten, sich für eine sportliche Aktivität zu begeistern. Einige wenige ließen sich von meiner Begeisterung mitreißen, aber die Mehrheit zog es vor, sich warm und gemütlich zu halten. Dennoch entschied ich mich, diesen Versuch nicht als Misserfolg zu betrachten, sondern als einen Schritt auf meinem Weg der Selbstvermarktung.

Obwohl die Straßenpromotion nicht die erhofften Massen mobilisierte, war sie dennoch ein wichtiger Schritt. Es war ein Moment des Lernens, ein Moment, der mich lehrte, dass nicht jeder Versuch unmittelbar Früchte tragen würde. Aber es war auch ein Moment des Wachstums, denn ich erkannte die Bedeutung von Geduld und Ausdauer auf meinem Weg zum Erfolg.

Tagebucheintrag Dienstag, den 6.3.2012

Die Aufregung steigt, nur noch zwei Tage bis zu meiner ersten Bassalo-Messe in Bremen! Der Gedanke daran versetzt mich in einen wahren Wirbelwind der Gefühle. Ich bin gerade total aus dem Häuschen! Heute sind endlich die Beachflags angekommen, doch zu meiner großen Enttäuschung fehlen die Bistrotische. Was für ein Ärger! Ich war so sicher, dass sie mit den bestellten Hussen geliefert würden. Lesen sollte man können, das ist wohl die Lehre daraus. Aber keine Panik, ich habe bereits eine Lösung gefunden: Ich werde einfach auf der Messe selbst noch die Tische nachbestellen und hoffe inständig, dass das klappt. Ansonsten weiß ich wirklich nicht, wie ich das machen soll!

Für die Messe muss ich morgen sogar in der Mittagspause nach Hause, um alles vorzubereiten. Ein großer Van ist bereits reserviert, denn in meinem kleinen Auto wäre einfach nicht genug Platz. Morgen steht also noch einiges auf meiner To-do-Liste: das Auto abholen, zum O2-Shop für den Internetstick für Deutschland, noch mehr Cups einpacken, meine Tasche mit Kleidung packen, vielleicht sogar noch bügeln?! Es gibt so viel zu tun!

"Also Markus, ganz ruhig bleiben", ermahne ich mich selbst, "wie die Engelkarte sagt: Bleib ruhig und gelassen!"

Dann werde ich wohl besser mal damit anfangen, für Bremen zu packen. Die Zeit drängt!

Spannende Premiere in Bremen

Die Premiere meiner eigenen Standpräsentation auf der "Passion" in Bremen, vom 10. bis 11. März 2012, markierte einen Meilenstein in meiner Bassalo-Reise. Doch bevor es losging, musste ich in eine Nikon-Kamera investieren, um hochwertige Bilder machen zu können. 330 € waren dafür fällig – ein notwendiges Investment für meinen Auftritt.

Mit dem Van beladen mit rund 800 Spielen machte ich mich auf den Weg nach Bremen, voller Zuversicht und Vorfreude darauf, meine Spiele an den Mann zu bringen. Die Messe versprach viel: eine Sportmesse, zudem für Fun- und Trendsport – genau das richtige Umfeld für Bassalo. Mein Ziel war ambitioniert: mindestens 100 Sets pro Tag zu verkaufen!

Der Freitag war dem Aufbau meines Standes gewidmet. Am Samstag begann dann der große Tag – mein erster Tag als Aussteller auf einer Messe überhaupt. Besucher strömten herbei, doch schnell stellte ich fest, dass meine Spielfläche viel zu klein war. Mitten in der Halle plaziert, war es schwierig, den Überblick zu behalten. Bälle flogen hin und her, viele gingen verloren. Doch ich war zu gutmütig, ersetzte jeden verlorenen Ball sofort – und verlor damit bares Geld.

Beim Verkauf lief es jedoch nicht wie erhofft. Am ersten Tag konnte ich nur rund 25 Spiele verkaufen – bei 800 mitgebrachten! Um am zweiten Tag mehr Erfolg zu haben, senkte ich den Preis auf 20 € pro Set. Doch auch das brachte keine signifikante Verbesserung – wieder nur etwa 25 Spiele verkauft.

Die Enttäuschung war groß. Mein Van war noch voller Ware, und ich fühlte mich müde und gedemütigt. Die Rückfahrt nach Tirol in der Nacht war eine Tortur – und dann das Missgeschick mit dem Auto, das das Dach der Garage touchierte: 800 € Reparaturkosten!

Das Fazit der Messe war ernüchternd: 1.500 € Messekosten, wenig Verkaufserfolg, Zahlung des Mietautos plus Reparaturkosten, Übernachtung im Hotel, Bezin und jede Menge Frust. Doch trotz allem gab es einen Lichtblick: die Begegnung mit einem potentiellen Partner.

Teure Kooperation in Deutschland mit Potential?

Nach der Messe begann ich, im nachhinein betrachtet, einen meiner größten Fehler in Bezug auf Partnerschaften. Am Messestand traf ich einen Herrn, der mir erzählte, dass seine Firma ein großes Netzwerk in ganz Deutschland betreibt. Sie fahren mit mobilen Anhängern zu Schulen und bieten dort diverse Sport- und Spielgeräte an. Die Schulen mieten diese Anhänger und können alle Geräte darin für eine gewisse Zeit frei verwenden. Er konnte sich gut vorstellen, mein Produkt in ihr Angebot aufzunehmen.

Ich war natürlich total begeistert. Gleich bei meiner ersten Messe hatte ich einen potentiellen Partner gefunden, der mein Spiel in Schulen vermarkten und promoten wollte! Das machte mich unglaublich glücklich und milderte das Gefühl, dass die erste Messe eine totale finanzielle Katastrophe war. Der Deal hatte allerdings einen Haken: Ich musste dafür zahlen. Die Firma handhabe es so mit allen Herstellern – sie bekamen die Produkte umsonst, warben damit und verlangten eine Gebühr für die Produktplatzierung. Naiv und dankbar für jede Anerkennung, willigte ich ein.

Der Deal lief vom 1. April 2012 bis 31. März 2013. Die Kosten waren erheblich: 890 € für die Partnerschaft, plus 1.110 € für die Produktplatzierung, und zusätzlich 950 € für die Konzeption und Grafik von fünf verschiedenen "Trick-Level" Karten. Insgesamt machte das 2.950 €! Ein Wahnsinnspreis, aber ich stimmte trotzdem zu und brauchte Jahre, um diesen Betrag zurückzuzahlen. Und das Schlimmste: Diese Kooperation brachte mir nichts ein.

Das Hauptproblem war, dass in den Anhängern viele bekannte Fun-Sportgeräte lagen, wie Skateboards, Scooter und Inline-Skates. Lehrer und Kinder wussten nicht, was sie mit meiner Box mit den Bechern anfangen sollten. Mein Produkt wurde nicht richtig präsentiert. Es war verständlich, aber dennoch enttäuschend und definitiv nicht meine Schuld.

Später machte ich noch weitere Deals mit anderen Netzwerkpartnern. Doch das ist eine andere Geschichte.

Durch das Feuer gegangen!

Am 16. März 2012 erlebte ich mit dem Team vom Waldseilgarten etwas Unglaubliches: meinen ersten Feuerlauf! Das Gefühl, über glühendheiße Kohlen zu gehen, war einfach überwältigend und einzigartig.

Die Vorbereitung für dieses Erlebnis dauerte etwa 6 bis 8 Stunden, in denen wir Teilnehmer mental auf den Feuerlauf vorbereitet wurden. Es war, als ob wir "programmiert" wurden, um zu glauben, dass alles im Leben möglich ist. Durch verschiedene Übungen zur Freisetzung von Energie, Visualisierungen unserer Ziele und inspirierende Geschichten darüber, wie man seine Vorstellungskraft nutzen kann, wurden wir darauf vorbereitet, die scheinbar unmögliche Tat zu vollbringen. Die gesamte Vorbereitungsphase war faszinierend und wirkte wie eine Art therapeutische Erfahrung.

Abends wurde draußen ein großes Feuer entfacht, ein riesiger Haufen Holz, der erst herunterbrennen musste, um die glühende Kohle für den Lauf vorzubereiten. Schließlich formte sich die Kohle zu einem ein Meter breiten und 3-4

Meter langen Weg. Als es soweit war, gingen wir alle zum Kohleweg und stellten uns darauf. Vorher hatten wir uns einen Zettel geschrieben, den wir bei uns trugen:

"Was auch immer du glaubst, dass du kannst oder nicht kannst, du hast recht. Du bist ein strahlendes Wesen der Schöpfung und nur eine Illusion lässt dich glauben, dass du weniger bist. Geh mit Zuversicht, Mut und Entschlossenheit, denn du bist mehr, als du dir je vorgestellt hast."

Dieser Moment war für mich nicht nur körperlich, sondern auch emotional und spirituell unglaublich intensiv. Es war ein Akt des Vertrauens in mich selbst und in die Kraft der eigenen Vorstellungskraft.

An MICH, am 16.3.2012:

Wenn ich es geschafft habe, über glühendheiße Kohle zu laufen, möchte ich die freigewordene Energie für folgendes einsetzen:

- Ruhig und gelassen zu sein
- Mir selbst und dem Leben zu vertrauen
- Zeit für mich und viel Spaß haben
- Mein eigenes Bassalo Geschäft durchzuziehen
- Viele gute Vertriebspartner finden
- Nur noch das machen, was ich will!
- Viele Menschen für Bassalo begeistern
- Etwas monumentales erschaffen
- Frei und unabhängig zu sein

Endlich war der Moment gekommen. Durch die intensive Vorbereitung hatten wir uns bereits mit positiver Energie aufgeladen. Ich war bereit und konnte es kaum erwarten, über die glühenden Kohlen zu gehen. Die Hitze um die Kohle herum war immer noch spürbar.

Dann begann es. Einer nach dem anderen stellte sich vor der glühenden Kohle auf, nahm einen Moment der inneren Sammlung und betrat dann den Weg über die heißen Kohlen. Und zu unserer großen Überraschung war es tatsächlich gar nicht heiß! Niemand verbrannte sich. Es war ein unbeschreibliches Gefühl der Erleichterung und des Triumphs.

Ich konnte es kaum fassen und ging gleich mehrmals über die Kohlen, um sicher zu sein. Es war ein Erlebnis, das ich nie vergessen werde. Es war ein Moment der Überwindung von Ängsten und der Bestätigung, dass wir mehr Kraft und Fähigkeiten haben, als wir uns oft selbst zutrauen.

Der Versuch auf dem Flohmarkt

Der Versuch, mein Glück auf dem Flohmarkt in der Nähe zu probieren, kam nach dem "guten" Verlauf auf der Messe in Bremen. Der Flohmarkt war nur ein Dorf von meinem Zuhause entfernt, und die Standgebühren waren erschwinglich. Mit nur 2-3 verkauften Spielen hätte ich die Kosten schon gedeckt. Außerdem war ich in der Gegend bereits etwas bekannt, also hoffte ich auf einige Verkäufe.

Der Tag begann früh - man musste um 5 Uhr morgens aufstehen, da die Autos bereits Schlange standen, um auf den Markt zu kommen. Bis 6 Uhr musste der Stand fertig sein, und dann kamen zuerst die Antiquitätenliebhaber. Erst gegen 10-11 Uhr tauchten die Familien auf, und gegen 14 Uhr war der Markt im Grunde vorbei. Mein Spiel war jedoch neu und kein gebrauchtes Produkt, was die Situation etwas komplizierte. Dennoch wollte ich überall präsent sein und verkaufen.

Also baute ich meinen Stand auf und wartete geduldig. Es war eine lange Zeit des Wartens, und am Ende konnte ich doch einige Sets verkaufen. Aber war all die Zeit und Mühe es wert? Ich war mir nicht sicher. Zumindest war es eine Möglichkeit, Werbung zu machen. Es war ein Tag voller Anstrengung und Hoffnung, aber am Ende war es ein weiterer Schritt auf meinem Weg, mein Spiel bekannt zu machen.

Mein erster TV-Auftritt

Das erste Mal im Fernsehen zu sein, war unglaublich aufregend! Am 22. März promotete ich mein Spiel im Einkaufszentrum in Kufstein. Ich wollte einfach mal in Kufstein präsent sein und mein Glück dort versuchen. Außerdem hatte ich im Vorfeld mit dem kleinen Sender "Kufnet TV" vereinbart, dass sie vorbeikommen und einen Beitrag filmen. Zu meiner Freude waren sie sofort dabei!

Ich kombinierte die Promotion mit einem kleinen Gewinnspiel. Die Besucher sollten erraten, woher der Name "Bassalo" stammt. Während die Gäste spielten, filmte das Kamerateam und interviewte die Spieler, um herauszufinden, wie ihnen mein Spiel gefällt. Glücklicherweise waren die Kosten für den Stand gering, sodass das finanzielle Risiko überschaubar war. Leider verkaufte ich an diesem Tag fast nichts, was natürlich enttäuschend war.

Trotzdem war es eine großartige und spannende Erfahrung! Nach meinem ersten Imagefilm in Innsbruck stand ich nun das zweite Mal vor der Kamera. Es war das erste Mal, dass über mich und mein Spiel medial berichtet wurde. Immerhin!

Das Video ist heute immer noch online zu sehen. „Leider", weil ich total nervös war, vor der Kamera zu stehen, und mir das immer noch peinlich ist. Aber es war auch lustig und eine positive Nervosität. Ich wollte ja gesehen werden und mein Spiel bekannt machen.

Dieser Tag hatte mir gezeigt, wie wichtig es war, sich selbst und sein Produkt zu präsentieren, auch wenn es nicht immer sofort zu Verkäufen führte. Es ging darum, Erfahrungen zu sammeln, sichtbar zu sein und jede Gelegenheit zu nutzen, um das Spiel in die Welt zu bringen. Die Erinnerung an diesen aufregenden Tag motivierte mich, weiterzumachen und immer neue Wege zu finden, mein Spiel bekannter zu machen.

Tagebucheintrag Donnerstag, den 5.4.2012

Die Messe in Bremen war ein gemischtes Erlebnis. Einerseits war es gut, weil ich tolle Leute kennenlernen und viel Erfahrung sammeln konnte. Besonders spannend war die Begegnung mit einem neuen Netzwerkpartner, der Schulen mit Sport- und Spielgeräten beliefert. Wer weiß, was daraus noch entstehen wird? Mein Stand war fast immer voll, und das Feedback war durchweg positiv. Doch trotz dieser Erfolge fühle ich mich momentan völlig ausgelaugt. Zum Glück bekomme ich noch Arbeitslosengeld, das zumindest meine Fixkosten deckt. Geld für Essen und Spaß muss aus meiner Arbeit im Waldseilgarten oder aus Bassalo-Verkäufen kommen.

Warum fühle ich mich so erschöpft? Die Messen, die ständigen Messen. Besonders eine Messe in Italien hat mir den Rest gegeben. Ich war zu voreilig und musste am Ende Stornokosten von 900 € tragen, was immer noch besser ist als die 5.000 €, die die Messe eigentlich gekostet hätte. Also sollte ich froh sein, oder?

Warum bin ich das nicht? Vielleicht, weil ich seit letzter Woche keine einzige Online-Bestellung erhalten habe, obwohl mein Bassalo-Werbebanner in einem Online-Funsport-Magazin zu sehen ist. Ich hatte erwartet, dass die Bestellungen am Wochenende und vor allem am Montag eintrudeln würden. Warum kam nichts? Es ist doch merkwürdig. Da klickt man doch drauf, wenn so ein cooles Banner aufblinkt. Ist das Video nicht gut oder cool genug? Am Preis kann es doch nicht mehr liegen bei 19,90 €! Ich verstehe es einfach nicht.

Das Magazin ist super, aber wie super? Ich zahle dafür und erwarte Anfragen, Buchungen und vielleicht sogar Anrufe. Und nichts. Alles bleibt still. Nicht mal neue Facebook-Fans.

Na ja, scheiß drauf! Egal. "Markus, erwarte einfach nicht immer so viel!" Bei mir muss auch immer alles extrem schnell gehen. Ich arbeite jetzt im Waldseilgarten und kann dort etwas dazuverdienen. Mit dem Arbeitslosengeld hätte ich momentan genug Geld. Also, finanziell brauche ich mir keine Sorgen zu machen. Ich bekomme jetzt auch 2.700 € von der italienischen Messe und dem Rechtsanwalt zurück. Jetzt kann ich mich voll und ganz auf die nächste Messe konzentrieren und auf die Akquise neuer Geschäfte, Kunden und Schulen. Der April hat gerade erst begonnen, und es kommen noch Mai, Juni und Juli. Ich habe noch insgesamt 4-5 Monate, aber die Zeit rennt schneller als man denkt. Schwupps, sind die Monate auch wieder vorbei.

Ich sollte die Zeit genießen und an die Work-Life-Balance denken. Ich würde sie viel besser genießen, wenn mein Traum wahr wird. Und was ist er? Mein Traum ist es, das zu tun, was ICH will. Ich will Spaß haben, reisen und das Leben genießen. Ich möchte wandern, klettern, Basketball spielen und einfach nur tun, wozu ich gerade Lust habe. Und immer wieder mal eine Bassalo-Promotion machen und im Waldseilgarten arbeiten. Im Winter möchte ich dann für 2-3 Monate wegfliegen, einfach mal abschalten.

Mein erster Wunsch ist es, einen großen Partner zu haben, der mir immer ein paar hundert oder tausend Bassalo-Sets im Monat abkauft und diese weiterverkauft. Und ich wünsche mir, so schnell wie möglich meine Kredite abzubezahlen. Das wünsche ich mir sehr! Ich möchte frei, gesund und glücklich sein und meine Zeit mit Freunden, meiner Freundin und Familie verbringen und genießen.

Spielpräsentation in Klagenfurt

Im April stellte ich auf meiner zweiten Messe aus, der "Freizeitmesse" in Klagenfurt. Obwohl es keine reine Sportmesse war, wollte ich unbedingt in Österreich präsent sein und war hochmotiviert. Der Stand kostete mich etwa 2.500 €, was alles andere als günstig war. Doch ich wollte hier wirklich durchstarten und entschied mich, täglich ein Gewinnspiel zu veranstalten, um noch mehr Aufmerksamkeit zu erzeugen. Die Teilnehmer mussten einen Zettel ausfüllen und zu einer bestimmten Uhrzeit wurden die Gewinner ausgelost.

Ich nahm zwei gute Freunde mit, die freiberuflich tätig waren und mir helfen wollten. Wir waren ein starkes Trio und mein Stand war groß genug, um richtig Gas zu geben.

Der Andrang war tatsächlich groß und das Interesse riesig. Meine Spielfläche war fast immer vollbesetzt, und die Besucher hatten eine Menge Spaß. Das Gewinnspiel zog viele Teilnehmer an, und bei der Verlosung versammelte sich eine große Menge, die hoffte, eines der Spiele zu gewinnen. Nach jeder Verlosung konnten wir einige Sets verkaufen.

Insgesamt war die Messe ein gemischter Erfolg. Die Besucher fanden mein Spiel großartig, und es war eine hervorragende Möglichkeit, Werbung zu machen. Finanziell war es jedoch ein Desaster. An den drei Tagen verkaufte ich nur etwa 80 Sets, trotz eines Messepreises von nur 15 € das Spiel. Dadurch machte ich allein bei den Standkosten ein Minus von 1.500 €. Dazu kamen die Ausgaben für meine Freunde und unsere Unterkunft.

Es half auch nicht, dass nach diesem Wochenende noch viele Rechnungen zu bezahlen waren.

Trotz der finanziellen Rückschläge war es wichtig, mein Spiel vor Ort zu präsentieren und die Menschen dafür zu begeistern. Nur durch das direkte Spielen würden sie den Spaß und die Freude daran erleben und es weiterverbreiten.

Erfolgreicher Verkauf im Schwarzwald

Im April desselben Jahres entschied ich mich, in den Schwarzwald zu meiner Mutter zu fahren. Ich hatte eine wichtige Mission: Bei der Intersportkette in Waldshut mein Spiel vorstellen. Diese Kette betreibt drei Filialen am Hochrhein, und ich wollte sie unbedingt als Kunden gewinnen. Es wäre ein unglaubliches Gefühl, mein Spiel in meiner alten Heimat in den Läden zu sehen. Zudem hatte ich kürzlich die neue Verkaufsverpackung fertiggestellt und war nun bereit, auch an Ladengeschäfte zu verkaufen.

Der Weg dorthin war voller Vorfreude und Anspannung. Die Aussicht, mein Spiel in den Regalen der Intersport-Filialen zu sehen, ließ mein Herz schneller schlagen. In Waldshut angekommen, traf ich mich mit dem jungen Einkäufer der Kette. Mit einem festen Händedruck und einem hoffnungsvollen Lächeln begann ich meine Präsentation. Ich erklärte ihm die Idee hinter meinem Spiel, zeigte die neuen Verpackungen und betonte die Begeisterung, die es bisher ausgelöst hatte.

Zu meiner großen Erleichterung war der Einkäufer offen für Neues. Er hörte aufmerksam zu, stellte einige Fragen und schließlich, nach einem Moment des Nachdenkens, stimmte er zu. Sie würden mein Spiel aufnehmen! Ich konnte es kaum fassen. Im Mai bestellten sie sofort 40 Spiele und verteilten diese auf ihre drei Filialen. Eine der Filialen befand sich in Bad Säckingen, meinem Heimatort.

Der Gedanke, dass mein Spiel dort verkauft werden würde, erfüllte mich mit Stolz. Noch stolzer war jedoch meine Mutter. Ich erinnere mich, wie sie mit strahlenden Augen erzählte, dass sie nun mit ihren Freunden ins Geschäft gehen konnte, um stolz zu verkünden: "Hey, seht ihr das Spiel dort? Das ist von meinem Sohn." Ihre Freude und Stolz waren für mich unbezahlbar.

Die Verpackung sah damals noch ganz anders aus als heute, aber sie erfüllte ihren Zweck. Trotz meiner begrenzten Erfahrung war dies ein großer Erfolg und ein wichtiger Schritt auf meinem Weg. Siehe Foto nächste Seite:

Ich bestellte 1.000 dieser Verpackungseinheiten. Günstig waren sie nicht, aber es war eine notwendige Investition.

Während ich bei meiner Mutter im Schwarzwald war, nutzte ich die Gelegenheit und vereinbarte einen Termin an meiner alten Hauptschule. Zwar waren die meisten meiner ehemaligen Lehrer nicht mehr dort, doch die neue Direktorin kannte ich noch gut. Mit einem Karton voller Becher und Bälle im Gepäck, hielt ich 1-2 Workshops ab.

Es war ein nostalgisches Gefühl, wieder in der Turnhalle zu stehen, in der ich einst nicht nur Schulsport betrieben, sondern auch meine Liebe zum Basketball entdeckt hatte. Die Atmosphäre war erfüllt von Erinnerungen und neuen Eindrücken. Bassalo kam bei den Kindern und Lehrern so gut an, dass die Schule gleich 20 Sets kaufte. Das war ein enormer Erfolg und ein besonderer Moment für mich.

Nach einer Woche voller positiver Erlebnisse und gestärktem Selbstbewusstsein kehrte ich zurück nach Hause. In Kufstein besuchte ich sofort den örtlichen Intersport-Laden. Mit dem neu gewonnenen Selbstvertrauen präsentierte ich Bassalo und betonte, dass das Spiel durch die Schul-Workshops bereits an

Bekanntheit gewinnen würde. Einige der Schüler in Kufstein kannten mein Spiel schon und würden sich sicherlich freuen, es im Laden zu finden.

Der Einkäufer war zunächst unsicher, also schlug ich ihm vor, zehn Sets auf Probe zu nehmen und sie erst zu bezahlen, wenn sie verkauft waren. Dieser Vorschlag überzeugte ihn, und so war Bassalo nun in vier Intersport-Filialen vertreten. Zu meiner großen Freude waren die zehn Sets innerhalb von zwei Wochen verkauft. Der Laden bestellte weitere zehn Sets, und wieder zwei Wochen später nochmals zehn.

Dieser Erfolg war überwältigend, besonders nach den vielen Rückschlägen, die ich auf den ersten beiden Messen erlebt hatte. Es war der perfekte Startschuss, der mir zeigte, dass all die Mühe und der Glaube an meine Idee sich auszahlen würden. Es war ein Meilenstein auf meinem Weg und ein Beweis dafür, dass Bassalo das Potential hatte, groß zu werden.

Werbung im Klettergarten: Erfolgreicher Verkauf von Spielen

Im April, als die Waldseilgarten-Saison begann, fand ich mich erneut in meinem alten Job dort wieder. Es war wie ein Rückzug in vertrautes Terrain, aber auch eine Quelle der Freude und der neuen Energie. Die Arbeit zwischen den Baumwipfeln und die frische Bergluft waren wie Balsam für meine Seele. Doch das war nicht alles - ich sah es auch als Gelegenheit, meine Leidenschaft, Bassalo, weiter zu verbreiten.

Während die Gäste auf ihre Einweisung warteten oder nach ihrem Abenteuer im Waldseilgarten erschöpft waren, bot sich eine perfekte Gelegenheit für eine Partie Bassalo. Die Atmosphäre war entspannt und aufgeschlossen, und die Leute waren immer begeistert davon, etwas Neues auszuprobieren. Für mich war es eine Win-Win-Situation - die Gäste hatten Spaß und ich konnte nebenbei für mein Spiel werben und hoffen, dass jemand ein Set kaufen würde.

Es war ermutigend zu sehen, wie oft ich tatsächlich ein Spiel pro Arbeitstag verkaufen konnte. Doch trotz all der positiven Erfahrungen hatte die Arbeit im

Waldseilgarten auch ihre Herausforderungen. Insbesondere das Wetter spielte eine entscheidende Rolle. An Tagen mit schlechtem Wetter blieben die Besucher fern, und wir Mitarbeiter hatten keinen Einsatz. Keine Arbeit bedeutete natürlich auch kein Einkommen. Als kein Haupttrainer zu sein, bedeutete oft, dass man als erster auf der Abschussliste stand, wenn sich das Wetter nicht besserte. Es war frustrierend, aber ich lernte, mich auf unvorhergesehene Situationen einzustellen und das Beste daraus zu machen.

Mein erster großer Auftrag mit 100 Sets

Und meinen ersten wirklich großen Auftrag von 100 Sets habe ich dem Waldseilgarten zu verdanken. Wie immer spielten die Besucher in den Pausen. Am Ende eines Tages kam ein Mann zu mir, dem mein Spiel sehr gefallen hatte. Er fragte mich, ob man auch bedruckte Becher bekommen könnte. Ich war leicht irritiert und gar nicht darauf vorbereitet…

Er war Geschäftsführer einer Spedition und würde mein Spiel gerne als Werbegeschenk für seine Kunden nutzen. "Ach was!?" dachte ich mir. Also überprüfte ich zu Hause diese Möglichkeit mit meinem deutschen Becherproduzenten. Doch die Abnahmemenge mit bedruckten Bechern war und ist leider erst ab 500 Sets, also 1.000 Bechern möglich, und erst dann auch finanziell sinnvoll, damit es nicht zu teuer wird.

Somit erklärte ich dem Herrn das Dilemma und hoffte trotzdem auf einen Auftrag. Denn im Kopf hatte ich schon die 500 Sets bereits verkauft! Doch das war ihm leider zu viel. Sie wollten nur 100 Stück haben. Und so entschieden wir uns dann zum Glück für eine Zwischenlösung: Wir nahmen einfach meine normalen Cups und beklebten sie mit seinem Logo. Und da die Farben meiner Becher (blau-weiß) auch seinen Firmenfarben entsprachen, war das gar nicht so schlimm. Und so bestellte er im Mai immerhin 100 Sets.

Das war mein erster größter Umsatz von immerhin 1.500 € netto! Zudem keimte in mir schon die Idee auf, mein Spiel an Firmen zu bringen, die es als Werbegeschenk nutzen könnten. Interessant, eine neue Zielgruppe!

Mai-Highlights: Bestellungen, Werbegeschenke und TV-Auftritte

Im Mai entschied ich mich, weitere 5.000 Becher zu bestellen, da die 3.000 Stück, die ich im Januar geordert hatte, bereits fast vergriffen waren. Zu meiner Überraschung erhielt ich einen Anruf vom Geschäftsführer des Becherproduzenten. Mein früheres Interesse an bedruckten Bechern als Werbegeschenk hatte ihn inspiriert. Er bot an, meine originalen Bassalo-Becher an seine Kunden zu verschenken, ohne sein Logo darauf zu drucken. Alles, was er benötigte, waren die Spielflyer und Bälle. Ich stimmte zu und verkaufte ihm die 400 Bälle für seine 200 Sets. Seine Mitarbeiter würden den Rest zusammenstellen. Dieser Deal fühlte sich für mich fair an. Es war eine gegenseitige Unterstützung, und ich war begeistert, dass mein Produzent mir bei der Werbung helfen wollte. Er war nicht nur ein Lieferant, sondern auch ein Partner und mittlerweile ein Freund.

Im Juni traf dann die nächste Lieferung von 5.000 Bällen aus China ein. Es war bereits meine zweite Bestellung!

Im Mai gab es noch mehr Ereignisse. Ein kleiner Laden mit einer Strandbar aus Österreich bestellte 30 Spiele. Außerdem hatte ich die Gelegenheit, in diesem Monat Workshops in fünf Schulen zu geben.

Interessanterweise bestellten die Schulen diesmal nicht nur gelegentlich, sondern gleich in größeren Mengen. Statt ein oder zwei Sets bestellten sie auf einmal 10 Sets, damit alle Schülerinnen und Schüler daran teilnehmen konnten. Damals gab es noch keine speziellen "Klassen- oder Schulsets". Ich verkaufte immer das komplette 2er-Set, inklusive passender Deckel und Flyer. Rückblikkend betrachtet mag das etwas verschwenderisch und unnötig erscheinen, aber damals habe ich einfach so gedacht. Es gab nur das eine 2er-Set, und das war es.

Im Mai hatte ich meinen zweiten, jedoch bedeutend größeren Fernsehauftritt bei "Tirol TV". Zwar handelt es sich um einen kleinen Sender, der nur in Tirol ausgestrahlt wird, aber immerhin - Tirol ist ein ganzes Bundesland in Österreich. Im Vergleich dazu war der Sender im Einkaufszentrum nur ein winziger Kufsteiner Sender. Schritt für Schritt wurden die Sender also größer. Wir arrangierten einen Termin mit der Moderatorin und suchten nach einer Schule, in der wir die Kinder direkt im Sportunterricht filmen durften. Ich war wieder einmal total nervös und aufgeregt! Doch es war eine fantastische Erfahrung und natürlich auch eine hervorragende Werbung.

Des weiteren hatte ich wieder einmal einen Termin beim Arbeitsamt. Diese Termine waren mal angenehmer und mal weniger angenehm. Einerseits hatte ich einen großartigen Berater, der fest an mich und meine Idee glaubte. Deshalb ließ er mich gewähren und übte keinen Druck auf mich aus. Andererseits waren seine Hände manchmal gebunden, und er musste Druck ausüben, damit ich mir eine feste Arbeitsstelle suche. Immer wieder fragte er mich, ob ich nun davon leben könnte. Doch das ging nicht. Noch nicht! Denn ich erzielte noch keinen echten Gewinn, auch wenn hier und da etwas Geld hereinkam. Doch er half mir, wo er nur konnte. Im Grunde hatte er immer an mich und meine Idee geglaubt. Daher schenkte ich ihm auch ein Set, und er war sehr glücklich und überrascht, endlich eines in den Händen zu halten!

Tagebucheintrag Mittwoch, den 9.5.2012

Heute habe ich mir ernsthaft überlegt, was ich wirklich will. Gestern nacht, nachdem mein Bankberater wieder einmal meinte, er wisse besser als ich, was gut für mich sei, und vorschlug, ich solle lieber einer normalen Arbeit nachgehen und nebenbei an meinem Bassalo arbeiten!

Nein, habe ich Geldsorgen? Eigentlich nicht wirklich! Ich bekomme genug vom Arbeitsamt zum Leben und habe noch meinen Kredit für Bassalo. Ich werde nur noch Geld für die "YOU" Messe in Berlin und für die neuen 5.000 Becher sowie 5.000 Bälle investieren. Und dann ist Schluss.

Die letzten Wochen haben mir gezeigt: Drei Schulen pro Woche á 300 € Umsatz, das mal 4 Wochen ergeben 3.600 € brutto im Monat, das sind 3.000 € netto. Und das ist quasi mein Mindestgehalt. Hier sprechen wir nur von drei Schulen pro Woche!!!! Aber es könnten auch locker vier oder fünf sein. Und dann gibt es noch all die Privatleute!

Also, warum der Stress? Welches Risiko habe ich? Ja, es wäre ein Risiko, JETZT etwas anderes zu machen!!!

"Ich wünsche mir JETZT von ganzem Herzen eure Unterstützung, liebe Engel, Jesus Christus, damit Ihr mir helft, mein Spiel so schnell wie möglich bekannt zu machen und mir gute und große Partner schenkt, die es schnell verbreiten und weiterverkaufen können. Ich wünsche mir JETZT große Abnahmen und Bestellungen und schnelle hohe Einnahmen!!! Bitte, bitte, bitte, helft mir dabei!!!!!!!"

Seit gestern bin ich etwas krank. Ein komisches Gefühl – ich war schon lange nicht mehr krank. Nicht stark krank, nur etwas am Hals und Müdigkeits- und Schwächegefühl. Ein Zeichen vielleicht, jetzt mal runter vom Gas zu gehen?

Zum Thema "Was will ich"? Eigentlich ist es mir egal, ob es Bassalo oder sonstwas ist. Ich wünsche mir einfach nur etwas Eigenes haben zu können – etwas Eigenes machen zu können, etwas Eigenes auf den Markt zu bringen. Etwas, was mir gehört und wo ich selbst entscheiden kann, was ich tun möchte. Mir macht es Spaß daheim, Dinge zu organisieren, kreativ zu sein, Geschäfte zu machen, Rechnungen zu schreiben, Neues zu entwickeln, Telefongespräche zu führen usw.!

Ob ich davon leben könnte??? Na SICHER DOCH!!!!! Affirmation: "Ich kann und werde sehr erfolgreich sein!! Ich mache gute Geschäfte!! Ich liebe meine Arbeit und meine Kunden! Ich liebe mein Leben, Ich bin stark und schaffe alles, was ich WILL!! Ich vertraue auf die Weisheit des Lebens. Alles Positive fließt zu mir! Ich gebe jederzeit mein Bestes. Ich glaube an mich selbst! Das Universum liebt mich!!"

Ich denke, es war nur eine Frage der Zeit und der Reife, bis es zum jetzigen Zeitpunkt kommen musste. Ich habe schon immer gespürt, dass ich etwas ganz Großes und Besonderes machen werde. Nur habe ich noch nie gewusst, was es sein wird! Mit diesem Spiel mache ich alles in Einem:

- Ich setze einen neuen Trend, eine neue Sportart!
- Ich bin mein eigener Chef und tue, was ich will!
- Ich habe genug Freizeit für alles, was ich möchte!
- Ich habe genug Geld für alles, was ich möchte!
- Ich organisiere, verhandle, reise, spiele und habe Spaß!

Ich habe schon immer gerne gespielt und mich mit Menschen umgeben. Es kann doch sein, dass dieses Spiel – so zufällig, wie ich auch dazu gekommen bin – meine "Freikarte" ins Glück ist!?! Wieso nicht? Das Spiel kommt hammermäßig an! Der Preis ist auch gut! Die Vielfältigkeit ist unglaublich! Ich benötige jetzt nur noch Leute, die mir helfen, das Spiel zu verkaufen, zu vermarkten und es bekannt zu machen!! Das ist alles!!

Übrigens ist meine Mutti schon seit zwei Wochen bei mir und ich bin sehr froh, dass sie hier ist. Ich bin so glücklich, dass ich so eine tolle Mutter habe!!!!!!

Kostenlose Promotion in Tirol

In Innsbruck fand ein Beachvolleyball-Turnier von Studenten statt, und ich bekam die Möglichkeit, dort kostenlos einen Stand aufzubauen und die wartenden Spieler mit Bassalo zu unterhalten. Natürlich ließ ich mir diese Chance nicht entgehen. Es entstanden keine Kosten, außer für Benzin und Zeit. Bei solchen Gelegenheiten war ich leicht zu begeistern. Wer wusste schon, was dort passieren würde? Vielleicht würden alle ein Spiel kaufen wollen? Schließlich hatte ich das Spiel schon als Student mit Chipsdosen gespielt. Vielleicht würden sie es genauso toll finden wie wir damals?

Eine Stunde hin, ein paar Stunden vor Ort und wieder eine Stunde zurück, und ich hatte gerade mal ein Spiel verkauft! Verdammt.... Leider waren alle so sehr mit dem Turnier beschäftigt, dass nur wenige bei mir spielten. Diejenigen, die es spielten, fanden es großartig. Sie betrachteten es jedoch eher als nette Freizeitbeschäftigung, während sie auf das nächste Spiel warteten. Es waren Studenten, und der Gedanke, dort etwas zu kaufen, war ihnen nicht in den Sinn gekommen.

Es war einen Versuch wert, und schließlich hatte ich ja auch nichts bezahlt.

Im Juni fand auch der ASVÖ-Familiensporttag in Tirol statt. Auch hier musste ich nichts bezahlen und konnte Werbung machen. Es war brütend heiß, aber dennoch waren viele Leute dort, sowohl Kinder als auch Erwachsene.

Ich baute meinen Stand auf und hatte auf dem Fußballplatz viel Platz. Viele Leute spielten, und alle fanden mein Spiel super, wie immer! Dieses Mal hatte ich sogar etwas mehr Glück. Immerhin verkaufte ich dort an die 18 Spiele!

Es war eine Erleichterung, etwas Bargeld in der Tasche zu haben. Denn mit meiner Bankkarte kam ich nicht weit oder sogar gar nicht voran. Es war ein Kampf, aber auch ein Abenteuer.

Premiere beim Münchner Sportfestival

Am 1. Juli war es endlich soweit - ich nahm zum ersten Mal am Münchner Sportfestival teil, einem herausragenden Event mit einer fantastischen Location! Hier standen hauptsächlich Vereine im Rampenlicht, und für mich bedeutete das Glück, dass ich keinen Standgebühr zahlen musste. Schließlich hatte ich eine aufregende neue Sportart zu präsentieren, die bei den Besuchern auf großes Interesse und Neugier stieß. Gemeinsam mit meiner Schwester und meinem besten Kumpel machte ich mich also auf den Weg nach München, bewaffnet mit meinem einfachen Stand und einem frisch erworbenen kleinen Zelt - die Hitze machte es unumgänglich.

Die Resonanz war überwältigend, und mein Stand war praktisch immer voll besetzt! Die Location war einfach großartig - die Besucher strömten in Massen herbei, und meine Spielfläche war nahezu durchgehend belebt. Wir sprechen hier von etwa 300 Quadratmetern - und so blieb es auch in den kommenden Jahren! Ich konnte einige Spiele verkaufen, aber das eigentliche Highlight war die schier endlose Menge an Leuten, die das Spiel ausprobierten. Das war nicht nur ein großer Erfolg in Sachen Verkauf, sondern sorgte auch für einen hervorragenden Werbeeffekt.

Spannende TV-Premiere

Im Juni ereignete sich etwas Wundervolles! ATV, ein renommierter österreichischer Sender, entschied sich für einen Beitrag über mein Spiel! Es war ein langer Weg, immer wieder hatte ich versucht, verschiedene TV-Sender anzuschreiben, und endlich zahlte sich meine Hartnäckigkeit aus. ATV, ein großer Sender in Österreich, würde meine Geschichte zur Hauptsendezeit um ca. 20.00 Uhr ausstrahlen. Ich konnte mein Glück kaum fassen!

Also machte ich mich am 15. Juli mit meinem besten Freund auf den Weg nach Wien. Dort traf ich den Moderator und das Kamerateam in einer Tennishalle, die sie für den Dreh reserviert hatten. Die Aufregung war überwältigend! Endlich Werbung bei einem österreichweiten Sender! Der bekannte Moderator Andi Moravec erwies sich als äußerst sympathisch und lustig. Und beim Spielen stellte er auch seine Geschicklichkeit unter Beweis!

Ich erklärte dem Moderator alles über das Spiel, die Herkunft des Namens "Bassalo" und die vielfältigen Spielmöglichkeiten. Wir begannen mit einigen coolen Tricks und beendeten den Dreh mit einem kleinen Match, bei dem wir das Teamspiel "2-Balls Game" ausprobierten. Das andere, schnellere Spiel "Ultimate Bassalo" war zu diesem Zeitpunkt noch nicht verfügbar.

Ein paar Tage später wurde der Beitrag ausgestrahlt. Ich saß also gespannt vor dem Fernseher und erwartete einen Ansturm von Bestellungen. Wie aufregend das war! Doch als der Beitrag zu Ende war und ich auf meine E-Mails schaute, blieb die erwartete Flut aus. Enttäuschung machte sich breit, als spät abends nur eine Bestellung aus Wien einging - und das war es dann.

Die Enttäuschung saß tief. Hatte mein Spiel den Zuschauern nicht gefallen? War es nicht unterhaltsam oder innovativ genug? Trotzdem musste ich diese Niederlage erst einmal akzeptieren und verarbeiten. Zu diesem Zeitpunkt wusste ich noch nicht, welche Folgen dies haben würde...

Übrigens ist der Beitrag immer noch auf YouTube zu finden. Einfach "Andi Moravec spielt Bassalo" eingeben und du findest ihn.

Arbeit und Verkauf im Klettergarten

Im Sommer, als die Schulen ihre Pforten für die Ferien schlossen, fand ich mich im Klettergarten wieder, bereit, jede Gelegenheit zu nutzen, um zusätzliches Geld zu verdienen. Die Zeit schien kostbar, und ich tauchte ein in die Welt der Arbeit im Freien.

Im Juni begann mein Einsatz im Klettergarten, und ich verbrachte bereits ganze 50 Stunden dort. Doch das war erst der Anfang. Im Juli steigerte ich meine Arbeitszeit auf 60 Stunden und im August überschritt ich die 100-Stunden-Marke. Es war ein steiler Anstieg, aber ich fühlte mich bereit, mehr Verantwortung zu übernehmen. Bald wurde mir die Rolle des Haupttrainers übertragen, was nicht nur meinen Verdienst steigerte, sondern auch meine Fähigkeiten als Anführer und Lehrer herausforderte und stärkte.

Neben meiner Hauptaufgabe als Trainer nutzte ich auch jede Gelegenheit, um Werbung für mein Spiel zu machen. Es war meine Chance, Bassalo einem breiteren Publikum vorzustellen. Tag für Tag bot ich Sets zum Verkauf an, manchmal nur ein paar, aber es gab auch Tage, an denen mehrere Sets verkaufte! Es war ein erhebendes Gefühl, zu sehen, wie mein Spiel Anklang fand und Menschen begeisterte. Jeder Verkauf war ein kleiner Sieg für mich, ein Zeichen dafür, dass meine harte Arbeit Früchte trug und mein Traum Gestalt annahm.

Ein Wunder geschieht: Großer Auftrag durch Werbegeschenk-Deal

Im August, als meine finanzielle Situation bereits wieder aussichtslos schien und ich mich erneut in den roten Zahlen bei der Bank befand, ereignete sich plötzlich ein wahres Wunder!

Etwa ein bis zwei Wochen nach der Ausstrahlung des ATV-Beitrags und der Bestellung der zwei Sets durch den einzigen Kunden, der nach dem Beitrag orderte, erhielt ich einen Anruf vom Geschäftsführer einer renommierten Sanierungsfirma aus Wien. Genau dieser Geschäftsführer hatte die beiden Sets für sich bestellt, nachdem er meinen Beitrag gesehen hatte. Er war angeblich bekannt für außergewöhnliche Werbegeschenke und war nun daran interessiert, sein Logo auf die Becher drucken zu lassen und sie als Präsent für seine Kunden zu nutzen. Ich war überwältigt! Es war kaum zu glauben, dass sich diese Möglichkeit so plötzlich ergeben hatte, vor allem da ich bisher nie ernsthaft darüber nachgedacht hatte, mein Spiel als Werbegeschenk anzubieten und es anders bedrucken zu lassen. Zuvor hatte ich im Frühjahr zwar einmal 100 Sets an eine Spedition verkauft, bei denen jedoch lediglich das Firmenlogo auf den Bechern angebracht wurde. Doch nun stand ich vor der Chance, 1.000 Sets mit individuellem Werbedruck zu liefern! Ich konnte mein Glück kaum fassen und sah es als ein Zeichen an. Im August stellte ich die Rechnung aus, die er prompt beglich. Dies war mein erster wirklich großer Auftrag, und im Vergleich zum ersten war er einfach gigantisch. Ich dachte nur: "Wow, das ist wirklich ein Wunder geschehen! Mein Spiel als Werbegeschenk, das ist wirklich interessant!"

Voller Begeisterung bat ich den Geschäftsführer darum, persönlich vorbeizukommen, um die Gäste zum Spielen zu animieren. Es war eine aufregende Erfahrung, besonders die Möglichkeit, mein eigenes Spiel als Geschenk zu überreichen. Die Zielgruppe war äußerst interessant, da es sich um Versicherungsmakler in Anzügen handelte. Es gelang mir, die Gäste zum Spielen zu motivieren, und sie waren begeistert. Einige wollten sogar gleich zwei Sets haben, denn jeder von ihnen hatte eine Familie und Kinder zuhause.

In dieser aufregenden Zeit kam mir sofort eine Idee: Ich begann im Internet nach Marketing-Messen zu suchen und stieß auf eine besonders wichtige Veranstaltung in Österreich... Davon später mehr.

Abenteuer in Düsseldorf

Ständig auf der Suche nach kostengünstigen Sportevents, stieß ich auf ein besonders aufregendes Event in Düsseldorf! Sieben Stunden Fahrt lagen vor uns, aber das war es wert: Drei Tage voller Sport und Spaß – und das alles kostenlos. Am 10. August packte ich meinen besten Freund ein, der damals noch Student war und glücklicherweise Zeit hatte, und wir machten uns auf den Weg zum „Olympic Adventure Camp" (OAC).

Diese riesige Sportveranstaltung am Fluss entlang bot eine unglaubliche Vielfalt: Zahlreiche Vereine präsentierten ihre Sportarten und lockten mit spannenden Mitmachaktionen. Von 13 Uhr bis etwa 19 oder 20 Uhr tobten wir uns tagsüber aus. Die Nächte nutzten wir, um die aufregende Stadt Düsseldorf zu erkunden, ihre Straßen und Clubs unsicher zu machen und das Leben in vollen Zügen zu genießen. Was für eine coole und verrückte Stadt!

Ich stellte mir immer wieder vor, wie wohl mein Spiel hier ankommen würde. Wen würde ich treffen, der mir helfen könnte, meinen Vertrieb anzukurbeln? Vielleicht wäre sogar das Fernsehen dabei, um über uns zu berichten?

Jeden Morgen begannen wir den Tag mit einem gemütlichen Frühstück in dem kleinen Motel, das ich für uns gebucht hatte. Danach schlenderten wir zu unserem Stand und verbrachten die nächsten 6-7 Stunden damit, unser Spiel zu präsentieren und die Besucher zu begeistern. Abends stürzten wir uns dann wieder ins Düsseldorfer Nachtleben, oft bis in die frühen Morgenstunden.

Es war eine großartige Zeit, wenn auch ein enormer Aufwand. Die Kosten summierten sich trotz des kostenlosen Standplatzes: Benzin, Essen und Unterkunft verschlangen ein kleines Vermögen. Doch zum Glück kam mein Spiel wieder gut an. In den drei Tagen verkaufte ich allerdings nur 30 Spiele, etwa 10 pro Tag. Das war nicht viel und weit entfernt von einem großen Erfolg. Aber das Erlebnis, dort zu sein, war unbezahlbar. Ich wusste, dass ich solche Chancen ergreifen musste, um mein Spiel zu promoten und schließlich davon leben zu können.

Mein Ziel war klar: Nach meinem ersten Businessplan wollte ich innerhalb von drei Jahren Millionär sein. Frei und unabhängig, schuldenfrei! Doch wie immer, lief nicht alles glatt. Das Wetter in Düsseldorf spielte nicht mehr mit und gegen Ende der Veranstaltung gab unser günstiges Zelt dem Wind nach und ging kaputt. Schweren Herzens ließen wir es zurück und fuhren ohne es nach Hause.

Trotz allem war das „Olympic Adventure Camp" eine wertvolle Erfahrung. Jede Chance, mein Spiel zu zeigen, brachte mich einen Schritt weiter. Und auch wenn die Verkäufe nicht überwältigend waren, so war jeder einzelne Tag eine Lektion, die mich meinem großen Traum ein Stück näherbrachte.

Vielseitig in Action: Bassalo Imagefilm 2.0

Im August entschied ich mich, meinen zweiten Imagefilm zu drehen. Diesmal wollte ich die Vielseitigkeit meines Spiels auf verschiedene Weise präsentieren. Statt in einer Sporthalle wählte ich diesmal verschiedene Orte im Freien in meiner Nähe aus. Es sollte ein cooler und abwechslungsreicher Film werden, der die Begeisterung für Bassalo widerspiegelt.

Um das Projekt umzusetzen, holte ich mir Unterstützung von Studenten aus München, die sich mit der Filmproduktion auskannten. Zusätzlich suchte ich nach passenden Darstellern, die die Dynamik und den Spaß des Spiels verkörpern konnten. Dabei stieß ich auf zwei junge Skater-Zwillinge aus meinem Dorf, die sofort begeistert waren, als ich ihnen das Spiel vorstellte. Ich überließ ihnen ein paar Sets, damit sie sich vor dem Dreh mit Bassalo vertraut machen konnten.

Die Drehorte waren bewusst gewählt, um die Vielseitigkeit des Spiels zu unterstreichen. Vom Schrottplatz bis zum Beachvolleyballplatz im Freibad und der Skateboardanlage in Kufstein – jeder Ort sollte einen anderen Aspekt von Bassalo präsentieren. Besonders beeindruckend waren die Szenen, die wir auf den Skateboards drehten. Einer der Zwillinge schaffte es sogar, nach einem Bassalo-Abwurf einen rückwärts Salto zu vollführen – ein spektakulärer Moment, der die Energie und das Können der Spieler widerspiegelte.

Die Musikuntermalung trug ebenfalls zur Atmosphäre des Films bei und rundete das Gesamtbild ab. Am Ende war ich sehr zufrieden mit dem Ergebnis und freute mich darüber, wie gut der Film die Faszination für Bassalo eingefangen hatte.

Professionelle Präsenz: Die Autobeklebung

Im August war es endlich soweit: Ich entschied mich, in die Autobeklebung für Bassalo zu investieren. Diese Entscheidung war lange überfällig. Schließlich strebte ich danach, überall präsent zu sein und meine Werbung zu verbreiten. Warum also nicht auch auf meinem Auto? Die Idee erschien mir genial!

Mit dem Bassalo-Logo überzogen, sah mein Wagen einfach fantastisch aus! Endlich konnte ich meine Präsenz auf eine professionelle Art und Weise steigern und überall auffallen. Es war ein wichtiger Schritt, um meine Marke bekannter zu machen und meine Geschäftstätigkeit auf die nächste Stufe zu heben.

Siehe Foto:

Der Weg in die Schulen: Kostenlos, aber nicht umsonst

Schon früh begann ich damit, kostenlose Workshops in Schulen anzubieten. Doch zu Beginn stieß ich auf einige Hindernisse. Da niemand in der Sportlehrergemeinschaft mich kannte, musste ich mich darauf verlassen, E-Mails zu versenden und auf positive Rückmeldungen zu hoffen. Ich bot kostenlose Einschulungen an und verlangte kein Fahrgeld, um meine Hemmungen zu überwinden. Doch selbst als ich später Fahrgeld verlangte, kamen nur vereinzelt kleine Bestellungen herein.

Im Februar kaufte die erste Tiroler Schule 13 Sets für den Sportunterricht. Die Schule in meinem Dorf, wo ich 2011 meine erste Teststunde hatte, erhielt als Dankeschön ein ganzes Klassenset. Weitere Schulen bestellten jeweils einige Sets, Stück für Stück steigerte sich der Verkauf. Im März nahm der Verkauf an Schulen bereits etwas zu, doch erst im September konnte ich richtig durchstarten.

Auf einem Event erhielt ich den Tipp, mich beim Tiroler Schulsportservice-Portal anzumelden, wo Vereine und Selbständige ihre Sportangebote präsentieren. Ich bewarb mich und wurde glücklicherweise aufgenommen. So konnten Sportlehrer mich finden und buchen, allerdings erst ab dem neuen Schuljahr im September.

Schulen durften pro Klasse und Schuljahr sechs Stunden kostenlos buchen, wobei das Land Tirol mir 13 € pro Stunde zahlte und die Schulen das Fahrgeld übernahmen. So konnte ich den Schulen mein Spiel präsentieren und die Begeisterung der Kinder wecken. Meist besuchte ich jede Klasse zweimal, einmal zur Einführung mit Training und lustigen Tricks und einmal für die Teamspiele. Dies war jedoch ein mühsamer Prozess, da es selten vorkam, dass mich jemand über das Portal fand. Daher musste ich oft selbst die Schulen kontaktieren und sie dazu ermutigen, mich kostenlos über das Portal zu buchen. Doch es war ein guter Start für mein neues Spiel!

Der erste Schritt zur Etablierung der neuen Sportart

Im Streben, mein neues Spiel als offizielle Sportart zu etablieren, war ich fest entschlossen, die richtigen Schritte zu unternehmen. Zwar beschränkte sich mein Repertoire zunächst auf das einfache Teamspiel "2-Balls Game" und eine leichtere Version des heutigen "Ultimate Bassalo", doch es genügte, um eine neue Sportart zu lancieren. Doch wie sollte ich am besten vorgehen? Die Gründung eines Vereins oder gar eines Dachverbandes erschien mir als zu mühsam und aufwendig. Wie sollte ich genügend Spieler dafür gewinnen? Vielleicht über die Schulen?

Im Sommer kam mir die Idee, bei der Sportunion Kufstein anzufragen, ob es möglich wäre, eine eigene Bassalo-Sektion zu gründen und so die neue Sportart einer breiteren Öffentlichkeit zugänglich zu machen. Ich setzte mich also mit dem Obmann des Vereins zusammen und präsentierte ihm meine Vision. Seine offene Einstellung und Begeisterung bestärkten mich. So erhielt ich grünes Licht, und im Oktober nahm ich die Herausforderung selbst in die Hand und begann als Trainer, eine Bassalo-Einheit zu leiten, um möglichst viele Kinder für die Sportart zu gewinnen. Damit legte ich den ersten Meilenstein!

Zum Glück konnte ich auf die Unterstützung vieler Freunde und Bekannte zählen, die ihre Kinder gleich zu mir brachten. Ich erhielt auch eine bescheidene Vergütung, die zwar nicht viel war, aber dennoch ein wichtiger Anreiz für mich war. Zudem war es mir ein Anliegen, Bassalo vereinstechnisch voranzubringen. Denn gerade als "Verein" und mit Bassalo als Sportart öffneten sich mir neue Türen zu anderen Veranstaltungen.

So begab ich mich jeden Donnerstag von 17:15 bis 18:45 Uhr zum Training. Es kamen stets 5 bis 9 Kinder, und endlich konnte auch dieses neue Abenteuer beginnen!

Ein Monat voller Herausforderungen und Chancen

Im September, unmittelbar nach dem erfolgreichen Abschluss des Deals mit der Sanierungsfirma, begab ich mich nach Niederösterreich, um einen Freund bei seinem Event zu unterstützen. Nach seiner Ausbildung zum "Freizeit- und Outdoor Guide" hatte er sich selbständig gemacht und organisierte Team-Events für Firmen. Da er auch Bassalo in seine Events integrierte, übernahm ich oft die Leitung der Bassalo-Station. Über die Jahre hinweg nahm ich regelmäßig an seinen Veranstaltungen teil, je nachdem, ob ich gerade in Wien war oder nicht.

Am nächsten Tag ging es weiter nach St. Pölten, um an zwei Tagen jeweils einen Workshop für Trainer und Übungsleiter zu leiten, organisiert vom ÖFT (Österreichischer Fachverband für Turnen). Leider waren meine Workshops nicht so gut besucht wie erhofft, anscheinend waren andere Sportarten gefragter. Dennoch war es eine wertvolle Erfahrung.

Am zweiten Tag des Workshops fuhr ich sofort zurück nach Tirol, nur um am nächsten Abend wieder nach Wien zu reisen, diesmal für eine Marketing-Messe in der Hofburg. Ich hatte einen günstigen Stand gebucht, in der Hoffnung, neue Kunden zu gewinnen. Vielleicht fand ich hier Firmen, die Interesse an meinem Produkt hatten? Die Messe war zwar teuer, aber ich sah es als Investition in die Zukunft.

Leider war der Messeauftritt nicht erfolgreich. Viele potentielle Kunden waren interessiert, aber mein Produkt war für sie einfach zu teuer. Die meisten suchten nach kostengünstigen Werbeartikeln. Mein Versuch, mein Spiel als Werbegeschenk zu vermarkten, schien vorerst gescheitert zu sein.

Nach der Messe in Wien fuhr ich am selben Abend weiter nach Linz, wo am nächsten Tag ein "Trendsporttag" speziell für Schulen stattfand. Danach ging es direkt zurück nach Wien, um mein Spiel beim großen "Tag des Sports" auszustellen. Es war ein wahrer Marathon in diesem Monat!

Trotzdem war es nicht umsonst. Insgesamt konnte ich während des Workshops, des Trendsporttags in Linz und des Tags des Sports in Wien 45 Sets verkaufen. Jeder Verkauf brachte dringend benötigtes Bargeld ein, und die Werbung und die Sichtbarkeit auf den Veranstaltungen waren für mich von unschätzbarem Wert.

Enttäuschung auf der Salzburger Messe

Der September war turbulent, mit Arbeit im Klettergarten und der Hoffnung auf bessere Zeiten. Doch als der Oktober und November anbrachen, brachte auch der große Auftrag von 1.000 Spielen kaum finanzielle Erleichterung. Die Rückstände bei den Zahlungen und die laufenden Kosten für die Wohnung ließen mir kaum Spielraum.

Dennoch ließ ich mich nicht entmutigen und hielt Ausschau nach neuen Möglichkeiten, mein Spiel zu vermarkten. So entschied ich mich im Oktober, an der Salzburger Sport- und Trendmesse teilzunehmen. Der Name allein schien wie für mein Spiel gemacht: Sport & Trend. Ich hegte die Hoffnung, dass diese Messe mir finanziell unter die Arme greifen würde.

Doch die Realität sah anders aus. Die Messe entpuppte sich als herber Rückschlag. Über zwei Tage hinweg gelang es mir nur, drei Spiele zu verkaufen. Trotz des positiven Anklangs wollte kaum jemand kaufen. Die Enttäuschung war riesig. Wieder einmal hatte ich viel Geld investiert, ohne dass sich dies in Einnahmen niederschlug. Die Frage nach den Kosten und wie ich sie decken sollte, drängte sich unausweichlich auf. Die Rechnungen stapelten sich, und ich musste jonglieren, welche zuerst bezahlt werden sollten. Die Situation war wirklich hart, und wieder einmal stand ich ohne Geld da.

Kostenlose Messechance: Berliner Messeabenteuer

Der Veranstalter der "YOU-Messe" in Berlin rief mich an und bot mir die Möglichkeit, an einer neuen Messe teilzunehmen. Doch das Problem war: Ich hatte kein Geld mehr übrig! Wie sollte ich das bewerkstelligen? Ich schilderte ihm meine finanzielle Misere, doch da er unbedingt wollte, dass ich und mein Spiel dabei sind und es noch freie Plätze gab, lud er mich kostenfrei ein. Allerdings gab es einen "Gegenseitigkeitsvertrag", der besagte, dass ich Spielmaterial für die Messe bereitstellen und die Gäste an meinem Stand unterhalten sollte. Das war für mich eine passende Lösung. Zwar war Berlin wieder weit entfernt, aber es war kostenlos, und ich konnte erneut Werbung machen und mein Glück versuchen. Meine einzigen Investitionen waren das Benzingeld, die Unterkunft und meine Zeit.

Also machte ich mich Ende November für fünf volle Tage auf den Weg zur "Boot & Fun" Messe nach Berlin. Die Hauptaussteller präsentierten hier Boote - alles andere als günstige Produkte! Ich hoffte, dass jemand, der bereit war, Geld für ein Boot auszugeben, auch bereit wäre, 20 € für ein unterhaltsames Spiel zu bezahlen. Es gab zwar hier und da Interessenten an meinem Stand, aber da es Winter war, lag ihr Hauptinteresse eher beim Boot- als beim Spiel-kauf. Das war etwas enttäuschend!

Leider gelang es mir während der fünf vollen Messetage nur, 30 Sets zu verkaufen. Allein die Unterkunft verschlang einen beträchtlichen Teil meiner Ausgaben! Dennoch stand ich fünf Tage lang am Stand und gab mein Bestes, um das Spiel zu präsentieren.

Neue Wege – neue Jobsuche

Als der Oktober heranzog und die Waldseilgarten-Saison ihr Ende fand, begann für mich eine Phase intensiver Jobsuche. Dieses Jahr hatten die Messen finanziell gesehen eine enorme Belastung für mich dargestellt. Ich nahm kaum etwas ein, und obwohl der große Auftrag im Sommer mit den 1.000 Sets ein Segen war, war seine Hilfe nur von kurzer Dauer. Schließlich musste ich ja auch die Produzenten bezahlen. Durch die teuren Messen, bei denen ich viel investierte, floss nichts ein. Auch die Workshops an Schulen liefen nicht so an, wie ich es erhofft hatte. Und was sollte ich schon mit 13 € pro Stunde machen?

Ohne die Möglichkeit, weiter im Klettergarten zu arbeiten, musste ich mir eine neue Einnahmequelle suchen, um zumindest einigermaßen über die Runden zu kommen. Es musste jedoch etwas sein, das mir weiterhin Flexibilität und Selbständigkeit ermöglichte, aber dennoch ein paar Hundert Euro im Monat einbringen würde.

Schließlich stieß ich auf eine Stellenanzeige als Freizeitassistenz für die Lebenshilfe Tirol in Kufstein. Ich hatte die Anzeige vermutlich in der Zeitung entdeckt. Es klang nach einer guten Möglichkeit. Ein paar Mal im Monat die Klienten abholen und mit ihnen Zeit verbringen. Ich hatte bisher kaum Kontakt zu Menschen mit Behinderungen gehabt.

Die Chefin bat mich zunächst, am Sonntagnachmittag zur „Disco für Alle" zu kommen, damit ich mir ein Bild machen konnte. Als ich dort ankam, fühlte ich mich unbehaglich. Alles war anders: die Menschen, die Musik. Es war eine fremde Welt für mich. Doch dann passierte etwas Unerwartetes. Menschen kamen auf mich zu, umarmten mich und sagten, dass sie mich mochten. Es war überwältigend. Obwohl es mir fremd und unangenehm war, spürte ich plötzlich eine tiefe Verbindung und Liebe zu diesen Menschen. Es berührte mich so sehr, dass ich Tränen zurückhalten musste.

Ich beschloss, dort zu arbeiten. Ich wurde auf Stundenbasis angestellt. Wir unternahmen verschiedene Aktivitäten wie Schwimmen im Hallenbad und Schneeschuhwandern, und es war immer lustig. Ich verbrachte jeden Wochenendtag mit ihnen.

Da dies immer noch nicht ausreichte und ich dringend Geld brauchte, fand ich einen Job als SKY Abo-Verkäufer. Die meiste Vergütung erfolgte auf Provisionsbasis, und im Dezember lief es gut. Viele kamen aufgrund der Zeitungswerbung zu mir und schlossen ein Abo ab.

Es war eine Zeit des Umbruchs und der Anpassung, aber ich gab nicht auf.

Zusammenfassung 2012

Es war ein steiniger und langer Weg bis heute. Doch ich erinnere mich daran, dass gute Dinge einfach Zeit brauchen und dass es darum geht zu wachsen und zu reifen. Der Weg selbst ist das Ziel, denn auf diesem Weg lernt man fürs Leben.

Mein Spiel fand langsam Interesse bei einigen Händlern. Ich hatte Verkaufsverpackungen, bekam Aufträge mit Werbeanbringung und hatte bereits fünf kleine Händler, die mein Spiel weiterverkauften. Es war ein Anfang, wenn auch kein großer. Ich war auf vielen Messen und Sportevents unterwegs, von Salzburg über Wien bis nach Bremen. Eine wahre Tour de Force!

Ich erinnere mich an eine Diskussion mit meiner Nachbarin, die auch meine Vermieterin war. Sie meinte, ich hätte damals einen Fehler gemacht, meinen sicheren Job aufzugeben. Ich antwortete ihr: „All die wertvollen Erfahrungen sind für mich mehr wert als alles Gold der Welt. Denn was nimmst du mit, wenn du stirbst? Nichts außer der Liebe, die du gegeben und bekommen hast, und den Erfahrungen, die du gemacht hast."

Das Leben als Selbständiger ist nicht leicht. Es ist ein ständiger Kampf, aber irgendwie liebe ich diese Achterbahn. Mal ganz oben, mal ganz unten. Wenn du denkst, es geht nicht mehr, kommt irgendwo ein Lichtlein her. Es ist eine Lebensphilosophie, eine Einstellung. Es geht um persönliche Freiheit, Selbstentfaltung und Erfahrungen.

Aber trotzdem frage ich mich: Wann wird mein Durchbruch mit Bassalo kommen? Wann finde ich größere Händler, die mein Spiel weiterverkaufen? Und werde ich jemals meine Marke teuer verkaufen können? Es sind Fragen, die mich nachts wachhalten, während ich mit finanziellen Engpässen kämpfe und darauf warte, meinen Kredit zurückzuzahlen.

Aber für jetzt machte ich erstmal Urlaub im Schwarzwald, zuhause im Elternhaus. Mal sehen, was das neue Jahr mit sich bringt!

KAPITEL 4: Das Jahr 2013

Einsatz in Salzburg: Verkauf von SKY Abos im Saturn

Der Januar begann für mich mit einem Einsatz in Salzburg, wo ich im SA-TURN die SKY Abos verkaufte. Schon im Dezember war ich dort gewesen und hatte auch in Wörgl, nahe Kufstein, gearbeitet. Es war ein Monat voller Einsatz, neunmal fuhr ich nach Salzburg, meistens am Wochenende, wenn das Einkaufszentrum am vollsten war. Die Stunden waren lang, von 10:30 bis 19:30 Uhr, und es war keine leichte Aufgabe für mich.

Technisch gesehen war ich kein Experte, und ich hatte Schwierigkeiten, die Kunden von den herkömmlichen Receivern zu meinen SKY-Receivern zu überzeugen. Begriffe wie "analog" und "digital" waren mir fremd, und ich musste mich mühsam in die Materie einarbeiten. Der Arbeitsplatz im Elektronikmarkt war überflutet mit TV-Bildschirmen, die grelles Licht ausstrahlten und die Luft war stickig. Das Umfeld war weit entfernt von dem, was ich als angenehm empfand.

Es war eine Herausforderung, mit all diesen Faktoren umzugehen, aber ich gab mein Bestes.

Tagebucheintrag, den 22. Januar 2013

Der heutige Tag markiert einen Wendepunkt in meinem finanziellen Leben - ich kann mit keiner meiner Bankkarten mehr Geld abheben. Es ist ein Moment, den ich kommen sah, ein Punkt, an dem ich wusste, dass sich etwas ändern musste, wenn es mir finanziell schlecht geht. Und dieser Monat ist genau dieser Zeitpunkt angebrochen.

Aber trotz dieser Herausforderung bin ich voller Hoffnung und Zuversicht. Ich spüre tief in mir, dass sich ab Februar alles zum Besseren wenden wird. Ich kämpfe weiter, ich lebe mein Leben mit Entschlossenheit und ich bin fest davon überzeugt, dass ich es schaffen werde.

Es mag schwierig sein, in dieser Situation Optimismus zu bewahren, aber ich lasse mich nicht entmutigen. Jeder Tag ist eine neue Chance, und ich bin bereit, alles zu tun, um mein Ziel zu erreichen. Es mag zwar momentan dunkel erscheinen, aber ich glaube fest daran, dass sich das Blatt bald wenden wird. Ich werde nicht aufgeben, denn ich weiß, dass ich stärker bin als meine Herausforderungen.

Tagebucheintrag, den 26. Januar 2013

Gestern war ich wieder im Saturn und ich hatte mir fest vorgenommen, geduldig zu sein. Ich versuchte, das Beste aus der Situation zu machen und machte mir sogar Spaß mit den Kunden und meinen Kollegen.

Doch trotz aller Bemühungen und meiner positiven Einstellung war es frustrierend, nur ein Abo pro Tag zu verkaufen. Es fühlte sich hart an, und ich musste mir immer wieder sagen: Geduld, Geduld, das ist der Schlüssel.

Es ist eine Lektion, die ich wohl noch lernen muss, und ich wusste, dass es nicht einfach sein wird. Aber ich bin entschlossen, durchzuhalten und weiterzumachen, auch wenn es schwierig ist.

Tagebucheintrag, den 28. Januar, nachts um 23:45 Uhr Montag

Heute war wieder einer dieser Tage im Saturn, die ich am liebsten aus meinem Gedächtnis streichen würde. Nur zwei Abos konnte ich abschließen. Zwei! In solchen Momenten frage ich mich manchmal verzweifelt: Was mache ich hier eigentlich? Früher hatte ich so viel erreicht beruflich. Ich wurde respektiert, akzeptiert, habe gutes Geld verdient und Verantwortung getragen. Und jetzt stehe ich hier, verkaufe Abos, fühle mich sinnlos und sprachlos, während ich Fremde anspreche und darauf angewiesen bin, dass sie meinen Produkten eine Chance geben...
Aber ich habe einen Traum, ein Ziel. Und ich tue, was nötig ist, zumindest vorübergehend. Doch verdammt, könnten mir nicht ein paar mehr Abos

geschenkt werden? Ich habe es verdient! Bitte, helft mir, in diesem Job erfolgreich zu sein! Bitte!!!

Nach der Arbeit fühle ich mich oft völlig erschöpft. Meine Haut und Augen sind müde und gereizt... Aber was soll's! Bald muss ich nicht mehr hin. Bald wird sich alles ändern!

Nachtrag von mir:

Im Februar ging ich noch sechsmal hin, und im März die letzten zwei Male. Doch gegen Ende machte ich kaum noch Abschlüsse, und die Arbeit bereitete mir überhaupt keine Freude mehr. Wenn du kaum Aufträge abschließt, verdienst du auch fast nichts. Und dann jedes Mal eine Stunde nach Salzburg fahren und wieder zurück! Es war einfach nur anstrengend...

Im Februar habe ich auch bei der Lebenshilfe Tirol aufgehört. Warum genau, weiß ich jetzt gar nicht mehr. Vielleicht war es wieder dieser Wunsch, einfach nur Bassalo zu machen und nicht für jemand anderen zu arbeiten. Dennoch war dieser Job als Freizeitassistenz eine unglaublich wertvolle menschliche und soziale Erfahrung! Dort habe ich Menschen kennengelernt, die so viel Lebensfreude ausstrahlen, dass es eine Wohltat war, Zeit mit ihnen zu verbringen. Daran könnten sich viele von uns eine Scheibe abschneiden!

Triumpf auf der „SportsNow"

Die Suche nach neuen Möglichkeiten führte mich im Februar zur „SportsNow"-Messe in Hannover, einem völlig neuen Terrain für mich. Doch bevor ich dort meinen Stand aufbaute, machte ich einen Zwischenstop auf der Spielwarenmesse in Nürnberg. Diesmal ging ich mit mehr Selbstvertrauen an die Händler und Großhändler heran. Vielleicht würde dieses Mal eine Firma an meinem Spiel interessiert sein? Die Erinnerungen an die ISPO in München im vergangenen Jahr, als ein potentieller Großhändler fast 1.000 Sets kaufen wollte und es dann doch nicht tat, waren noch frisch in meinem Gedächtnis.

Im Gegensatz zum ersten Besuch auf der ISPO 2012 wurde mein Spiel diesmal nicht mehr so schlecht aufgenommen. Doch trotzdem kam ich wieder nicht wirklich zum Abschluss. Also setzte ich meine Reise fort und machte mich auf den Weg nach Hannover zur „SportsNow"-Messe.

Mit großer Hoffnung und Erwartung baute ich meinen Stand auf und hoffte, dass viele Besucher mein Spiel entdecken und kaufen würden. Um die Promotion kümmerte sich eine Studentin, die mir beim Spielen und der Betreuung der Gäste half.

Und dann geschah das Unglaubliche - ein regelrechtes Wunder! An drei Tagen der Messe gelang es mir tatsächlich, 150 Sets zu verkaufen! Es war ein Triumph, den ich kaum fassen konnte. Endlich hatte sich all die harte Arbeit ausgezahlt! Doch damit nicht genug, ich lernte jemanden vom FKK-Verein Deutschland kennen. Sie waren sofort an einer Kooperation interessiert und kauften einige Spiele. Zusätzlich verfassten sie einen Artikel über Bassalo und nutzen es nun schon seit Jahren bei ihren Camps.

Endlich hatte ich das Glück auf meiner Seite und konnte viele Spiele verkaufen! Mein Stand, mitten in der Halle plaziert, war sowohl Segen als auch Fluch - ich wurde gut gesehen, aber leider verlor ich auch viele Bälle.

Tagebucheintrag, den 5. Februar 2013

Was für eine aufregende Woche voller Entdeckungen und Möglichkeiten liegt hinter mir! Von der Nürnberger Spielwarenmesse über die SportsNow in Hannover bis hin zur ISPO in München - jede Station brachte neue Erkenntnisse und spannende Perspektiven für Bassalo. Die Vielfalt der Ideen, die in meinem Kopf herumschwirren, ist überwältigend.

In Nürnberg wurde mir klar, dass es Alternativen zum herkömmlichen Vertriebsweg über den Großhandel gibt. Die Option, Lizenzgebühren zu erheben, öffnete mir neue Türen und ließ mich über neue Wege nachdenken. Vielleicht ist der direkte Weg ohne Zwischenhändler der richtige für mich! Solange ich

126

kontinuierlich Werbung mache, die richtigen Partner finde und auf die Unterstützung von Engeln zählen kann, bin ich zuversichtlich, dass ich erfolgreich sein kann.

Meine Strategie reicht von Partnerschaften mit Marken wie Monster und Galileo über Präsenz auf Messen und Schulen bis hin zu möglichen Kooperationen mit Prominenten wie Stefan Raab. Die Zukunft von Bassalo ist voller Potential und ich bin bereit, jeden Schritt zu gehen, der mich meinem Ziel näherbringt!

Tagebucheintrag, den 8. Februar 2013

Was für ein Tag - und was für eine Achterbahn der Gefühle! Heute wurden mir sämtliche finanziellen Sicherheiten entzogen. Kein Geld mehr vom AMS, die Rückzahlung von 600 € aus dem Januar, und auch die 1.700 €, auf die ich im November und Dezember 2012 gehofft hatte, sind nicht mehr in Sicht. Kein Cent mehr, von keiner Bank.

Die Angst schnürte mir die Kehle zu, die Nervosität trieb mir den Schweiß auf die Stirn. Sollte ich weinen oder schreien? Das Gefühl, komplett auf mich allein gestellt zu sein, traf mich wie ein Schlag. Doch inmitten des Chaos musste ich fast lachen - was für eine Story! Ich gehe weiter, ich glaube weiter. Mein Ziel, mein Traum sind noch immer da!

Viele wären in dieser Situation längst zusammengebrochen, aber nicht ich! Ich bin der Wahnsinn! Gegen jede Norm kämpfe ich weiter, ein Krieger ohne gleichen. Ich werde nicht so leicht untergehen, denn ich weiß, dass ich Gott und meine Engel an meiner Seite habe. Und dann ist da noch meine Mutter, die für mich betet - ich liebe euch alle!! DANKE!!

Birdy, das bin ich, fliegt weiter, höher und höher. Ich habe neulich gelesen: "Ein Schiff wurde nicht gebaut, um am Hafen zu bleiben, sondern um aufs Meer gelassen zu werden." Wie wahr das ist!

Ich freue mich auf die Zukunft, ich bin stolz auf mich. Mein Ziel ist klar: Selbstverwirklichung, Leidenschaft, Unabhängigkeit. Ich arbeite hart, Schritt für Schritt, um meine Träume zu verwirklichen. Bald ist es soweit!

Ich wünsche mir jetzt, dass ich genug verdiene, um zu leben, zu genießen, meine Miete zu zahlen und in neue Investitionen zu tätigen. Das ist mein großer Wunsch, und ich bitte um ein Wunder. Bitte, bitte, bitte, schenkt mir ein Wunder! Ich habe es verdient! DANKE!!

Schulprojekt X: Aufstieg von Bassalo

Ende Januar hielt das Land Tirol eine angenehme Überraschung für mich bereit - meine erste Auszahlung aufgrund der Schulworkshops, die ich im letzten Jahr abgehalten hatte. Ein tolles Gefühl, denn es zeigte, dass meine Bemühungen, im Portal präsent zu sein, Früchte trugen. Doch mein Hunger nach Erfolg war noch lange nicht gestillt. Ich wusste, dass noch viel mehr möglich war!

Der April brachte schließlich eine Flut von Bestellungen von Schulen - ein wahres Wunder! Dies verdankte ich meiner proaktiven Herangehensweise: Ich kontaktierte zahlreiche Schulen und erhielt eine Fülle von positiven Rückmeldungen und Bestellungen. Es war ein Augenblick der Bestätigung und Motivation zugleich.

Der Sommer war eine Zeit der Ungewissheit, da die Schulferien begannen und meine Workshop-Aktivitäten eine Pause einlegten. Doch im September war ich wieder voller Tatendrang und schnell ausgebucht. Mit dem Schulstart kamen auch wieder die Bestellungen der Schulen herein. Eine erneute Mail an viele Schulen zu Beginn des Schuljahres trug erneut Früchte und sorgte für eine erfolgreiche Wiederaufnahme meiner Workshops.

Das Jahr brachte auch das vielversprechende "Projekt X" der Sportunion Tirol. Hier hatte ich die Möglichkeit, mich als Bassalo-Trainer zu präsentieren und Workshops an Schulen zu geben - zu einem großzügigen Stundenlohn von 30

€, im Gegensatz zu den vorherigen 13 € des Schulsportservice. Diese Chance nutzte ich voll aus! Ich kontaktierte unermüdlich Schulen und bot kostenlose Bassalo-Workshops an, was auf große Resonanz stieß. Ob über "Projekt X" oder den Schulsportservice - die Schulen waren begeistert, und ich konnte zahlreiche Workshops abhalten.

Es war eine Zeit intensiver Aktivität und erfüllter Mission, die mich weiterhin vorantreiben sollte.

Bergabenteuer: Ein Tag voller Action

Mit klopfendem Herzen und voller Vorfreude machte ich mich Mitte Februar auf den Weg nach Hinterstoder. Ein Event namens "Life am Berg" hatte meine Neugier geweckt, und ich wollte unbedingt Teil davon sein. Obwohl es 250 Kilometer entfernt war, spürte ich, dass dies eine Chance war, die ich nicht verpassen durfte.

Angekommen in der Tennishalle, spürte ich die Aufregung in der Luft, als ich mich auf meinen Stand vorbereitete. Die Möglichkeit, Kinder zu begeistern und Werbung für mein Spiel zu machen, war eine Chance, die ich mit beiden Händen ergriff. Doch nicht nur das – ich wurde sogar dafür bezahlt, die Kinder zu unterhalten. Ein unerwarteter Bonus, der meine Motivation noch weiter steigerte.

Die Stunden vergingen wie im Flug, als ich die Schüler an meinem Stand betreute. Zwischen dem Lachen der Kinder und den neugierigen Blicken der Lehrer fühlte ich mich lebendiger denn je. Es war eine Gelegenheit, mein Spiel zu präsentieren und gleichzeitig Spaß zu haben. Und das Beste daran war, dass es mich nur einen Tag meiner Zeit kostete, aber viele Erinnerungen schenkte.

Tagebucheintrag, den 17. Februar 2013

In den Tiefen meiner Seele liegt ein Traum verborgen, ein Traum, der mich leitet und mich auf eine Reise schickt, die ich selbst kaum zu glauben wage. Denn ich habe gefunden, was mir Freude bereitet, was mein Herz zum Singen bringt und meine Seele zum Leuchten. Es ist wie das Entdecken eines kostbaren Schatzes, der mich erfüllt und meinen Geist beflügelt.

Mit diesem Wissen bin ich an Bord meines Schiffes gegangen, mit einem klaren Ziel vor Augen und einem Gefühl der Gewissheit, das mich durchströmt. Es ist ein Gefühl, das mich ruhig werden lässt, denn ich weiß, dass ich auf dem richtigen Kurs bin. Mein Schiff mag zwar keinen Motor haben, aber es vertraut auf den Wind und die Segel, die es vorantreiben.

Inmitten der stürmischen See halte ich fest am Ruder, fest im Glauben an meine Träume und fest im Vertrauen auf die Engel, die über mir wachen. Denn ich weiß, dass sie mir auf meinem Weg beistehen werden, mich leiten und beschützen.

Also genieße ich jede Welle, jede Turbulenz, denn ich weiß, dass sie Teil des Abenteuers sind, das ich erlebe. Es ist eine Reise voller Herausforderungen, aber auch voller Schönheit und Wunder. Und eines Tages werde ich zurückblicken und diese Geschichte erzählen, von den Höhen und Tiefen, von den Siegen und Niederlagen, von der unerschütterlichen Kraft meines Glaubens und der unendlichen Weisheit meiner Seele.

Erfolgreiche Geschäftsreise in der Schweiz

Es war Ende Februar, als ich mich wieder auf den Weg in meinen Heimatort im Schwarzwald machte, um meine Mutter zu besuchen. Doch diesmal war meine Reise nicht nur von familiären Gründen geprägt, sondern auch von geschäftlichen Angelegenheiten, die meine Aufmerksamkeit erforderten.

Bereits zuvor hatte ich eine vielversprechende Eventfirma entdeckt, die bereit war, mein Spiel auf der MUBA-Messe in Basel zu präsentieren. Diese Möglichkeit wollte ich nutzen, also begab ich mich auf den Weg zur Messe, um die Menschen dort persönlich kennenzulernen und die Weichen für eine erfolgreiche Zusammenarbeit zu stellen. Es war ein aufregender Moment, voller Erwartungen und Hoffnungen.

Mein Einsatz zahlte sich aus, denn dieser neue Partner zeigte Interesse an meinem Spiel und schloss im Juni eine bedeutende Bestellung ab: 40 normale 2er Sets und 10 Schulsets wurden geordert. Die Freude darüber war riesig, denn es war ein wichtiger Schritt für mein Geschäft.

Doch damit nicht genug: Während meines Aufenthalts in der Schweiz hatte ich auch einen Termin in Zürich mit einem renommierten Schulsporthändler vereinbart. Die Begegnung verlief äußerst vielversprechend, und der Einkäufer war von meinem Spiel begeistert. Bald darauf wurde es Teil seines Sortiments – ein Meilenstein für mich und meine Firma. Dieser Händler war nicht nur mein erster, sondern auch mein größter Kunde, und ich konnte es kaum fassen, wie schnell sich die Dinge entwickelten.

Die Bestellungen rollten herein: 100 Sets plus drei Schulsets wurden geordert, ein weiterer Beweis dafür, dass mein Spiel Anklang fand und sich auf dem Markt etablierte. Im März folgten sogar weitere Bestellungen von Schulsets. Es war ein unglaublicher Erfolg, der mich mit Dankbarkeit und Stolz erfüllte.

Messe-Marathon: Hoffnung und Enttäuschung

Dieses Jahr wagte ich erneut den Schritt zur „Passion" Trendsportmesse in Bremen. Nach einer enttäuschenden Erfahrung im Vorjahr war ich fest entschlossen, das Beste aus dieser Gelegenheit herauszuholen. Ich verhandelte hart und erreichte einen vernünftigen Preis für meinen Stand. Vielleicht war das der Wendepunkt, den ich brauchte.

Mit meinem Spiel, Bassalo, im zweiten Jahr auf dem Markt, hoffte ich auf mehr Erfolg. Vielleicht brauchten die Besucher einfach mehr Zeit, um sich von seiner Faszination einfangen zu lassen. Und diesmal war ich besser vorbereitet. Kein teures Mietauto mehr und eine bescheidene Menge von 100 Sets begleiteten mich diesmal. Vielleicht würde meine Mutter, die mich begleitete, auch Glück bringen?

Die Realität traf mich hart, als ich am Ende nur 20 Sets verkaufte, ähnlich wie im letzten Jahr. Die Enttäuschung und Traurigkeit lasteten schwer auf mir, doch das Event selbst war eine willkommene Ablenkung. Die Anwesenheit meiner Mutter gab mir Trost in dieser bitteren Stunde.

Kaum war eine Messe vorbei, stand schon die nächste Herausforderung bevor: Die „Fun & Sport Messe" in Oberösterreich. Wieder einmal musste ich meine Standmiete verdienen, doch ich wollte mehr als das. Trotzdem waren die 40-50 verkauften Sets an den 2-3 Tagen ein kleiner Lichtblick. Mein Stand war gut besucht, und das gab mir etwas Hoffnung für die Zukunft.

Messen im Mai: Ein Kampf um Erfolg

Es war Anfang Mai, als ich mich aufmachte, drei Tage lang nach München zu fahren. Jeden Tag von Mittag bis zum Abend um 18 Uhr verbrachte ich im Olympiapark, eingeladen zu einem Event namens "Spielen in der Stadt", organisiert von einem örtlichen Verein. Die Spielfläche war mir kostenfrei zugänglich, eine Gelegenheit, mein Spiel zu promoten und zu hoffen, dass sich der Einsatz auszahlen würde. München lag nicht weit entfernt, und in Anbetracht der Kostenlosigkeit war jede Chance willkommen.

Das Wetter spielte mit, und die Besucher strömten in Scharen zu meinem Stand. Begeistert spielten sie mein Spiel, doch trotzdem gelang es mir bedauerlicherweise nur, insgesamt fünf Spiele an den drei Tagen zu verkaufen. Ein entmutigendes Ergebnis.

Nach diesem Wochenende in München kehrte ich am 6. Mai erneut nach Wien zurück, um an derselben Marketing-Messe wie im Vorjahr teilzunehmen. Ich hatte eigentlich vorgehabt, diese Branche zu meiden, aber der Gedanke, aufzugeben, lag mir fern. Zu meiner Überraschung wurde ich sogar eingeladen, erneut an der Messe teilzunehmen, diesmal zu einem reduzierten oder sogar kostenlosen Tarif. Mein Ansprechpartner bei der Messe glaubte an mich und mein Spiel und wollte mir die Möglichkeit geben, mein Glück zu versuchen.

Trotz des hohen Interesses blieben die Verkäufe aus, und so kehrte ich am selben Abend nach der Messe mit leeren Händen nach Hause zurück.

Warum kehrte ich immer wieder zu den gleichen Veranstaltungen zurück, obwohl die Ergebnisse enttäuschend waren? Mein Motto lautete: "Niemals aufgeben". Selbst wenn die Chancen gering waren und die Kosten minimal, konnte ich es nicht übers Herz bringen, eine Chance ungenutzt zu lassen. Ich fühlte mich geehrt, dass man mich eingeladen hatte, und so entschied ich mich lieber für die Möglichkeit auf Erfolg, selbst wenn sie nur gering war.

Die Woche darauf fand die erste "Bezirksmesse" in Kufstein statt. Obwohl sie keine Sportmesse war, sah ich darin eine Chance, mein Spiel zu präsentieren. Gemeinsam mit dem Organisator einigten wir uns auf eine Standmiete, und ich investierte meine Zeit und Energie, um das Beste aus der Gelegenheit herauszuholen. Trotz meiner Bemühungen war die Messe jedoch schlecht besucht und der Erfolg blieb aus. Es war ein weiterer Rückschlag auf meinem Weg.

Und so ergab sich auch am 25. Mai die Gelegenheit, mein Spiel und den Kufsteiner Verein in einem örtlichen Einkaufszentrum zu präsentieren. Doch auch diese Promotion blieb erfolglos.

Es ist nicht leicht, mit einem neuen Spiel Fuß zu fassen, an verschiedenen Veranstaltungen teilzunehmen und gleichzeitig eine Sektion aufzubauen. Doch trotz aller Rückschläge glaubte ich weiterhin an meinen Erfolg. Irgendwann und irgendwo würde das Glück auf meiner Seite stehen. Auch wenn mein Spiel immer gut ankam, war es noch nicht bekannt genug, um noch mehr Mitglieder für den Verein zu gewinnen. Ich hatte mit vielen Eltern gesprochen, die sich unsicher waren, wo sie ihr Kind in einem bereits überfüllten Vereinsangebot unterbringen sollten.

Messen, Hafenfest und TV-Hoffnung: Was für ein Abenteuer!

Ende Mai zog es mich erneut nach Berlin zur YOU-Messe. Trotz der enttäuschenden Erfahrungen des letzten Jahres wurde ich erneut eingeladen, kostenfrei auszustellen. Diese Chance konnte ich einfach nicht ausschlagen.

Das war nun bereits mein dritter Besuch in Berlin und das zweite Mal, dass ich auf der YOU-Messe präsent war. Mit der Hoffnung, dass dieses Mal alles besser laufen würde als zuvor, machte ich mich erneut auf den Weg.

Doch meine Erwartungen wurden bitter enttäuscht, als ich an drei Tagen gerade einmal acht Sets verkaufte. Die Anstrengung, jeden Tag stundenlang am Stand zu stehen und zu spielen, stand in keinem Verhältnis zu den mageren Verkaufszahlen.

Es war frustrierend zu sehen, dass hauptsächlich Kinder und Jugendliche auf der Messe waren, die kaum Geld bei sich trugen. Die Idee, eine Spielgebühr einzuführen, kam mir sogar schon in den Sinn. Schließlich war ich nicht nur zur Unterhaltung dort, sondern auch, um etwas zu verkaufen.

Doch trotz der niedrigen Verkaufszahlen gab es auch ein Highlight: Mehrere TV-Sender interessierten sich für mein Spiel und wollten darüber berichten. Die plötzliche Aufmerksamkeit der Kamerateams war aufregend und ließ mich für einen Moment die Enttäuschung vergessen.

Besonders spannend war das Interesse des deutschen KIKA-Kanals mit Moderatorin Jess. Der geplante Beitrag versprach eine großartige Werbemöglichkeit für mein Spiel. Trotz der enttäuschenden Verkaufszahlen auf der Messe, hielt ich an meinem Optimismus fest. Denn wer weiß, wie viele Bestellungen der TV-Bericht bringen würde?

Nach dieser Messe ging es gleich weiter rauf nach Stralsund zu einem 4-tägigen Hafenfest. Denn auf einer meiner ganzen Messen traf ich die Organisatorin dieses Festes. Sie erzählte mir davon und lud mich ein, dort auch mal auszustellen. Und da dieses Fest nur kurz nach der YOU-Messe stattfindet, dachte ich, dass ich dort auch gleich teilnehmen könnte. Wäre ja mal etwas Neues. Und ein Hafenfest am Strand klingt doch super für Bassalo!

Das war wirklich hart! Ich erinnere mich noch genau daran, wie knapp es finanziell für mich war. Kaum Bargeld dabei und die Messe in Berlin verlief erfolglos. Vier lange Tage verbrachte ich auf diesem Platz, versuchte Passanten zum Spielen zu bewegen, doch es war wie ausgestorben. Das heiße Wetter tat sein Übriges, vielleicht sogar zu gut. Es war zum Verzweifeln... Ich brauchte dringend Geld für die Unterkunft, die Standmiete und das Benzin, um nach Hause zu kommen. Aber ob ich das alles bezahlen konnte, war mehr als unsicher!

Ich gab mein Bestes, um wenigstens ein paar Spiele zu verkaufen, um meine Ausgaben zu decken. Und tatsächlich, mit viel Glück gelang es mir, fünf Sets zu verkaufen! An vier vollen Tagen! Doch am letzten Tag war die Enttäuschung so groß und das Geld so knapp, dass ich beschloss, die Standkosten nicht zu zahlen. Woher auch? Das Geld war wirklich knapp bemessen! Mit Mühe konnte ich gerade noch die Unterkunft bezahlen und vielleicht auch das Benzin für die Heimreise am Sonntag.

Als ich dem Organisator mitteilte, dass ich die Standkosten nicht tragen konnte, war sie wütend. Sofort wurde ich aufgefordert, abzubauen und den Platz zu verlassen. Um 15 Uhr war alles erledigt und ich machte mich noch am selben Tag auf den 950 km langen Heimweg. Um Mitternacht kam ich schließlich völlig erschöpft zu Hause an. Was für ein Leben!

Nach meiner Deutschlandtour wurde der KIKA-Bericht im Fernsehen ausgestrahlt und er war großartig gemacht. Ich saß vor meinem Computer und wartete gespannt auf die erwarteten tausend Bestellungen. Doch leider blieben sie fast vollständig aus! Die Frustration war groß, und ich verstand die Welt einmal mehr nicht. War mein Spiel nicht gut genug? Wie viele Menschen hatten den Bericht gesehen? Schließlich lief er zu einer optimalen Sendezeit. Aber trotz allem blieben die Bestellungen aus, und die Enttäuschung war riesig.

Ein Geburtstagsabenteuer: Bassalo auf dem Trendsporttag

Am 20. Juni stand mein Geburtstag an! Doch dieses Jahr konnte ich ihn nicht so ausgiebig feiern, wie ich es mir gewünscht hätte. Stattdessen wartete schon am nächsten Morgen um 6 Uhr eine Reise nach Braunau am Inn in Oberösterreich auf mich. Die Sportunion Salzburg veranstaltete den "Just Move it" Trendsporttag, und ich hatte die Möglichkeit, mit Bassalo dort auszustellen.

Obwohl ich keine Standgebühren zahlen musste, erhielt ich eine bescheidene Aufwandsentschädigung. Doch diese materielle Entlohnung war nicht der Hauptanreiz für mich. Es war vielmehr die Aussicht darauf, mein Spiel zu präsentieren, das mir am Herzen liegt, und Teil eines aufregenden Events zu sein. Die Vorstellung, Bassalo einem neuen Publikum vorzustellen und potentielle Kunden zu begeistern, gab mir Energie und Motivation.

Die Fahrt nach Braunau war eine Mischung aus Vorfreude und Nervenkitzel. Es fühlte sich an wie ein Abenteuer, eine weitere Etappe auf meiner Reise als Unternehmer. Die Straßen waren still in den frühen Morgenstunden, doch mein Geist war wach und voller Erwartungen.

Als ich schließlich ankam, war die Atmosphäre elektrisierend. Menschen aller Altersgruppen strömten herbei, um die verschiedenen Trendsportarten zu entdecken und zu erleben. Mein Stand mit Bassalo zog die Blicke auf sich, und ich spürte die Aufregung steigen. Es war Zeit, mein Spiel zu präsentieren und die Menschen für seine Faszination zu begeistern.

Die Stunden vergingen wie im Flug, als ich mich mit Besuchern unterhielt, sie ermutigte, Bassalo auszuprobieren, und ihre Reaktionen beobachtete. Es gab Momente der Begeisterung, des Staunens und der Neugierde.

Nach einem langen, ereignisreichen Tag kehrte ich schließlich um 19 Uhr nach Hause zurück. Die Straßen waren ruhig, und die Dämmerung setzte ein. Es war ein Moment der Ruhe nach dem Sturm, in dem ich über die Erlebnisse des Tages nachdachte. Auch wenn ich nicht sicher war, ob ich etwas verkauft hatte, war ich dankbar für die Gelegenheit, meine Leidenschaft zu teilen und Teil dieser aufregenden Veranstaltung zu sein.

Kooperation mit der Raiffeisenbank

Nachdem ich die Raiffeisenbank kontaktiert hatte und um eine mögliche Kooperation bat, begab ich mich nach Wien, um den jungen und sympathischen Betreuer zu treffen. Sein enthusiastisches Feedback zu meinem Spiel ließ mich auf eine vielversprechende Zusammenarbeit hoffen. Die Vorstellung einer Partnerschaft mit einer renommierten Bank, die für ihre coolen Events und ihr junges Publikum bekannt war, war für mich äußerst vielversprechend.

Am 25. Juni kehrte ich nach Wien zurück, diesmal für das Schulschluss-Event "Hot in the City", das von der Bank organisiert wurde. Als Teil unserer Kooperation durfte ich meinen Stand dort kostenfrei aufstellen und mein Spiel bewerben. Doch die Veranstaltung entpuppte sich als ein hektisches Durcheinander. Die meisten Schülerinnen und Schüler hielten sich in der Nähe der Bühne auf, was es schwierig machte, Interesse für mein Spiel zu wecken oder mit Lehrkräften ins Gespräch zu kommen. Trotz der Herausforderungen war es dennoch eine wertvolle Gelegenheit für Werbung.

Zusätzlich hatte ich über die Bank versucht, 150 Partnerschulen anzuschreiben. Ich verfasste persönliche Briefe und verpackte sie sorgfältig, unterstützt von meiner Mutter und meinem besten Freund. Die Bank übernahm freundlicherweise die Kosten für den Versand, und ich hoffte auf zahlreiche Reaktionen von den Schulen.

Leider blieb der Erfolg aus. Lediglich eine Schule bestellte eine kleine Anzahl von Sets, während alle anderen Briefe unbeantwortet blieben. Trotz der Enttäuschung und Frustration war ich bereits mit Rückschlägen vertraut und steckte auch diese einfach weg. Dennoch war es schwer, sich nicht entmutigen zu lassen. Die Aussicht auf neue Chancen und Kooperationen ließ mich stets hoffen, auch wenn diese nicht immer erfüllt wurden. Trotz einer Erwähnung in ihrem Magazin blieb die weitere Unterstützung der Bank aus.

Trendsportfestival in Salzburg: Viel Werbung, wenig Verkäufe

Zwei Tage nach dem erlebnisreichen Schulschluss-Event setzte ich meine Reise fort, diesmal Richtung Salzburg zum "Trendsportfestival". Die Vorfreude und die Hoffnung auf eine erfolgreiche Präsentation waren groß, schließlich bot dieses Festival eine ideale Plattform, um Bassalo einem breiten Publikum vorzustellen - Schülern, Lehrern und Eltern gleichermaßen. Das gesamte Wochenende stand im Zeichen des Sports und der Bewegung, und mein Stand war strategisch plaziert, um möglichst viele Interessierte anzuziehen.

Das Festivalgelände pulsierte vor Leben, Kinder und Jugendliche tobten herum und die Stimmung war ausgelassen. Wir führten mehrere Teamspiele durch, die bei den Besuchern großen Anklang fanden. Trotz des regen Interesses und der positiven Resonanz war der Verkaufserfolg jedoch ernüchternd. Lediglich fünf Spiele fanden einen neuen Besitzer. Es war eine bittere Enttäuschung nach den hohen Erwartungen und der Anstrengung, die ich in die Vorbereitung gesteckt hatte.

Sommerabenteuer: Die Bassalo-Bädertour

Im Sommer des Jahres hatte ich Großes vor: eine selbst organisierte Tour durch 13 verschiedene Freibäder und Seen mit meiner "Bassalo-Bädertour" vom 8. bis zum 28. Juli 2013. Schulen waren geschlossen, doch ich wollte trotzdem Werbung für Bassalo machen. Immerhin ist mein Spiel perfekt für sommerliches Badevergnügen geeignet und verdient es, auch im Sommer gezeigt zu werden!

Jeden Morgen machte ich mich auf den Weg zu einem neuen Ort, baute meinen Stand auf und bereitete mich auf einen Tag voller Spaß und Action vor. Dank einer großzügigen Unterstützung von Red Bull mit Materialien und Energy Drinks konnte ich mein Event noch besser gestalten. Freunde und Bekannte gesellten sich oft dazu, genossen die entspannte Atmosphäre am See und spielten begeistert Bassalo. Ich hatte sogar eigene Poster drucken lassen, um auf das Event in jedem Schwimmbad hinzuweisen. Die Resonanz war groß und die Stimmung ausgelassen.

Meine Erwartungen waren hoch, und ich hoffte, in jedem Ort zwischen 10 und 20 Spiele verkaufen zu können. Doch die Realität sah anders aus: Insgesamt gelang es mir nur, 20 bis 30 Spiele bei den 13 Spielorten zu verkaufen! Das Ergebnis war enttäuschend und weit unter meinen Erwartungen.

Aber ich ließ mich davon nicht entmutigen! Trotz des unerwarteten Ausgangs war die Bädertour eine aufregende und lehrreiche Erfahrung. Ich konnte neue Orte erkunden, viele Menschen erreichen und meine Leidenschaft für Bassalo teilen. Es war zwar nicht das erhoffte Verkaufsergebnis, aber dennoch eine wertvolle Erfahrung für mich und mein Spiel.

Sommer der Herausforderungen: Auf und Ab zwischen den Events

Im Juli brach ich erneut zum Münchner Sportfestival auf, einem wahren Highlight! Das pulsierende Event bot eine ideale Plattform für Bassalo, und ich konnte stolze 15 Sets verkaufen. Die Energie und Begeisterung der Teilnehmer waren ansteckend und trieben mich zu Höchstleistungen an.

Im darauffolgenden August wagte ich mich zum ersten Mal auf die Sportfachmesse ÖSFA in der Brandboxx Salzburg. Mit einem bescheidenen Stand in einer Ecke betrat ich die Bühne der Sportfachhändler. Zwar war die Messe hauptsächlich auf Kleidung und Schuhe ausgerichtet, doch ich hegte die Hoffnung, dennoch das Interesse einiger Händler für mein Spiel zu wecken. Leider blieben meine Bemühungen unbelohnt, und ich stand erneut vor einer verschlossenen Tür.

Von Juli bis September war ich auch wieder fleißig im Klettergarten tätig und konnte dort immerhin 40 Spiele an die Abenteuerlustigen bringen. Doch meine Aktivitäten beschränkten sich nicht nur auf den Kletterwald. Mit unermüdlichem Einsatz präsentierte ich Mitte August mein Spiel auch beim Sommerfest der Sportunion Kufstein im Freischwimmbad. Ein Versuch, meine Reichweite zu erweitern und neue potentielle Spieler zu gewinnen.

Aber auch meine Heimat im Schwarzwald rief nach mir, und so nahm ich an der "Basler Sportnacht" teil. Leider spielte das Wetter nicht mit, und das Ereignis musste auf mehrere Hallen verteilt werden, was die Besucherzahl drastisch reduzierte. Dennoch ließ ich mich nicht entmutigen und setzte meine Bemühungen fort.

Zweimal besuchte ich sogar Ferienbetreuungen, um die Kinder mit Bassalo zu unterhalten und ihre Fantasie zu beflügeln. Es war eine hektische, aber erfüllte Zeit, die mich bis zum Schulanfang in Atem hielt.

Tagebucheintrag vom Donnerstag, den 18.7.2013

Es fühlt sich an, als wäre der tiefste Punkt erreicht. Mein Privatkonto liegt fast bei einem Minus von 3.400 €, weit über dem Limit von -2.500 €, während mein Geschäftskonto fast 32.000 € im Minus ist, das Limit von 30.000 € überschreitend. Ich stehe vor einem Berg unbezahlter Rechnungen, von denen einige bereits Mahnungen nach sich ziehen. Eine Handyrechnung von 200 €, 210 € für die Bezirksmesse, 100 € für den Postversand, 12 € für das Containerlager, 450 € für eine Studentin im Zusammenhang mit der Deutschland-Tour, 200 € für einen Grafiker, dazu der Netzwerkpartner aus Deutschland vom letzten Jahr mit noch etwa 2.000 €, 600 € für den Steuerberater, 300 € für die Autohausreparatur, 300 € für die AMS-Rückzahlung und nicht zu vergessen die 450 € Bankkredit. Insgesamt 5.000 €, ohne die Miete für meine Wohnung zu berücksichtigen.

Und hier stehe ich, mit nur noch 5 € in der Tasche. Doch trotz allem, was sich wie eine endlose Flutwelle von Problemen anfühlt, sehe ich auch die Erfolge, die ich bisher erzielt habe. Über 3.500 verkaufte Spiele, Medienauftritte in verschiedenen Fernsehsendern und Zeitschriften, Kooperationen mit Händlern wie Intersport Kufstein und Waldshut im Schwarzwald, sowie mit der

Sportunion Kufstein und vielen Schulen und Vereinen, die mein Spiel bereits nutzen.

Aber der größte Erfolg ist, dass ich trotz allem weitermache. Ich weiß, was ich will: Ich will Spaß an meiner Arbeit haben und gleichzeitig Geld verdienen. Ich will meine Unabhängigkeit und Selbstbestimmtheit zurückgewinnen. Ja, es ist hart, entmutigend und kräftezehrend. Aber ich bleibe stark. Ich kämpfe weiter, denn das ist mein Traum, mein Ziel und meine Liebe zur Freiheit. Ich beweise und zeige es Gott und den Engeln, dass ich es ernst meine und dass ich die Prüfungen bestehen kann.

Tagebucheintrag vom Freitag, den 26.7.2013

In diesem Moment habe ich all meine Sorgen, negativen Gedanken und den Druck, der mich belastet, in einem imaginären Paket verpackt und in den Himmel geschickt. Es ist an der Zeit, dass Gott, die Engel oder mein höheres Selbst sich darum kümmern. Ich habe keine Energie mehr, mich weiter damit zu beschäftigen. Ich überlasse es ihnen und vertraue darauf, dass sie es lösen werden. Es fühlt sich an, als ob eine Last von meinen Schultern genommen wird. Ich habe diese Methode früher schon angewendet, aber in letzter Zeit ist es mir schwerer gefallen. Doch jetzt ist der Wendepunkt erreicht. Ich spüre eine wachsende Freiheit in mir.

Jetzt ist die Zeit gekommen, mich auf das Hier und Jetzt zu konzentrieren. Es gibt so viel zu erleben, zu entdecken und zu genießen. Ich atme tief ein und aus, spüre die frische Luft um mich herum und nehme die Geräusche der Natur wahr. Es fühlt sich an, als ob sich eine Tür zu neuen Möglichkeiten öffnet. Ich bin bereit, die Herausforderungen des Lebens anzunehmen und neue Wege zu gehen. Es ist ein Gefühl der Befreiung und des Neuanfangs.

Die Gedanken an meine Sorgen und Ängste verblassen langsam, während ich mich dem gegenwärtigen Moment hingebe. Es ist, als ob eine Last von mir genommen wurde und ich endlich wieder frei atmen kann. Ich spüre eine innere

Ruhe und Gelassenheit, die mich erfüllt. Es ist ein Gefühl der Erleichterung und des Friedens.

Jetzt, da ich mich dem Hier und Jetzt zuwende, fühle ich mich lebendiger und energiegeladener. Ich bin bereit, das Leben in vollen Zügen zu genießen und jeden Moment zu schätzen. Es ist eine Zeit der Transformation und des Wachstums. Ich bin bereit, mich neuen Möglichkeiten zu öffnen und das Beste aus jedem Tag zu machen

Tagebucheintrag vom Dienstag, den 30.7.2013

Es gibt nichts Schöneres im Leben als das Gefühl der Freiheit, besonders wenn man an einem Wochentag gemütlich aufsteht, während die meisten anderen bereits bei der Arbeit sind. Das Öffnen des Fensters lässt die frische Morgenluft hereinströmen, während ich mich ohne Druck, Stress oder Sorgen darauf freue, den Tag zu beginnen. Eine erfrischende Dusche bringt Klarheit und Energie für den Tag, und das alles in meinem eigenen Tempo.

Das wahre Glück liegt oft in den kleinen Dingen des Lebens, wie zum Beispiel in einem gemütlichen Frühstück mit selbstgemachter Marmelade, die mir eine liebe Bekannte geschenkt hat. Der süße Geschmack und die Wärme der Marmelade erinnern mich daran, wie wichtig es ist, die kleinen Freuden des Alltags zu schätzen. Während ich meinen Kaffee schlürfe und in diese Zeilen eintauche, spüre ich eine tiefe Dankbarkeit für diese kostbaren Momente.

Vor einer Woche hätte ich mir nicht träumen lassen, dass ich heute mit einem solchen Gefühl der Zufriedenheit erwachen würde. Die Last der finanziellen Sorgen schien damals erdrückend zu sein, als ich vor der Herausforderung stand, die dringendsten Rechnungen zu bezahlen. Die Handyrechnung drohte, mein wichtigstes Kommunikationsmittel zu sperren, und die Rechnung eines Lieferanten hätte sogar rechtliche Konsequenzen nach sich ziehen können.

Doch gestern habe ich einen Meilenstein erreicht: Mein erstes „Fun-Event" in Kufstein bei einer Ferienbetreuung. Die strahlenden Gesichter der Kinder und die gemeinsamen Momente des Lachens und Spielens haben mir gezeigt, dass es sich lohnt, für meine Träume zu kämpfen. Es ist ein Beweis dafür, dass auch in den schwierigsten Zeiten Lichtblicke des Glücks aufscheinen können.

Diese Erfahrungen haben mir gezeigt, dass das Leben voller Überraschungen steckt und dass es sich lohnt, an sich selbst zu glauben und weiterzumachen, auch wenn die Zeiten hart sind. Jeder Tag ist eine neue Chance, das Leben in vollen Zügen zu genießen und die kleinen Momente des Glücks zu feiern.

Tagebucheintrag vom Mittwoch, den 31.7.2013

In den letzten 2-3 Tagen habe ich mich so leer gefühlt, als ob sämtliche Emotionen aus mir herausgesogen worden wären, und nichts als Leere und Hohlheit blieben. Doch dann erinnerte ich mich an Lola Jones und ihr inspirierendes Buch, das ich vor Kurzem begonnen hatte zu lesen. Ihre Worte hatten eine tiefe Wirkung auf mich, und ich erkannte, dass ich ab sofort aufhören sollte, über meine Probleme zu sprechen.

Es ist erstaunlich, wie sehr sich meine Perspektive verändert hat, seit ich beschlossen habe, nicht mehr über meine Probleme zu reden. Ich habe bemerkt, wie seltsam und unangenehm es für meine Zuhörer sein kann, wenn ich ständig meine Sorgen teile. Stattdessen konzentriere ich mich nun darauf, das Positive zu betonen und mich auf die schönen und lustigen Dinge im Leben zu konzentrieren.

Trotz allem, was um mich herum geschieht, erkenne ich nun, dass es mir eigentlich sehr gut geht. Ich brauche niemandem mehr zu beweisen, wie stark ich bin oder wie gut ich mit schwierigen Situationen umgehen kann. Es reicht, dass ich stolz auf mich selbst bin und meine innere Stärke anerkenne.

Ab sofort spreche ich nur noch über die schönen und lustigen Dinge im Leben, denn ich habe festgestellt, dass diese auch bei anderen gut ankommen. Außerdem habe ich beschlossen, mehr Witze zu erzählen und mir eine positive Einstellung zu bewahren, egal was passiert. Es ist an der Zeit, die Leere hinter mir zu lassen und mich auf das zu konzentrieren, was wirklich zählt: das Glück und die Freude, die das Leben zu bieten hat.

Neue Bälle: Die rote Revolution

Nachdem ich über ein Jahr lang mit gelben Bällen gespielt hatte, entschied ich mich schließlich dazu, auf rote Bälle umzusteigen. Warum dieser plötzliche Sinneswandel? Nun, anfangs dachte ich, dass die leuchtend gelben Bälle gut sichtbar und leicht zu verfolgen wären. Doch im Laufe der Zeit musste ich feststellen, dass sie im Freien, besonders bei sonnigem Wetter, und in den meisten Sporthallen eher schlecht zu erkennen waren. Ihre Helligkeit ging in der Umgebung einfach unter, besonders auf den beigen Böden der Sportanlagen.

Die Entscheidung für rote Bälle, genauer gesagt ein dunkles Weinrot, war daher naheliegend. Ich hoffte, dass diese Farbe besser sichtbar sein würde, sowohl in der Luft als auch auf dem Boden. Doch dann ereignete sich ein unglücklicher Zufall. Eigentlich wollte ich dieselbe Qualität von Squashbällen wie zuvor bestellen. Doch stattdessen erhielt ich Bälle aus China, die sich deutlich von den erwarteten unterschieden. Sie waren härter und ihre Oberfläche war glatter, nicht mehr so griffig wie gewohnt.

Anfangs war ich verärgert über diese unerwartete Wendung. Der chinesische Lieferant behauptete jedoch, es seien dieselben Bälle wie zuvor. Doch das war offensichtlich nicht der Fall. Doch dann fielen mir die Vorteile der neuen Bälle ein. Anders als ihre Vorgänger blieb in ihnen kein Sand stecken, was besonders beim Spielen auf Sandplätzen von Vorteil war. Zudem verfärbten sie nicht mehr die weißen Becher, wie es die gelben Bälle getan hatten.

Also beschloss ich, die neuen Bälle zu akzeptieren. Ab dem 2. September wurden die blau-weißen Becher nun also mit zwei roten Bällen verkauft. Es war ein Schritt ins Ungewisse, aber manchmal bringt uns das Schicksal eben zu neuen und überraschenden Lösungen.

September: Workshops, Messen & Rückschläge

Diesen Monat war wieder vollgepackt mit Herausforderungen und Chancen, denn ich nahm am Impulsseminar beim ÖFT in St. Pölten teil. Obwohl ich bereits einmal dort war, war die Resonanz auf meine Workshops nicht gerade überwältigend. Einige wenige Interessierte fanden den Weg zu meinen Kursen, doch für ein Teamspiel brauchte ich mindestens 10 Teilnehmer. Trotzdem konnte ich dieses Mal fünf Spiele vor Ort verkaufen, was mich zumindest ein wenig motivierte.

Anschließend besuchte ich eine Marketingmesse in Wels mit der Hoffnung, Werbefirmen für eine Zusammenarbeit zu gewinnen. Obwohl ich bereits zweimal selbst auf solchen Messen ausgestellt hatte, blieb der Erfolg bisher aus. Diesmal wollte ich es als Besucher versuchen und potenzielle Händler direkt ansprechen. Doch leider war auch dieser Besuch vergebens, mein Spiel fand nicht das gewünschte Interesse.

Ende September wagte ich einen erneuten Versuch bei der Fachhändler Messe in der Brandboxx Salzburg. Vielleicht würde ich dort endlich ein paar Händler finden, die mein Spiel in ihr Sortiment aufnehmen würden. Doch auch dieser zweite Versuch endete enttäuschend. Einige Interessenten wollten mein Spiel jedoch privat erwerben, was zumindest etwas Umsatz brachte.

Rückschläge gehören wohl dazu. Obwohl mein Spiel beim Spielen oft gut ankam, war es dennoch nicht immer das Richtige für meine potenziellen Kunden. Für Werbefirmen war es oft zu teuer, für andere Händler nicht passend für ihr Geschäftskonzept, und mein Spiel war einfach noch nicht im Trend, was dazu führte, dass die meisten Besucher an anderen Kursen teilnahmen. Das war natürlich enttäuschend, nachdem ich so viel Zeit und Energie investiert hatte, um mein Spiel voranzubringen. Doch ich war entschlossen, alles zu versuchen und überall präsent zu sein, um meinem Traum näherzukommen.

Neues Design, frischer Wind: Die Transformation der Cups

Nachdem im September die neuen Bälle eingetroffen waren und es an der Zeit war, auch neue Becher zu bestellen, entschied ich mich, nicht nur das Equipment zu erneuern, sondern auch das Design zu überarbeiten. Die Erkenntnis kam mir auf zahlreichen Events und Messen, wo ich spürte, dass die weiß-blauen Becher nicht den gewünschten Eindruck hinterließen. Sie wirkten eher schlicht und uninspiriert, weit entfernt von einem ansprechenden Design. Es war klar, dass Veränderung nötig war, etwas Neues und visuell Ansprechenderes.

Mit diesem Gedanken im Kopf setzte ich mich mit meinem Grafiker zusammen, um ein frisches Design zu entwickeln. Nach einigen kreativen Überlegungen entstand schließlich ein Entwurf, der ganz in Schwarz gehalten war und mit einem neuen Muster verziert wurde. Die Veränderung war deutlich sichtbar, und schon auf dem Papier wirkten die Becher viel interessanter und ansprechender.

Mitte November war es dann soweit – die neuen, coolen schwarzen Becher wurden geliefert. Als ich sie das erste Mal in den Händen hielt, konnte ich kaum meine Begeisterung verbergen. Sie waren genau das, was ich mir erhofft hatte, und ich war sicher, dass auch die Kunden sie genauso ansprechend finden würden. Die Transformation war nicht nur ästhetisch, sondern auch emotional spürbar. Es war ein Moment der Bestätigung, dass Veränderungen manchmal genau das sind, was man braucht, um neue Wege zu gehen und frischen Wind in sein Geschäft zu bringen.

Neue Sets ab November 2013 mit neuen Cups und Bällen:

Erfolge und Highlights im November

Im November war einiges los! Ich hatte die Gelegenheit, mein Spiel auf dem "Bewegung & Sport" Kongress in Magglingen, in der Schweiz, zu präsentieren. Mein neuer Schulsport-Händler gab mir nämlich die Möglichkeit mich zusammen mit ihm auf seinen Stand zu stellen. Ein aufregendes Ereignis, das jedoch nicht ganz den erhofften Erfolg brachte. Die Besucherzahlen waren enttäuschend und der Verkauf blieb mit nur sechs Spielen hinter meinen Erwartungen zurück. Die Rückfahrt nach Tirol war geprägt von einer Mischung aus Enttäuschung und dem Wunsch nach mehr.

Doch es gab auch Höhepunkte im November! Über die Pädagogischen Hochschulen konnte ich zwei Workshops für Sportlehrer durchführen. In Innsbruck und Dornbirn stieß mein Spiel auf große Begeisterung. An diesen Tagen gab es nur meinen Workshop, und die Teilnehmerzahl war überwältigend. Anfangs waren die Lehrer skeptisch, als sie die Becher auf dem Boden sahen. Doch schon bald machte sich Spaß und Freude breit. Viele waren überrascht, wie vielseitig und unterhaltsam die Übungen mit meinem Spiel sein konnten. Es war ermutigend zu sehen, wieviel Gelächter und positive Energie mein Kurs auslöste.

Der Rest des Monats war vollgepackt mit Schulworkshops. Manchmal dauerten sie sogar vier ganze Tage hintereinander, mit täglich 2 bis 8 Stunden Sportunterricht. Es war anstrengend, aber die harte Arbeit zahlte sich aus, sowohl finanziell als auch als effektive Werbung.

Ende November war ich bei der "Spiel Aktiv" Messe in Innsbruck dabei, eine bedeutende Veranstaltung, besonders für einen "Tiroler" wie mich. Die Messe war gut besucht, sowohl von Schulklassen am Freitag als auch von Familien am Wochenende. Der Werbeeffekt war enorm, und ich konnte an drei Tagen 35 Sets verkaufen. Messen wie diese, wo die Gäste neugierig auf meinen Stand zuströmen und mein Spiel ausprobieren wollen, sind einfach fantastisch. Es fühlt sich an, als ob die Hälfte der Arbeit bereits erledigt ist!

Winterjob: Animation im Hallenbad

Mit dem Einzug des Winters begann eine neue Phase für mich. Die Klettersaison war vorbei, und ich stand erneut vor der Herausforderung, einen neuen Job zu finden. Trotz meiner Bemühungen war das Einkommen aus Bassalo immer noch nicht ausreichend, um meinen Lebensunterhalt zu bestreiten. Insbesondere die Miete bereitete mir Sorgen, die ich jeden Monat decken musste.

Glücklicherweise gelang es mir, eine passende Stelle zu finden. Ich wurde Leiter der Animation für Aqua-Fitness und den Mini-Club in einem nahegelegenen Hallenschwimmbad. Es war ein spannender Job, der mir die Möglichkeit bot, wieder fest angestellt zu sein, und das sogar mit nur 16 Stunden pro Woche. Dies bedeutete, dass ich jeden Monat ein festes Einkommen hatte und gleichzeitig genügend Zeit für Bassalo behalten konnte.

Die Sicherheit dieses Jobs gab mir eine gewisse finanzielle Stabilität, die ich dringend brauchte. Zumindest konnte ich meine Miete ohne große Sorgen bezahlen. Darüber hinaus bot mir meine Rolle im Kinderclub und als Leiter der Animation regelmäßig Gelegenheiten, mein Spiel vorzustellen und bekannt zu machen. Es war eine Win-Win-Situation, die es mir ermöglichte, sowohl meine finanziellen Bedürfnisse zu decken als auch meiner Leidenschaft für Bassalo nachzugehen.

Finanzieller Stand am 5.11.2013 laut Tagebuch

Offene Forderungen:

- Finanzamt Rückzahlung (2. Quartal 2013): 363 €
- Finanzamt Rückzahlung (3. Quartal 2013): 570 €
- Nova Auto: 403 €
- KFZ-Steuer: 930 €
- SVA-Abgabe (1. und 2. Quartal): 183 €
- SVA-Abgabe (3. Quartal): 472 €
- Handy Vertrag: 87 €
- Netzwerk Partner Deutschland: 2.250 €
- Steuerberater: 600 €
- Werkstatt Auto: 200 €
- AMS-Rückzahlung: 310 €
- Becherhersteller: 1.100 €
- Grafiker: 190 €
- Miete: 600 €
- Bankkredit: 365 €
- Total: 8.623 €!!!!

Die Liste der offenen Zahlungen wirkte bedrückend, und ich befand mich bereits bei fast allen Zahlungen im Rückstand - sei es beim Finanzamt, der SVA, dem Steuerberater und so weiter. Eine furchtbare Situation, wenn man bedenkt, dass das neue Jahr vor der Tür stand und ich noch mit diesen Schulden kämpfen musste.

Geschäftsjahr 2013

In diesem Jahr gab es endlich einen Lichtblick in meinem Geschäft - ein knappes Plus, aber immerhin! Ein deutlicher Fortschritt im Vergleich zum letzten Jahr. Doch auch beruflich war ich viel aktiver unterwegs.

Vom 1. bis zum 12. Dezember konnte ich weitere 100 Sets verkaufen. Ich vermute, dass der Großteil dieser Verkäufe auf die Schulworkshops zurückzuführen war. Es war definitiv ein willkommenes finanzielles Polster, das ich immer gut gebrauchen konnte.

Mein Gesamtumsatz aus meiner Selbständigkeit lag nur leicht über dem des Vorjahres. Doch dieses Jahr war anders - ich hatte alles gegeben, inklusive meiner Arbeit im Waldseilgarten und den Schulworkshops, die dieses Mal fast siebenmal mehr einbrachten als im letzten Jahr.

Die Verteilung meines Umsatzes sah wie folgt aus:

- Der größte Teil kam dieses Jahr von den Schulen.
- Dann folgten die Privatpersonen.
- Über die Händler konnte ich fast doppelt so viel verkaufen wie im Vorjahr.
- Die Vereine machten jedoch nur die Hälfte des Vorjahresumsatzes aus.

Der größte Erfolg war zweifellos die Zusammenarbeit mit dem großen Schulsport-Händler aus der Schweiz, der bereits einen erheblichen Anteil am Umsatz ausmachte. Der Rest kam von den anderen sechs kleineren Händlern.

Zusammenfassung 2013 – Live-Tagebuch
(geschrieben irgendwann im Dezember)

Das vergangene Jahr war eine Achterbahn der Gefühle, geprägt von Erfolgen, Herausforderungen und unerwarteten Wendungen. Es war lehrreich, voller Triumphe und genauso anspruchsvoll wie die vorangegangenen Jahre. Trotz allem habe ich es geschafft, dieses Jahr einen Gewinn zu erzielen.

Zu Beginn des Jahres quälte mich noch ein Nebenjob als Sky-Promoter. Obwohl die Arbeit mich zunehmend frustrierte, hielt ich daran fest, um mein Einkommen zu sichern. Dennoch war mir bewusst, dass dies nur eine vorübergehende Lösung sein konnte.

Eine Beziehung ging zu Ende, ohne große emotionale Erschütterungen. Doch plötzlich vermisste ich die Nähe und Liebe eines Partners. Der Wunsch nach einer neuen festen Bindung drängte sich in mein Bewusstsein. Doch mein Fokus auf die Suche nach der perfekten Partnerin erwies sich als Irrweg. Ich erkannte, dass ich die Zeit als Single genießen sollte, anstatt verzweifelt nach etwas zu suchen, das ohnehin kommen würde.

Ich hatte die Hoffnung, die Frau zu finden, bei der ich die Liebe und Sehnsucht bereits in den Augen erkennen konnte. Die, bei der sich unsere Seelen schon vor langer Zeit gekannt haben. Doch während eines Jogginglaufs entlang des Inns in Kufstein wurde mir klar, dass ich zuerst lernen musste, das Leben in vollen Zügen zu genießen. Der Moment des Erwachens kam plötzlich und mit ihm ein neuer Fokus: Spaß haben, flirten, das Single-Dasein genießen!

Von diesem Moment an war ich offener, cooler und lockerer, und ich lernte wieder, auf Frauen zuzugehen. Es gab Bekanntschaften, Affären und vor allem die Erkenntnis, dass ich mein Glück nicht erzwingen muss. Denn ich weiß, dass die richtige Person zur richtigen Zeit in mein Leben treten wird.

Als sich der SKY-Job langsam dem Ende neigte und zeitgleich der Waldseilgarten seine Pforten öffnete, entschied ich mich, den Job zu kündigen. Die Arbeit im Klettergarten war für mich eine Rückkehr zu meinen Wurzeln, eine Gelegenheit, wieder unter freiem Himmel zu arbeiten und von positiven, freundlichen Menschen umgeben zu sein.

Trotzdem lastete weiterhin das alte Problem auf mir – meine finanziell schwierige Lage. Doch während ich mit einem Auge auf meine Einnahmen schielte, nahm mein Projekt "Bassalo" Fahrt auf. Nach einem eher mauen Januar florierte es im März und April überraschend. Der Durchbruch kam, als ich Schulen in Österreich ansprach und plötzlich viele Einnahmen verzeichnete. In diesen Monaten arbeitete ich vergleichsweise wenig, doch die Resultate sprachen für sich.

Ende Januar wagte ich mich erstmals nach Hannover auf eine Messe und verkaufte an drei Tagen eine beträchtliche Menge an Spielen. Es folgten Messen in Bremen und Ried (Österreich), und mein Terminkalender für das restliche Jahr füllte sich rasch.

Im April war überraschend Flaute. Keine Termine, keine Messen, keine Events. Lediglich einige Workshops in Schulen standen auf dem Plan. Doch gerade in diesem Monat gelang es mir mit vergleichsweise wenig Aufwand, den meisten Umsatz zu erzielen.

Im Sommer zog es mich nach Berlin zur YOU-Messe, Europas größter Jugendmesse, und zum Hafenfest in Stralsund. Doch hinterher betrachtet war die finanzielle Ausbeute nicht das, was ich erhofft hatte. Eine zehntägige Tour durch Deutschland, die fast nichts einbrachte!

Trotzdem bot die Zeit in Berlin Gelegenheit zur Werbung, mit Auftritten auf Kabel 1, N24, Sat1, Pro7 und dem KIKA-Kanal. Zusätzlich organisierte ich eine eigene "Bassalo Bädertour" in Tirol und Bayern, auch wenn sich diese finanziell nicht auszahlte. Dennoch war jede Station eine wertvolle Erfahrung!

Seit diesem Sommer kämpfte ich erneut mit finanziellen Herausforderungen. Der ersehnte Durchbruch blieb aus, und von August bis Mitte September verbrachte ich fast ausschließlich meine Zeit im Klettergarten, ein wahrer Kraftakt, der mich an meine Grenzen brachte.

Im Mai war ich wieder auf der Marketing-Messe in Wien, ebenso wie auf einem Schulschlussfest in derselben Stadt, bei der Sportfachmesse Brandboxx Salzburg und beim Trendsport-Festival in Salzburg. Doch trotz aller Bemühungen brachte keines dieser Ereignisse die erhofften Einnahmen oder Aufträge. Doch trotz allem schaffte ich es, stets gutgelaunt und glücklich zu bleiben. Ich ließ mich nicht unterkriegen und kämpfte weiter, immerhin konnte ich mir stets Essen kaufen und tanken gehen.

Neue Ideen sprudelten nur so aus mir heraus. Ich nahm regelmäßig an Workshops in Vereinen und Schulen teil und unterrichtete Sportlehrer in meinen Kursen. Die Begeisterung für meine Teamspiele wuchs, und langsam, aber sicher etablierte sich mein Produkt im Sportbereich. Das neue Design erntete ebenfalls viel Zuspruch, besonders auf der Spiel-Aktiv-Messe in Innsbruck, wo es großen Anklang fand!
Zusätzlich organisierte ich mehrere Spieleevents und knüpfte Kontakte, um den Bereich der Teamtrainings sowohl im Klettergarten als auch anderswo auszubauen. Mit Stolz konnte ich auch schlussendlich mein offizielles Diplom als "Freizeit- und Outdoor-Trainer" entgegennehmen.

Im März/April, als meine Geschäfte besser liefen, fühlte ich mich so glücklich, dass ich wieder begann, das Nachtleben zu genießen, auf Partys zu gehen und mich wieder stärker in die Gesellschaft zu integrieren. Ich griff auch wieder zur Zigarette, ein altes Laster, das ich aus einer Zeit der Herausforderungen und des emotionalen Stresses wiederbelebte. In solchen Momenten dachte ich, dass "Regeln und Disziplin" notwendig seien, um mich besser zu fühlen.

Doch mit der Zeit bemerkte ich, dass ich diese Regeln nicht mehr brauchte. Ich wollte einfach tun, wonach mir war. Und so kam es, dass ich wieder zu rauchen begann, besonders im Sommer, wenn die Tage lang und warm waren. Beim Sitzen auf dem Balkon, ein paar Bier in der Hand, entdeckte ich eine gewisse Freude am Rauchen.
Aber ich bin entschlossen, dieses Verhalten im neuen Jahr zu ändern.

Im Dezember erlebte ich meine erste Heilmeditation - eine unglaubliche Erfahrung! Drei Tage lang ohne Handy, ohne PC, ohne Ablenkung. Nur meditieren und abschalten. Es war wie ein kleiner "Urlaub" für die Seele!

Seit November arbeite ich als Animationsleiter für 16 Stunden pro Woche. Obwohl ich noch nicht zu 100 % in meine Rolle eingearbeitet bin, gefällt mir die Arbeit irgendwie. Ich spüre, dass es immer besser wird, und deshalb bleibe ich vorerst dabei.

Im selben Monat erhielt ich auch die Lieferung der neuen Becher und Bälle. Diesmal im neuen Design und in schwarz! Die vorherigen Becher waren weiß/blau und kamen optisch nicht so gut an. Sie sahen aus wie die großen Müller-Milchbecher. Aber jetzt sind meine Becher in schwarz einfach cool, und das Muster darauf gefällt mir sehr gut!

Auch wenn es nicht die Squash-Bälle waren, die ich zuvor hatte, kamen die roten Bälle sehr gut an. Sie ähnelten zwar den Squash-Bällen, waren jedoch etwas härter und glatter. Anfangs ärgerte mich der Fehler des chinesischen Herstellers sehr, aber nachdem ich die Bälle ausgiebig getestet hatte, stellte sich heraus, dass sie doch nicht schlecht waren. Tatsächlich waren sie optimal für den Strandurlaub, da sie glatt waren und kein Sand in den kleinen Rissen an der Oberfläche steckenblieb. Der vermeintliche Fehler erwies sich also als Glücksfall!

Im Dezember war mein Kalender fast vollständig ausgebucht. Ich hielt viele Workshops in Schulen, organisiert über das "Projekt X" der Sportunion, den Schulsportservice Tirol, die Multi-Sportgruppe Kufstein und verschiedene Vereine.

Dieses Jahr erzielte ich endlich einen Gewinn! Bis zum dritten Quartal war mein Umsatz im Vergleich zum Vorjahr um 21.000 € gestiegen - ein Erfolg! Doch trotzdem habe ich noch viele Rechnungen offen, weshalb sich kein Geld auf meinem Konto befindet. Ich habe daher meine Bank um einen neuen Kredit oder eine Erhöhung meines bestehenden Kredits gebeten, jedoch wurde meine Bitte leider abgelehnt. Warum, weiß ich nicht. Dennoch konnte ich einige Rechnungen und Schulden begleichen. Und auch der Januar ist bereits voll ausgebucht.

Alles in allem: erfolgreich, herausfordernd, lehrreich, und ich mache weiter!

KAPITEL 5: Das Jahr 2014

Der Tag, an dem das Wasser bebte

In meinem Job als Animationsleiter im Hallenschwimmbad gab es immer viel zu tun. Meine Arbeit erstreckte sich über die ganze Woche, aber die meisten meiner Einsätze lagen am Wochenende. Während der Woche führte ich oft Büroarbeiten durch, darunter die Organisation der Arbeitszeiten für die Animateure. Doch zweimal pro Woche hatte ich auch die Möglichkeit, vormittags Aquafitnesskurse für die Seniorengruppe zu geben - eine Tätigkeit, die mir besonders am Herzen lag. Es war eine wunderbare Erfahrung, im Wasser Sport zu treiben und sich bei pulsierender Musik so richtig auszupowern. Meine Gruppe genoss meine Trainingseinheiten immer besonders, denn ich gab immer mein Bestes, um sie richtig ins Schwitzen zu bringen.

Eine ganz besondere Situation ereignete sich an einem Tag, an dem das Wellenbad voller Gäste war. Plötzlich kam mir die spontane Idee, die Menge zu einer Aqua-Fitness-Session zu motivieren. Meine Kollegen hielten mich für verrückt und bezweifelten, dass es klappen würde. Doch ich ließ mich nicht abschrecken. Ich stellte die Musikanlage neben mich auf und begann, die Badegäste im Wasser zu animieren, mit mir mitzumachen.

Ich rief laut in die Menge, forderte sie auf, sich zu bewegen, und schrie fast über die laute Musik hinweg. Mit vollem Elan und Leidenschaft bewegte ich mich selbst, lief energiegeladen am Beckenrand entlang, tanzte und gab alles. Zuerst waren es nur ein paar vereinzelte Teilnehmer, aber ich ließ nicht nach. Immer mehr Menschen ließen sich von meiner Begeisterung anstecken und machten mit.

Plötzlich hatte ich eine große Gruppe von Teilnehmern, die sich im Wasser bewegten und mit mir tanzten. Das ganze Becken wurde lebendig, die Wellen schwappten wild hin und her, und alle hatten die Augen auf mich gerichtet. Es war ein unglaubliches Gefühl, voller Adrenalin und Energie.

Selbst der Geschäftsführer schaute vorbei und konnte kaum glauben, was er sah. Es war ein unvergessliches Erlebnis für alle Beteiligten, und ich war stolz darauf, einen solchen Moment geschaffen zu haben. Es zeigte mir, wieviel Spaß und Begeisterung ich durch meine Arbeit verbreiten konnte.

Der ungewöhnliche Nebenjob

Inmitten meines hektischen Zeitplans im Schwimmbad und den regelmäßigen Schulworkshops dachte ich mir: "Warum nicht noch einen weiteren Job nebenbei?" So nahm ich die Stelle als Animations-Clown in einem Skigebiet in Kitzbühel an. Mein Motto schien zu sein: "Hauptsache nicht wieder Vollzeit arbeiten!" Die Arbeit fühlte sich zunächst seltsam an, aber das änderte sich schnell.

Jeden Mittwochmorgen machte ich mich widerwillig auf den Weg dorthin. Das Geld war verlockend, und immerhin war es nur ein Tag pro Woche. Doch sobald ich mein Clownskostüm anzog und mein Gesicht kunstvoll schminkte, schlüpfte ich in eine völlig andere Rolle. Auf der Piste, um die Kinder zu unterhalten, wurde es plötzlich sehr amüsant und unterhaltsam. Was tut man nicht alles, um über die Runden zu kommen und nicht wieder in eine 100%ige Anstellung zu geraten?

Altlasten und ein voller Terminkalender

Im Januar bezahlte ich 1.100 € an den deutschen Netzwerkpartner von der ersten Bremer Messe 2012. Von den anfänglichen 2.950 € waren nach dieser Zahlung nur noch 1.100 € übrig, die ich begleichen musste. Es war ein langwieriger Prozess, der mich seit März 2012 begleitete, und endlich schien er sich seinem Ende zu nähern.

Doch während ich diese Altlasten langsam abbauen konnte, war mein Terminkalender mehr als vollgepackt - und das für die nächsten Monate. Wenn ich nicht im Schwimmbad arbeitete, verbrachte ich meine Tage damit, Workshops an Schulen abzuhalten oder als Clown auf der Piste zu stehen. Die verbleibenden Stunden füllte ich mit Messen und anderen Veranstaltungen, die mir kaum Zeit zum Durchatmen ließen.

Ende Januar fuhr ich dann erneut nach Hannover zur „SportsNow" Messe. Und diesmal verkaufte ich fast 90 Sets an drei Tagen.

In diesem Monat gab es nur drei Tage, an denen ich keine Termine und eigentlich „frei" hatte – wobei „frei" nicht bedeutete, dass ich mich ausruhte. An diesen Tagen verbrachte ich Stunden im heimischen Büro, telefonierte mit Schulen, versandte E-Mails, suchte nach neuen Vertriebspartnern und Messen. Selbst nach einem langen Tag voller Verpflichtungen setzte ich mich abends fortlaufend bis Mitternacht an die Arbeit.

Der Februar und März brachten keine Entlastung, sondern das gleiche hektische Programm: Nur zwei Tage im Monat blieben komplett frei von Verpflichtungen, während der Rest mit einem unerbittlichen Arbeitspensum gefüllt war.

Unerwartete Rettung in finanzieller Notlage

Trotz meines vollen Terminkalenders, der von zahlreichen Events, Messen, Workshops und Jobs geprägt war, befand ich mich finanziell wieder am Rande des Abgrunds. Die Last der offenen Rechnungen, die sich auf knapp 8.000 € summierten, drückte schwer auf meine Schultern. Inmitten dieser finanziellen Misere stand eine gute Freundin, die seit Anfang 2012 ein fester Bestandteil meines Lebens war.

Unsere Beziehung war komplex, eine Mischung aus Freundschaft und mehr. Sie war stets an meiner Seite, unterstützte mich in vielerlei Hinsicht und war eine emotionale Stütze in turbulenten Zeiten. Trotz ihrer wiederholten Angebote, mir finanziell unter die Arme zu greifen, zögerte ich zunächst. Schließlich sagt man, dass Geld oft Freundschaften zerstört.

Doch die Notlage trieb mich in die Enge, und schließlich nahm ich ihr groß-zügiges Angebot an. Sie lieh mir die dringend benötigten 8.000 €, obwohl ich zunächst zögerte. Es war ein Akt der wahren Freundschaft und des Vertrauens, das sie in mich setzte. Ein Vertrauen, das mir in dieser schwierigen Zeit eine dringend benötigte Atempause verschaffte.

Gemeinsam setzten wir einen kurzen Vertrag auf, der mir erlaubte, monatlich 200 € zurückzuzahlen. Ihre Hilfe war meine Rettung, zumindest vorüberge-hend. Es war ein Akt der Großzügigkeit und des Mitgefühls, für den ich ihr zutiefst dankbar war. Diese unerwartete Unterstützung war ein Lichtblick in dunklen Zeiten und eine Erinnerung daran, wie wichtig wahre Freundschaft in schweren Zeiten ist.

Von Messe zu Messe: Erfolge und spannende Events

Dieses Jahr wurde ich auch wieder von der Sportunion Oberösterreich für das gleiche Event wie im Vorjahr gebucht: „Life am Berg" in Hinterstoder. Obwohl ich letztes Jahr kein einziges Spiel verkaufen konnte, war ich entschlos-sen, erneut teilzunehmen. Schließlich weiß man nie, welche Türen sich durch Präsenz und Werbung öffnen können. Also machte ich mich auf den Weg, eine Reise von knapp 500 Kilometern, hin und zurück.

Eine neue Messe lockte mich im Anschluss: die „Abenteuer-Outdoor" in Dresden. Trotz der weiten Fahrt von 1.100 Kilometern, hin und zurück, war es eine lohnende Reise. An zwei Tagen gelang es mir, knapp 60 Spiele zu ver-kaufen, ein Erfolg, der mich mit Stolz erfüllte und die Strapazen der Reise ver-gessen ließ.

Kaum zurück, wartete bereits das nächste Highlight: die „Sport & Fun" Messe in Ried in Oberösterreich. Mein Stand war stets belagert, und dieses Mal konnte ich über 100 Spiele verkaufen! Die Freude über den Erfolg wurde je-doch durch die Realität des Unternehmertums gedämpft: Die zahlreichen wartenden Rechnungen verlangten nach Begleichung und erinnerten mich daran, dass der Erfolg oft mit finanziellen Verpflichtungen einhergeht.

Im April durfte ich noch bei zwei weiteren aufregenden Events teilnehmen: der „U-Tour" in Innsbruck und dem „Trendsporttag" in Wels, beide organisiert von der Sportunion. Und immerhin konnte ich hier an beiden Tagen ein paar Spiele verkaufen.

Im Mai kehrte ich zurück nach Wörgl, Tirol, um Bassalo erneut bei der Vereinsvorstellung zu präsentieren, in der Hoffnung, neue Mitglieder zu gewinnen.

Doch das Highlight des Monats war zweifellos das Shooting für neue Action-Bilder. Selbst ein fünfjähriger Junge beteiligte sich, und was zunächst wie eine zu große Herausforderung schien, entpuppte sich als Triumph, als der Kleine seine Fähigkeiten als wahrer „Bassalo-Meister" unter Beweis stellte.

Ein Kampf um Zahlungen und knappe Kassen

Finanziell war es jetzt seit dem Kredit meiner guten Freundin gar nicht so schlecht gelaufen. Nachdem sie mir großzügig finanziell unter die Arme gegriffen hatte, schien es zunächst bergauf zu gehen. Doch die Last der Verpflichtungen ließ nicht nach.

Die letzte Zahlung von 1.100 € für den deutschen Netzwerkpartner markierte einen Meilenstein. Endlich war diese langwierige Angelegenheit abgeschlossen. Zwei Jahre lang hatte ich gebraucht, um knapp 3.000 € zurückzuzahlen. Eine Zeitspanne, die meine finanzielle Misere deutlich verdeutlichte.

Doch die Rechnungen hörten nicht auf. Das Finanzamt forderte weitere 800 €, und die steigenden Beiträge zur Sozialversicherung machten die Lage nicht einfacher. Mietzahlungen häuften sich an, und ich geriet in Rückstand. Mein Dauerauftrag für die Miete hatte ich storniert, denn ich konnte nie garantieren, dass ich rechtzeitig zahlen konnte. Die Miete für Dezember 2013 und Januar 2014 zahlte ich erst im Februar. Und im März zahlte ich die Miete von Februar.

Ich war so knapp bei Kasse, dass ich sogar immer wieder vom Sparbuch etwas abheben musste. Und das war nicht viel. Ich hatte seit Beginn jeden Monat 20 € darauf überwiesen. Letztes Jahr musste ich dann schon einmal die ersten 290 € abheben. Dann kamen bis Juni wieder 80 € drauf, die ich dann auch wieder abheben musste, und so ging das immer wieder. Einmal bin ich extra hingefahren, um nur 20 € abzuheben, damit ich zumindest etwas Bares im Geldbeutel hatte und Essen kaufen konnte!

Ich hatte auch noch den Privatkredit meiner Freundin abzubezahlen. Es waren nur 200 €, diese wollte ich aber unbedingt immer pünktlich zahlen. Zumindest ging es sich meistens aus.

Neue Partnerschaft für meine Workshops

Auf der Spielmesse in Innsbruck habe ich eine interessante Begegnung gehabt. Dort lernte ich eine Frau aus Tirol kennen, die nebenbei als Zumba-Trainerin arbeitet und auch Workshops in Schulen gibt. Wir kamen ins Gespräch, und sie zeigte Interesse daran, mir bei meinen Bassalo-Workshops zu helfen. Das war eine willkommene Möglichkeit für mich, denn ich hatte schon länger darüber nachgedacht, wie ich die Promotion meiner Workshops und die Durchführung in Schulen verbessern könnte.

Ihre Bereitschaft, mir zu helfen, war ein echter Glücksfall. Durch ihre Unterstützung konnte ich Workshops in Tirol durchführen, die über das Schulsportserviceportal gebucht wurden. Das entlastete mich enorm und gab mir die Möglichkeit, mich auf andere Aspekte meines Geschäfts zu konzentrieren. Da sie aus einer anderen Region Tirols kam, konnten wir die Schulen nun besser aufteilen. Anfragen von Schulen, die weiter entfernt waren und zu hohe Fahrtkosten bedeutet hätten, konnte sie übernehmen.

Es fühlte sich an, als hätte ich plötzlich einen Partner, der mir half, meine Vision zu verwirklichen. Es war zwar kein Mitarbeiter im klassischen Sinne, aber ihre Unterstützung war dennoch eine große Erleichterung.

Vollgas für BASSALO

Der Juni markierte einen Wendepunkt in meinem beruflichen Leben. Ich entschied mich dazu, meine Tätigkeit als Leiter der Animation im Hallenschwimmbad zu beenden. Warum? Weil ich vorhatte, mich voll und ganz meinen anderen Projekten zu widmen, die in den kommenden Monaten anstanden. Die bevorstehenden Messen und Veranstaltungen erforderten meine volle Aufmerksamkeit, ebenso wie die steigende Nachfrage nach Aktivitäten im Klettergarten mit dem wärmeren Wetter. Vor allem aber hatte ich den Entschluss gefasst, mich ausschließlich auf BASSALO zu konzentrieren und keine anderen Jobs mehr anzunehmen.

Früher hatte ich immer zusätzliche Beschäftigungen für die Wintermonate gesucht, um finanzielle Sicherheit zu haben. Doch dieses Mal war ich fest entschlossen, mich ganz auf mein Spiel zu konzentrieren und darauf zu vertrauen, dass es erfolgreich sein würde. Mein Herz schlug stets für BASSALO, und jeder Tag, den ich nicht daran arbeiten konnte, fühlte sich wie verlorene Zeit an. Jetzt war die Zeit gekommen, mich zu 100 % meinem Spiel zu widmen, damit ich auch zu 100 % erfolgreich sein konnte.

Gelegentlich konnte ich weiterhin Aqua-Fitness-Kurse geben, was nicht nur eine willkommene körperliche Betätigung war, sondern auch dazu beitrug, meine eigene Fitness aufrechtzuerhalten. Dennoch lag mein Fokus zu 99 % auf der Entwicklung und dem Erfolg von BASSALO.

Eine Tour voller Abenteuer, Promotion und wenig Schlaf

Ende Juni stand eine epische Tour an! Am 22. Juni brach ich um 10 Uhr morgens auf nach Kiel. Das waren fast 1.000 Kilometer! Denn dort fand die Kieler Trendsportwoche statt. Als ich dieses Event im Internet entdeckte und erfuhr, dass die Organisatoren mir eine Aufwandsentschädigung zahlen würden, um mein Spiel zu promoten, war ich sofort Feuer und Flamme! Geld verdienen, um mein Spiel voranzutreiben? Da musste ich einfach dabei sein, dachte ich mir. Immerhin wären die Fahrtkosten und die Unterkunft dort schon damit bezahlt.

Die zwölfstündige Fahrt war eine Herausforderung für mich. Ich erinnere mich noch daran, dass ich nur zwei oder dreimal anhielt, um auf die Toilette zu gehen. Essen und Trinken gab es im Auto! Was für eine Reise!

Ich war noch nie so weit im Norden unterwegs gewesen. Okay, letztes Jahr war ich in Stralsund an der Ostsee, aber jetzt stand ich an der Nordsee. Vier Tage lang hatte ich meinen Stand direkt an der Promenade in Kiel. Hinter mir das Meer und vor mir eine ausreichend große Spielfläche. Abends war stets Party angesagt; es herrschte reges Treiben! Ein Massenaufmarsch, der seinesgleichen suchte! Und am nächsten Tag begann der Trubel immer gegen 13 Uhr und dauerte bis abends, je nach Lust und Laune. Meistens bis 19 Uhr, denn zu diesem Zeitpunkt strömten die Menschenmassen in meinen Stand hinein, weil kein Platz mehr vorhanden war.

Da ich mal wieder knapp bei Kasse war (wie immer), erzählte ich mein kleines Problem dem freundlichen Organisator vor Ort. Er lud mich spontan ein, in seinem Boot zu übernachten, das er zusammen mit seiner Freundin am Hafen bewohnte. Eine Übernachtung direkt am Hafen! Ich verbrachte also 1-2 Nächte in einer gemütlichen Kajüte!

Einmal wurden alle Aussteller zu einer Tour auf einem großen Holz-Segelschiff aufs Meer eingeladen. Von dort aus konnten wir nach dem Essen das Feuerwerk am Ufer bewundern. Ein unvergessliches Erlebnis!

Verkaufen konnte ich immerhin 40 Spiele an den vier Tagen. Für den Besucherstrom war es nicht sehr viel, doch immerhin war die Reise an sich nicht ganz umsonst. Denn die Aufwandsentschädigung von 1.000 € war mir bereits sicher und ich hatte dort sehr viel Spaß und neue Erfahrungen machen dürfen.

Am 26. Juli, gleich nach dem letzten Tag, fuhr ich von Kiel nach Berlin weiter, denn dort fand gleich am nächsten Tag wieder die "YOU" Messe statt. Nach den vier Tagen ging es also gleich für drei Tage in Berlin weiter. Meine

Beine konnten schon fast nicht mehr und meine Arme waren schwach durch das ganze Spielen. Am ersten Messetag fuhr ich ganz früh hin, um meinen Stand rechtzeitig aufbauen zu können. Und so spielte ich drei Tage lang in Berlin weiter und versuchte hier mein Glück, so viele Spiele wie möglich zu verkaufen. Doch viel verkaufen konnte ich leider wieder nicht.

Nach acht langen und anstrengenden Tagen konnte ich schließlich am neunten Tag endlich zurück nach Hause fahren. Ich war völlig erschöpft! Doch anstatt sich auszuruhen, saß ich am nächsten Morgen bereits um 7 Uhr wieder im Auto, um zu einem Workshop in einer Schule zu gelangen! Und am Tag darauf ging es weiter nach Salzburg zum "Trendsportfestival", wo ich mir die Kosten für eine Unterkunft sparen wollte und daher täglich hin und zurückfuhr. Diese ging nämlich drei Tage lang.

Nach diesen drei Tagen war ich direkt wieder im Einsatz im Waldseilgarten, und am darauffolgenden Tag reiste ich nach München zum "Münchner Sportfestival" (am 6. Juli). Insgesamt war ich bereits 15 Tage lang unterwegs, ohne auch nur einen einzigen Tag wirklich frei zu haben (Kiel, Berlin, Workshop, Salzburg, Klettergarten und München)! Rückblickend frage ich mich, wie ich das überhaupt durchhalten konnte. Heute wäre ich wohl tod umgefallen.

Es ist kein Wunder, dass ich letztes Jahr an Neurodermitis litt, angesichts dieser immensen Arbeitsbelastung und des Stresses. Es grenzt fast an ein Wunder, dass es jetzt verschwunden war! Doch in solchen Momenten war ich voller Adrenalin und konnte einfach nicht aufhören zu arbeiten.

Viele Events, Enttäuschungen und erfolgreiche Workshops

Im Juli und August, während der Schulferien, war mein Terminkalender wieder randvoll mit Arbeit im Waldseilgarten und Events in verschiedenen Ferienbetreuungen, bei denen ich meine "Spielevents" anbot. Am 19. Juli stand ich erneut in Rosenheim, diesmal bei einem offiziellen Event namens "Bayern spielt in Rosenheim". Doch leider war die Veranstaltung kaum besucht. Eine weitere Enttäuschung, aber ich ließ mich davon nicht unterkriegen.

Im August ging es für drei Tage nach München zum "Lilalu" Spielefestival. Jeden Tag machte ich mich auf den Weg, und abends kehrte ich erschöpft zurück. Trotz harter Arbeit und großer Hitze konnte ich hier kaum Spiele verkaufen. Es war frustrierend, so viel Energie investiert zu haben und dennoch wenig Erfolg zu sehen.

Gegen Ende des Monats reiste ich nach Wien und St. Pölten, um Workshops abzuhalten. Einmal unterrichtete ich eine Schulklasse, und dann leitete ich eine Fortbildung für Sportlehrer an der Pädagogischen Hochschule. Wie immer kam Bassalo gut an und erfreute sich großer Beliebtheit.

Diese Monate zeigten mir, dass es neben den enttäuschenden Events auch immer wieder erfolgreiche gab. Es waren lehrreiche Erfahrungen, die mir halfen, mich weiterzuentwickeln und meine Ziele nicht aus den Augen zu verlieren.

Neue Spiele im Sortiment

Mit meinen „Spieleevents" hatte ich ja bereits zwei Spiele im Sortiment. Wobei ich hier nur eines davon weiterverkaufte, aber beide für die Events nutzte. Eines war ein großes Sportgerät, welches auch viel zu teuer wäre. Es heißt "Six Cup". Das andere war ein lustiges Würfelspiel, ähnlich dem Boccia, nur eben mit Würfeln zum Zählen. Es nennt sich "Sokieba". Dieses kaufte ich zum Händlerpreis ein und verkaufte es hier und da weiter.

Jetzt holte ich mir zwei neue Spiele ins Boot: das bekannte "Crossboccia" und ein anderes: „Camp-Ball". Das ist wie Beachball, aber im Sitzen mit Netz. Ganz witzig, doch war es den meisten, mit ich glaube 50 €, zu teuer.

Gleich Anfang September fuhr ich nach Wels auf die „Welser Herbstmesse", um an fünf Tagen alle meine Spiele zu präsentieren. Es war gar nicht so schlecht, ich verkaufte 75 Bassalo Sets und auch einige der anderen Spiele. Es war ein großes Portfolio, als nur ein Spiel zu verkaufen. Da war für jeden was dabei! Doch wollte ich die anderen Spiele natürlich nur so nebenbei verkaufen. Denn wenn z.B. ein Besucher am Stand zu jung war und es zu lange dauern würde, mein Bassalo-Spiel zu erklären, zeigte ich denen die zwei "Boccia" Spiel-Varianten. Somit konnte ich wenigstens hier leichter und schneller was verkaufen.

Sieben Tage in Wien: Vielseitige September-Tour

Im September war mein Kalender vollgepackt mit Aktivitäten und Events. Neben meiner Teilnahme am "Tag des Sports" in Wien, bei dem ich erfolgreich einige Sets verkaufte, nutzte ich auch die Gelegenheit, einen Workshop in einer Schule abzuhalten. Doch das war noch nicht alles. Ich nahm auch an zwei Firmen-Events eines Freundes teil, den ich noch aus meiner Ausbildungszeit kannte. Diese Veranstaltungen waren nicht nur eine Gelegenheit, Bassalo zu promoten, sondern auch eine Chance, mich mit anderen Menschen zu vernetzen und neue Möglichkeiten zu entdecken.

Besonders erfreulich war die Tatsache, dass ich bei meinen Wien-Besuchen regelmäßig die Chance bekam, bei seinen Teamevents mitzuwirken. Hier durfte ich oft die Bassalo-Station leiten und hatte so die Möglichkeit, mir etwas dazu zu verdienen.

Im Rahmen meiner geschäftlichen Aktivitäten wagte ich mich erstmals auf die "Interpädagogica" Messe. Allerdings nicht als unabhängiger Aussteller, sondern als Partner und Mitaussteller des "Bewegungskaisers Niederösterreich". Diese Zusammenarbeit ermöglichte es mir, mein Spiel an den verschiedenen Veranstaltungsorten des Bewegungskaisers in Niederösterreich zu präsentieren.

Der Organisator dieses Projekts bot mir sogar die Möglichkeit, mich persönlich auf der Messe zu präsentieren und für mein Spiel in seinem Programm zu werben. Es war zwar nicht "the yellow of the egg", da ich ja keinen eigenen Stand hatte, aber ich konnte mir somit schon einen guten Eindruck von dieser Messe machen, die mir schon seit längerem ins Auge gefallen war.

Schulworkshop-Marathon: Mein normaler Alltag

Der Monat September brachte eine Flut von Schulworkshops mit sich, die meinen Kalender bis Dezember füllten. Jeder Tag war mit Terminen gepackt, und ich war ständig unterwegs. Lass mich dir einen typischen Tag mit Workshops schildern, um dir einen Eindruck zu vermitteln:

Der Tag begann früh um 7:45 Uhr mit einem Workshop in einer Schule, die fast eine Stunde von meinem Wohnort entfernt lag. Nach einer Doppelstunde intensiver Arbeit fuhr ich direkt weiter zur nächsten Schule, um meinen nächsten Workshop abzuhalten.

Dort angekommen, setzte ich meine Präsentation fort, diesmal von 11:30 Uhr bis 13:10 Uhr. Nach dem Ende des Workshops war es an der Zeit, denselben Weg wieder Richtung nach Hause zu fahren, um pünktlich zum nächsten Termin zu gelangen.

Um 15:45 Uhr begann dieser nämlich schon in der Nähe der vorherigen Schule, wo ich morgens angefangen hatte. Die Zeit verstrich schnell, während ich mein Bestes gab, um die Schüler zu motivieren und zu inspirieren.

Nach diesem arbeitsreichen, vollgepackten Tag folgte um 17:30 Uhr der Start mit Bassalo im Verein in Kufstein oder die Rückkehr nach Hause, um weitere Arbeit zu erledigen. So oder so ähnlich gestalteten sich die Tage, an denen ich nicht auf Messen, Fortbildungen oder anderen Events unterwegs war.

Es war eine Herausforderung, diese straffen Zeitpläne einzuhalten, aber ich war bereit, alles zu geben, um meine Workshops erfolgreich zu gestalten und meine Leidenschaft für Bassalo zu teilen. Und obwohl es anstrengend war, war es zugleich erfüllend, mein Wissen und meine Begeisterung mit anderen zu teilen.

Endspurt 2014

Ende Oktober brach ich nach Erfurt auf, um an der „Sport-Aktiv" Messe teilzunehmen. Die Vorfreude war groß, denn es sollte eine bedeutende Veranstaltung sein. Doch diesmal wollte ich mehr als nur meine Spiele präsentieren. Ich packte eine Menge dieser besonderen Schokoladen ein, von denen ich gehört hatte, dass sie nicht nur köstlich sind, sondern auch der Umwelt zugute kommen. Für jede verkaufte Tafel würde ein Baum gepflanzt werden. Das klang nach einer großartigen Idee, und ich hoffte, dass es den Besuchern gefallen würde.

Die Tage vergingen wie im Flug, während ich meine Spiele präsentierte und die Besucher zum Staunen brachte. Die Schokolade erwies sich als echter Anziehungspunkt, lockte Leute an meinen Stand und sorgte für angeregte Gespräche. Doch trotz der Begeisterung blieb der Verkauf etwas hinter meinen Erwartungen zurück. Nur 40 Spiele wechselten in zwei Tagen den Besitzer, und ich konnte nicht umhin, ein wenig enttäuscht zu sein.

Kaum war ich zurück, begann der Alltag wieder mit Schulworkshops und einem letzten Einsatz im Waldseilgarten für dieses Jahr. Die Arbeit endete jedoch nicht dort. Drei weitere Events standen noch bevor, und ich spürte die Spannung steigen:

Zuerst die „Spiel-Aktiv" Messe in Innsbruck Ende November. Ich war gespannt darauf, wie meine Spiele dort ankommen würden und hoffte auf einen erfolgreichen Verkauf. Immerhin konnte ich 30 Sets absetzen, was ein ermutigendes Ergebnis war.

Dann folgte die „Boot und Fun" Messe in Berlin. Mit hohen Erwartungen und einer langen Anreise von 700 Kilometern war ich dort. Trotz intensiver Arbeit an meinem Stand und einem beeindruckenden Angebot konnte ich jedoch nur 40 Sets verkaufen. Für den Aufwand und die Kosten war das Ergebnis ernüchternd.

Das letzte Event des Jahres war ein Promotion-Stand im Einkaufszentrum von Kufstein, und es war an einem kalten Dezembertag. Doch trotz der winterlichen Kälte versuchte ich, die Menschen zu begeistern und meine Spiele anzubieten. Es war eine Herausforderung, aber ich gab mein Bestes, um das Jahr mit einem erfolgreichen Abschluss zu krönen.

Spannender Winterjob als Turntrainer

Der Winter brachte eine unerwartete Wende in meinem beruflichen Leben. Obwohl ich fest entschlossen war, mich ausschließlich auf mein Spiel zu konzentrieren, bot sich mir eine verlockende Gelegenheit. Ein Job als Turntrainer an einer nahegelegenen Volksschule kam plötzlich auf meinen Radar - ein Angebot, das ich nicht einfach ignorieren konnte. Trotz der fast 95 Kilometer Hin- und Rückweg war die Bezahlung großzügig und die Aussicht darauf, mit den Kindern Bassalo zu spielen und ihre Eltern für mein Spiel zu begeistern, äußerst verlockend. Außerdem war es nur einmal pro Woche, jeden Dienstag für 50 Minuten. Es schien fast zu gut, um wahr zu sein! Das musste ich ja fast annehmen!

Finanzielle Achterbahn: Ein Jahr im Kampf mit den Mietzahlungen

Das Jahr neigte sich dem Ende zu, und ich konnte nicht behaupten, dass es finanziell reibungslos verlaufen war. Wieder einmal hing ich mit den Mietzahlungen für meine Wohnung hinterher. Ein Problem, das mich bereits zu Beginn des Jahres belastete. Im Juli beglich ich die Miete für Juni, doch die Mieten für September, Oktober und November verzögerten sich bis November und Dezember. Es fühlte sich an, als wäre ich ständig im Rückstand, und jedes Treffen mit meinen Mietern im Haus war von einer unangenehmen Atmosphäre geprägt. Sie wohnten direkt unter mir in dem zweistöckigen Haus, und obwohl unsere Beziehung im Allgemeinen angenehm war, war es für mich frustrierend, sie immer wieder vertrösten zu müssen.

Das Problem war meine unregelmäßige Einkommensquelle. Ich konnte nie genau vorhersagen, wann Geld hereinkommen würde, geschweige denn, wie viel es sein würde. Und wenn es dann doch auf meinem Konto landete, musste ich sorgfältig abwägen, welche Rechnungen ich zuerst begleichen sollte. Welche waren dringend? Welche würden hohe Strafen oder Kosten verursachen, wenn ich sie vernachlässigte? Und vor allem, welche Ausgaben waren unerlässlich, um mein Geschäft am Laufen zu halten - sei es das Benzingeld für Messen und Workshops oder die Handyrechnung für geschäftliche Anrufe. Die

Unsicherheit und die ständige Balancierung zwischen Zahlungen waren eine permanente Belastung, die meine Nerven strapazierte und meine finanzielle Situation instabil machte.

Finanzielle Jonglierkunst

Das Jahr brachte wieder die übliche Notwendigkeit mit sich, neue Becher und Bälle nachzubestellen. Ein Akt, der zur Routine geworden war, aber dennoch eine Quelle permanenter Herausforderungen darstellte. In der Regel verlangten die Lieferanten im Voraus Zahlungen, besonders bei Geschäften mit China, wo ein solcher Ansatz üblich war, um sicherzustellen, dass die Ware tatsächlich verschickt wurde. Doch durch meinen engen Draht zu den Herstellern konnte ich erreichen, dass die Zahlungen in zwei Teilen geleistet werden konnten.

Dennoch blieb die Situation immer kritisch. Es erforderte ständiges Kratzen an den finanziellen Reserven, um die erforderlichen Beträge aufzubringen. Oftmals mussten längst überfällige Rechnungen verschoben werden, um genug Kapital für neue Bestellungen zu haben. Denn ohne Ware gab es keine Verkäufe, und ohne Verkäufe kein Geld, um die überfälligen Rechnungen zu begleichen.

Wenn mein Girokonto nicht ausreichend gedeckt war, blieb mir keine Wahl, als wiederholt auf meine Kreditkarte zurückzugreifen. Doch dies hatte seinen Preis, denn jede Abhebung von bis zu 400 € kostete mich stolze 12 € Gebühren. Zudem war das Limit meiner Karte auf 1.000 € begrenzt. Ähnlich gestaltete sich die Situation beim Tanken, wo ich gezielt Tankstellen aufsuchte, die Kreditkartenzahlungen akzeptierten. Schließlich konnte niemand vorhersagen, wie die finanzielle Lage in einem Monat aussehen würde, wenn alle Rechnungen fällig wurden.

Ich fühlte mich wie ein Zauberkünstler der Zahlungen, der ständig jonglierte, um alles am Laufen zu halten. Glücklicherweise hatte ich immer das Wohlwollen treuer Lieferanten auf meiner Seite. Doch auch die zweite Hälfte der Rechnungen musste irgendwann beglichen werden, und das Spiel begann von

Neuem. Erst nachdem ich andere Verpflichtungen erfüllt hatte, konnte ich meinem Becher- und Ballhersteller die restliche Summe überweisen.

Doch solange ich von mir aus den Kontakt suchte und meine Zahlungsbereitschaft zeigte, war die Lage meistens nicht so schlimm. Viele meiner Geschäftspartner zeigten Verständnis und Mitgefühl für meine Situation. Oft zahlte ich zumindest einen kleinen Betrag, um meine Ernsthaftigkeit zu demonstrieren. Denn schlimmer als eine verspätete Zahlung war es, sich gar nicht zu melden und die Rechnungen unbeachtet zu lassen.

Das Geschäftsjahr 2014

Dieses Jahr war für mich wirtschaftlich betrachtet ein wahrer Höhenflug, wenn auch ein bescheidener. Meine Selbständigkeit schien endlich Früchte zu tragen, ein kleiner Gewinn, aber ein Fortschritt im Vergleich zum Vorjahr. Mein „Bassalo-Mobil" wurde zum Symbol meines unermüdlichen Einsatzes, durch das ich noch mehr Kilometer zurücklegte als je zuvor.

Besonders die Schulworkshops erwiesen sich als Goldgrube, eine Einnahmequelle, die ich vorher nicht für möglich gehalten hätte. Sie verliehen meinem Umsatz Flügel, ließen ihn steigen und steigen (inklusive Workshops, Spielevents und Abenteuern im Klettergarten). Ich überschritt die magische Umsatzgrenze von 30.000 € und wurde damit offiziell zum „Großunternehmer". Eine Ehre, die sich jedoch in meinem Alltag kaum bemerkbar machte.

Der Umsatz durch den Verkauf von Bassalo blieb im Vergleich zum Vorjahr etwa gleich. Doch ich konnte einige neue Händler gewinnen, insgesamt acht an der Zahl. Nicht die großen Namen, sondern kleinere Unternehmen, darunter der Intersport in Kufstein, zwei lokale Läden, zwei Eventpartner und zwei Firmen aus Deutschland. Nicht viel auf den ersten Blick, aber ein Schritt in die richtige Richtung.

So setzte sich mein Umsatz zusammen:

- Die Mehrheit kam von Privatkunden, die mein Produkt schätzten und unterstützten.
- Die Schulen trugen ebenfalls erheblich dazu bei, nicht nur durch den direkten Verkauf der Sets, sondern vor allem durch die lukrativen Workshops.
- Die Händler steuerten ihren Anteil bei, wenn auch bescheiden.
- Und auch verschiedene Vereine leisteten ihren Beitrag, wenn auch in kleinerem Maßstab.

Zusammenfassung 2014

Dieses Jahr war eine regelrechte Achterbahnfahrt für mich, geprägt von unerbittlicher Arbeit und kaum einer Verschnaufpause. Urlaub? Ein seltener Luxus, der mir kaum vergönnt war. Vielleicht ein bis drei Tage im Monat, und selbst dann verbrachte ich sie damit, zu Hause zu arbeiten und mich der Büroarbeit zu widmen.

Die wenigen Auszeiten, die ich mir gönnen konnte, waren kostbar wie Diamanten. Ein paar Tage in Südtirol hier, einige Tage durch Europa mit meiner Cousine dort, um ihr die Welt zu zeigen. Das war mein gesamter Urlaub für dieses Jahr!

Durch den Schulsportservice und das Projekt X war mein Terminkalender so prall gefüllt, dass ich allein dadurch schon einiges mehr verdienen konnte. Doch trotz all der Anstrengungen reichte es einfach nicht aus.

Und nun war ich plötzlich ein „Großunternehmer" - ein Titel, der mir zwar auf dem Papier gehörte, aber sich in meinem Alltag kaum bemerkbar machte. Ich hatte immer gedacht, ein Großunternehmer sei jemand mit einer riesigen Firma und Hunderten von Angestellten.

Meine Reisen nach Deutschland waren stets eine Mischung aus Anstrengung und Aufregung, besonders die Fahrt nach Kiel war ein wahres Abenteuer. Es ging nicht nur um den Verkauf, obwohl das natürlich oberste Priorität hatte. Es ging auch um die Menschen, die ich traf, und die wertvollen Erfahrungen, die ich dabei sammelte. Ich durfte sogar in einem Boot übernachten - eine Erinnerung, die mir noch lange im Gedächtnis bleiben wird.

Zum Glück hatte ich auch in diesem Jahr etwas Glück: Eine gute Freundin lieh mir großzügig 8.000 €, die es mir ermöglichten, einige Rechnungen und Schulden zu begleichen. Endlich konnte ich auch den gesamten Betrag für unseren deutschen Netzwerkpartner bezahlen. Ein Lichtblick in dunklen Zeiten.

Im Dezember kehrte ich schließlich wieder nach Hause zu Mutti zurück. Was für ein Segen, endlich einmal abschalten zu dürfen.

KAPITEL 6: Das Jahr 2015

Vollgas in den Start des Jahres

Während viele Menschen die ersten Tage des neuen Jahres noch in Ruhe genießen, war ich bereits am 3. Januar wieder voll im Einsatz. Diesmal mit einem Verkaufsstand im Einkaufszentrum Kufstein. Im Dezember hatte ich dort bereits einmal mein Glück versucht, doch leider war der Erfolg ausgeblieben. Dennoch wollte ich es noch einmal probieren. Ich weiß, es klingt verrückt! Die Standkosten waren zwar gering, aber mir ging es auch darum, Werbung für den Verein zu machen. Die Chance, für einen Tag und zu minimalen Kosten, wieder präsent zu sein, war mir wichtiger als zu Hause untätig zu sein. Doch auch dieses Mal blieb der Verkaufserfolg hinter meinen Erwartungen zurück.

Am 7. Januar begann mein Mittwochsabenteuer als Pisten-Clown erneut! Eigentlich wollte ich das nicht mehr machen, zumindest nicht in dieser festen Anstellung und zu diesem Lohn, auch wenn er nicht schlecht war. Doch im Grunde ging fast der ganze Tag verloren, selbst wenn ich "schon" um 15 Uhr zu Hause war. Dieses Mal lief die Arbeit jedoch nicht mehr über eine Agentur wie damals, sondern direkt mit der Skischule. Der Betreiber fand mich so toll, dass wir uns auf eine gute finanzielle Vereinbarung einigen konnten. Jetzt konnte ich jedes Mal stolze 100 € abrechnen, und das für ganze zwei Stunden tatsächlicher "Arbeit", plus das Mittagessen. Das war ein Anreiz, es wieder zu tun! Und das Beste daran war, dass ich jedes Mal sofort die Rechnung mitnehmen und bar bezahlt werden konnte. Da hatte ich gleich wieder etwas im Geldbeutel!

Bis Ende Januar hatte ich ganze 25 Workshops in Schulen absolviert. Davon waren drei Schulen in Wien. In einer dieser Schulen hatte ich sogar acht Turnstunden hintereinander mit acht verschiedenen Klassen!

Diese Reise nach Wien verband ich gleich mit einem Besuch auf der Ferienmesse. Hier hoffte ich, Kontakte zu knüpfen und darauf, dass ein

Reiseveranstalter oder ein Reisebüro mein Spiel toll finden würde. Doch leider gestaltete sich das schwierig, und ich hatte kein Glück.

Donnerstags stand weiterhin das Training im Bassalo-Verein in Kufstein auf dem Programm, und dienstags die bewegte Turnstunde in dem Ort, wo ich mich als Turntrainer habe anstellen lassen. Ein straffes Programm, das mir im Januar viel abverlangte!

Mein 20 Tage-Marathon

Im März war ich wieder auf Achse, voller Energie und Tatendrang. Die Reise begann mit einem Abstecher nach Dresden zur „Abenteuer Outdoor" Messe. Dort war mein Stand ein Magnet für Abenteuerlustige und Spielebegeisterte. Inmitten des Messe-Trubels gelang es mir, sage und schreibe 70 Spiele zu verkaufen. Doch kaum war die Messe vorbei, begann mein nächstes Abenteuer - Schulworkshops. Ohne Zeit zum Ausruhen, ohne Verschnaufpause ging es direkt weiter. Tag für Tag stand ich vor den Schülern, brachte ihnen Spaß und Bewegung. Ein intensiver Rhythmus, der mir keine Atempause gönnte.

Nach diesem Marathon von Schulsworkshops war die „Sport & Fun" Messe in Ried in Oberösterreich mein nächstes Ziel. Die Messehalle pulsierte vor Leben, und ich mittendrin. Mit Begeisterung und Überzeugung gelang es mir, 90 Spiele zu verkaufen. Doch die Freude über den Erfolg wurde gleich wieder von der Verantwortung abgelöst. Kaum war die Messe vorbei, ging es zurück in den Schulalltag. Ohne Pause, ohne Verschnaufpause, stürzte ich mich in neue Workshops, um die Schüler zu begeistern und zu inspirieren.

Der Kalender zeigte, dass seit dem letzten freien Tag am 1. März ganze 20 Tage verstrichen waren. Doch das nächste freie Wochenende ließ noch auf sich warten, bis zum 21. März. 20 Tage lang hatte ich Vollgas gegeben, ohne Rast, ohne Pause. Doch selbst an den vermeintlich freien Tagen blieb die Arbeit nicht liegen. Stattdessen nutzte ich sie, um mich den Büroaufgaben zu widmen, die in der Hektik des Alltags oft zu kurz kamen.

Im April war der Terminkalender etwas weniger vollgepackt, doch eine Messe stand dennoch auf dem Programm - die „Marketing-Messe" in Wien. Die Hoffnung auf neue Kontakte und Geschäftsmöglichkeiten begleitete mich auch hier, doch die Realität enttäuschte. Trotz aller Bemühungen und Überzeugungskraft blieb der erhoffte Erfolg aus.

Frühlingserwachen: Klettergarten und neue Freiheiten

Der Frühling brach erneut an, und mit ihm begann meine Zeit im Klettergarten. Es war ein Segen, dass ich dort erneut an den Wochenenden arbeiten durfte. Die kurze Fahrt von nur zehn Minuten mit dem Auto und der anschließende zehnminütige Spaziergang vom Parkplatz waren ein Genuss. Es war magisch, morgens dort zu sein, wenn die Natur noch frisch und lebendig war.

Meine Aufgabe war klar: die Gäste begrüßen, sie einweisen und ihnen zeigen, wie sie sich an den Bäumen und zwischen den Übungen sichern sollten. Sobald sie ihre Klettergurte angelegt hatten und den Übungsparcours am Boden erfolgreich absolviert hatten, konnten sie sich frei zwischen den Bäumen bewegen. Es war ein erhebendes Gefühl, die Freude und Aufregung der Gäste zu sehen, wenn sie sich in die Höhe wagten und die Herausforderung meisterten.

Im Mai endete auch meine Tätigkeit als Turntrainer für eine die Sportgruppe, bei der ich mich dienstags engagiert hatte. Das Schuljahr fast vorbei und meine Ideen hierfür langsam erschöpft, fühlte ich mich nicht mehr motiviert. Ich war schließlich kein ausgebildeter Turnlehrer oder Übungsleiter – ich war der Erfinder von Bassalo!
Und auch das Ende meiner Arbeit als Pisten-Clown ermöglichte es mir, mehr Zeit für mein eigenes Geschäft zu haben, und das war genau das, was ich brauchte.

Atempause in Schottland

Im Juni bot sich endlich die Gelegenheit für eine Auszeit, und ich nutzte sie, indem ich nach Schottland flog, um meinen brasilianischen Freund zu besuchen.

Er war ein wahrer Lebensretter, indem er mir seine Freiflugmeilen gab und sogar den Rest meines Fluges bezahlte. Ein solches Geschenk war für mich wie ein Wunder, das mich aus meiner finanziellen Notlage befreite. In Schottland brauchte ich mir auch keine Gedanken um Geld zu machen, denn wir verbrachten die meiste Zeit zu Hause oder er lud mich großzügig ein.

Die frische Brise und die weiten Landschaften Schottlands hatten eine heilende Wirkung auf mich, als würden sie all meinen Stress und meine Sorgen einfach wegblasen. Es war ein kostbares Geschenk, einmal weit weg vom hektischen Alltag zu sein und die Seele baumeln zu lassen.

Erfolge auf ganzer Linie

Nach meinem unvergesslichen Schottland-Urlaub brachten endlich wieder gute Nachrichten frischen Wind in mein Leben! Kaum war ich zurück, erhielt ich einen Termin bei einem renommierten Schulsporthändler in Österreich. Die Aufregung und Nervosität waren kaum auszuhalten, denn ich hegte große Hoffnungen, dass sie mein Spiel in ihr Sortiment aufnehmen würden.

Das Treffen fühlte sich an wie ein Vorstellungsgespräch, und ich muss zugeben, es war ziemlich unangenehm. Doch die Aussicht darauf, dass mein Spiel möglicherweise in den Schulsportkatalog aufgenommen werden könnte, ließ mich meine Zweifel überwinden. Sie zeigten Interesse, allerdings unter der Bedingung, dass der Preis stimmen müsste, da sie jährlich etwa 1.000 Einheiten absetzen wollten.

Nach einem ausführlichen Gespräch einigten wir uns auf einen Großhandelspreis, der für mich zwar schmerzhaft war, aber ich sah es als eine Investition in die Zukunft. Mein Spiel wäre in deren Katalog präsent, eine Werbung, die unbezahlbar war. Bei der ersten Bestellung orderten sie gleich 100 Sets, und obwohl die erhofften 1.000 Einheiten nicht erreicht wurden, bin ich dennoch dankbar dafür, dass mein Spiel in ihrem Sortiment gelistet ist und präsentiert wird.

Nach diesem erfolgreichen Treffen erreichte mich plötzlich eine Nachricht von einem Herrn aus Wien, genauer gesagt aus Tirol, wo seine Tochter zur Schule ging. Es stellte sich heraus, dass er meinen Flyer entdeckt hatte, den seine Tochter aus der Schule mitgebracht hatte. Die Begeisterung seiner Tochter für Bassalo hatte ihn dazu bewegt, Kontakt aufzunehmen. Sein Anliegen war klar: Er wollte 500 Sets mit dem Logo seiner Organisation bedruckt erwerben. Ich war überwältigt von dieser unerwarteten Nachricht und freute mich über diesen plötzlichen Großauftrag.

Am 5. Juni stellte ich ihm die Rechnung über die ersten 50 % des Auftrags aus. Dieser Auftrag sollte einem wohltätigen Projekt zugutekommen, das ihm am Herzen lag. Er plante, die Spiele weiterzuverkaufen, wobei die Hälfte des Erlöses für die Produktionskosten, sprich meine Rechnung, und die andere Hälfte für eine Familienstiftung bestimmt war. Da ich ohnehin neue Becher für meine Produktion benötigte, entschied ich mich, auch seine 1.000 Becher mitzubestellen, um ihm ein günstigeres Angebot machen zu können. Schließlich war es für einen guten Zweck.

Genau wie damals mit dem Bauunternehmer im Jahr 2012, entschloss ich mich auch diesmal, persönlich nach Wien zu fahren. Unser Ziel war es, das Spiel bei seinem Sommerfest vorzustellen und ein kleines Bassalo-Turnier zu veranstalten. Die Resonanz war überwältigend: Die Leute stürzten sich auf das Spiel, hatten Spaß und zeigten großes Interesse. Es war ein voller Erfolg, der mich mit Stolz erfüllte und meine Überzeugung in Bassalo als Spiel stärkte.

Eine wilde Party mit Bassalo?

Im Juni dieses Jahres wagte ich mich auf ein völlig neues Terrain: die „Medi Meisterschaften" in der Nähe von Göttingen. Diese Veranstaltung glich einer ausgelassenen Party für Medizinstudenten, vergleichbar mit der berühmten Love-Parade in Berlin. Anfangs war ich voller Vorfreude: Alle waren Studenten, und nach ein paar Drinks würden sie sicher mein Spiel spielen und kaufen. Schließlich war es ein Spiel für Studenten - ich selbst hatte es ja damals gespielt. Doch meine Erwartungen wurden schnell enttäuscht. Stattdessen drehte sich alles um Alkohol und Feierei!

Nach ein paar Stunden an meinem Stand wurde mir klar, dass meine Annahmen falsch waren. Ich begann sogar selbst etwas zu trinken, während ich meinen Stand abbaute.

Letztendlich entschied ich mich dazu, dem Beispiel der anderen zu folgen und mich komplett dem Fest zu widmen. Warum nicht? Auch ich wollte meinen Spaß haben!

Eine aufregende Tour durch Deutschland & Österreich

Dieses Jahr bot sich mir erneut die Gelegenheit, zur Kieler Woche zu fahren. Mit einem Angebot von 1.000 € in der Tasche machte ich mich also auf den Weg. Und diesmal lief es besser: Über die vier Tage hinweg verkaufte ich stolze 80 Sets – eine Verbesserung gegenüber dem Vorjahr!

Gleich danach ging es auch schon weiter zu einem Termin in der Nähe von Hamburg, bei einem Anbieter von Sportausrüstung für Schulen. Hier präsentierte ich Bassalo und sie stimmten zu, es in ihr Sortiment aufzunehmen. Auch wenn die Bestellungen nicht die Höchsten waren, so war es doch ein kleiner Schritt in die richtige Richtung.

Meine Reise führte mich anschließend nach Pinneberg zu einem renommierten Verein. Dort bot ich einen Workshop an, bei dem ich vielen Kindern und Jugendlichen die Grundlagen meines Spiels näherbrachte und die Teamspiele vorstellte. Das Interesse war überwältigend, und der Verein beschloss, eine Bassalo-Sektion ins Leben zu rufen. Unterstützt wurde er dabei von einem Bekannten von mir, einem „Bassalo-Enthusiasten" aus Hamburg, den ich auf der Messe in Bremen kennengelernt hatte. Mit der Gründung dieser zweiten Vereinssektion, neben der bereits bestehenden in Kufstein, war ein weiterer Meilenstein erreicht: Bassalo als Sportart wurde immer bekannter!

178

Die Reise durch Deutschland war noch nicht zu Ende. Als nächstes stand erneut die Teilnahme an der "YOU" Messe in Berlin an. Ich verlor die Übersicht darüber, wie oft ich bereits in Berlin gewesen war. Wenn ich nicht gerade auf der "YOU"-Messe ausstellte, präsentierte ich mein Spiel auf der „Boot & Fun" Messe. Ich erinnere mich jedoch daran, dass ich auf der "YOU"-Messe mein Spiel einmal für 10 € angeboten hatte, da dort fast ausschließlich Kinder und Jugendliche unterwegs waren. Selbst zu diesem reduzierten Preis kam die Reaktion eines Erwachsenen: "Was, so teuer??" Es zeigte sich, dass es unmöglich ist, es allen recht zu machen. Für manche war der Preis von 20 € super, für andere akzeptabel, während wieder andere es so günstig wie möglich haben wollten. Offensichtlich waren das die wahren Schnäppchenjäger. Zum Glück erlebte ich diese Bemerkung nicht 2012. Damals hätte mich das wahrscheinlich schnell verletzt. Doch mittlerweile hatte ich genug Erfahrung und Selbstbewusstsein gesammelt. Ich war viel unterwegs gewesen, hatte schon viele Spiele verkauft und wusste, dass der Preis angemessen war.

Dieses Jahr war es außergewöhnlich heiß, und die YOU-Messe fand im Freien statt. Grundsätzlich war das unter freiem Himmel ganz angenehm: frische Luft, Sonne. Allerdings wäre es besser gewesen, die Messe in der Halle abzuhalten. Die Hitze war so intensiv, dass man kaum fünf oder zehn Minuten in der Sonne stehen, gehen oder spielen konnte. Hinzu kam, dass an diesen Tagen kaum Besucher auf der Messe waren – das lag sicherlich am Wetter. So konnte ich in diesen drei Tagen nur fünf Spiele verkaufen! Stell dir das vor!

Nach meiner ausgedehnten Tour von Kiel über Hamburg bis hin nach Berlin war ich am Sonntag um Mitternacht endlich wieder zu Hause angekommen. Erschöpft, aber erfüllt von den Erlebnissen der Reise. Diese Tage voller Engagement und Leidenschaft hatten ihren Tribut gefordert, doch mein Herz war erfüllt von dem Stolz, Teil dieser Bewegung zu sein.

Die „Schulsportspiele" in Schwaz (Tirol) standen bevor - drei Tage voller Herausforderungen und Begegnungen. Am ersten Tag konnte ich teilnehmen, den zweiten musste ich leider absagen, da ich nach Salzburg zum „Sportfestival" fuhr. Am dritten Tag war ich dann wieder in Schwaz dabei!

Es war ein Wechselspiel aus Euphorie und Erschöpfung, aber ich wusste, dass jeder Augenblick es wert war. Die Momente der Ruhe, die ich mir zwischen den hektischen Tagen gönnte, waren wie kostbare Juwelen inmitten eines stürmischen Meeres.

Endlich, nach 17 Tagen harter Arbeit, hatte ich zwei Tage lang FREI!! Puhhh... Was für eine Tour das war! Die Emotionen brodelten in mir, eine Mischung aus Stolz, Erschöpfung und Vorfreude auf das, was noch kommen würde.

Neue Bassalo-Bälle in strahlendem Neonorange

Im Juli war es endlich soweit - die lang ersehnten neuen Bälle aus China trafen ein! Ich hatte sie in einem leuchtenden Neonorange bestellt, hell und auffällig, damit sie sich von der Umgebung abhoben und leicht wiederzufinden waren. Als ich die Verpackung öffnete und die Bälle zum ersten Mal sah, durchzuckte mich ein Gefühl der Freude und Erleichterung. Sie waren genau so, wie ich es mir vorgestellt hatte - strahlend und einladend.

Die Farbe war ein Traum, ein sattes Orange, das förmlich nach Aufmerksamkeit schrie. Ich wusste sofort, dass diese Bälle ein Hit sein würden. Ihr lebhaftes Aussehen würde sicherlich die Spieler begeistern und sie motivieren, sich voll und ganz in das Spiel zu stürzen.

Was mich besonders freute, war, dass das Material genauso hochwertig war wie bei meinen vorherigen Bestellungen. Die roten Bälle, die ich zuvor erhalten hatte, waren etwas zu dunkel gewesen und hatten nicht die Leuchtkraft, die ich mir erhofft hatte. Aber diese neuen Bälle - sie waren einfach perfekt.

Die Vorstellung, wie sie auf dem Spielfeld funkeln würden, erfüllte mich mit Vorfreude. Diese Bälle würden nicht nur das Spiel verbessern, sondern auch dafür sorgen, dass kein Ball verlorenging. Selbst wenn sie sich im Dickicht oder in dunklen Ecken versteckten, würden sie wie kleine Leuchtfeuer hervorstechen, bereit, wieder in das Spiel integriert zu werden.

Foto mit dem neuen Ball:

Die Suche nach Investoren im TV

Es war ein langer Weg, gesäumt von Hoffnungen, Enttäuschungen und hartem Durchhaltevermögen. Die Teilnahme bei "Höhle der Löwen" schien für mich lange Zeit wie ein unerreichbarer Traum, ein Sprungbrett in die Professionalität, das mir trotz aller Bemühungen verwehrt blieb. Doch war es wirklich ein Segen im Unglück?

Jahrelang hatte ich mich immer wieder beworben, jedes Mal mit der Hoffnung, dass diese Show mir den entscheidenden Schritt nach vorne bringen würde. Doch die Absagen kamen regelmäßig, und mit jeder schien ein Stück meiner Motivation zu bröckeln. Es fühlte sich an wie ein Kampf gegen Windmühlen, ein ständiges Ringen um Anerkennung und Unterstützung.

Trotz aller Enttäuschungen und Rückschläge gab ich nie wirklich auf. Jedes Mal, wenn ich eine Absage erhielt, fühlte es sich an, als würde ich erneut in den Ring steigen, bereit für den nächsten Schlag. Doch dann kam der Moment, als ich eigentlich schon aufgeben wollte. Die Erkenntnis, dass viele Kandidaten bei solchen Shows nicht einmal ihr Produkt verkauft hatten, kein Patent besaßen und nicht einmal einen Businessplan vorweisen konnten, traf mich hart. Und

181

dennoch hatte ich all das: mein Produkt, die Marke, den Businessplan und Verkaufszahlen. Trotzdem blieb die Einladung aus.

Es war frustrierend, aber irgendwo in mir schwelte noch immer die Hoffnung. Vielleicht würde es ja doch noch klappen? Die Chance bei "2 Minuten - 2 Millionen" in Österreich war ein Funke Hoffnung. Das Vor-Casting war meine Chance, meinen Traum doch noch zu verwirklichen. Als ich vor den Jury-Mitgliedern stand, war mein Herz voller Erwartung, voller Hoffnung auf eine positive Antwort. Ich präsentierte mein Spiel, erzählte von meiner Reise und spürte die Aufmerksamkeit der Jury.

Für einen Moment konnte ich mir ausmalen, wie es sein würde, später in der echten Show zu stehen, meine Idee einem breiten Publikum zu präsentieren und vielleicht sogar einen Deal abzuschließen. Doch die Realität holte mich ein, als die Absage ein paar Tage später kam. Es fühlte sich an wie ein Schlag ins Gesicht, eine bittere Ernüchterung nach all den Träumen und Hoffnungen.

Doch im nachhinein betrachtet, war es vielleicht das Beste, dass ich mein Spiel und meine Marke bei mir behalten habe. Die Erfahrung lehrte mich, dass Erfolg nicht immer von einer Fernsehshow abhängt, sondern von harter Arbeit, Ausdauer und einem festen Glauben an sich selbst.

Und so, auch wenn die Reise bei den großen Shows vorbei war, blieb der Traum lebendig. Ich mochte vielleicht nicht vor den Kameras gestanden haben, aber ich stand immer noch, bereit, meinen Weg zu gehen und meine Träume zu verwirklichen.

Große Händler gewinnen Vertrauen

An demselben Tag, an dem ich in Wien beim Casting war, hatte ich zugleich einen Termin bei einem weiteren Schulsportausstatter, um ihn von meinem Spiel zu überzeugen. Ich war gespannt und nervös zugleich.

Glücklicherweise fiel die Resonanz positiv aus, und er bestellte sofort eine größere Menge.

Zu meiner Freude hatte ich auch einen weiteren großen Händler aus Deutschland gewonnen. Die erste Bestellung von ihm traf im August ein und markierte einen weiteren Meilenstein in meiner Reise als Unternehmer.

Doch der Höhepunkt kam bereits im Juni, als ich eine erfreuliche Nachricht von einem der größten Schulsport-Händler überhaupt erhielt. Es war ein Moment des Triumphs, denn seit Jahren hatte ich versucht, in ihr Sortiment aufgenommen zu werden, und immer wieder war der Preis ein Hindernis gewesen. Doch plötzlich, unerwartet, erhielt ich die Bestätigung, dass sie meinen Preis akzeptierten und mich in ihr Sortiment aufnahmen - zunächst online und ab September auch im gedruckten Katalog.

Diese Entwicklung öffnete neue Türen und eröffnete mir Möglichkeiten, die ich zuvor nicht für möglich gehalten hatte.

Es war ein Wendepunkt, der mein Selbstvertrauen stärkte und meine Vision von Erfolg konkretisierte.

Sommer 2015: Spielevents und Promotion im Freien

Inmitten der sommerlichen Freuden und der schulfreien Zeit fand ich mich oft im Klettergarten wieder, um meine Zeit zwischen Natur und Arbeit zu verbringen. Die warme Sonne und das Lachen der Menschen um mich herum füllten die Luft mit einer unbeschwerten Atmosphäre. Während ich die Gäste begrüßte und ihnen half, sich an den Bäumen zu sichern, durchströmte mich ein Gefühl der Lebendigkeit und des Abenteuers.

Es war eine Zeit, in der ich nicht nur arbeitete, sondern auch Momente der Freude und des Erfolgs erlebte. Hier und dort gelang es mir, mein Spiel zu verkaufen, während die Menschen den Nervenkitzel des Kletterns genossen und sich an den Herausforderungen zwischen den Baumwipfeln erfreuten.

Doch das war nicht alles - das "Sommerspiele-Fest" der Sportunion Kufstein brachte eine weitere Gelegenheit, mein Spiel zu präsentieren und das

Gemeinschaftsgefühl der Menschen zu stärken. Es war ein Fest voller Spaß und Freude, und ich das Lächeln der Kinder sah, als sie sich in die verschiedenen Bassalo-Tricks vertieften.

Aber das war erst der Anfang - meine Spieleevents erstreckten sich über Sommercamps, Ferienbetreuungen und vieles mehr, wo ich die Gelegenheit hatte, die Herzen junger Menschen zu erobern und ihre Freude an Bewegung zu beflügeln. Es waren Momente wie diese, die mir zeigten, dass meine Arbeit nicht nur ein Geschäft, sondern auch eine Quelle der Freude und des Zusammenseins war.

Tagebuchauszug vom 21.8.2015

Es brennt in mir, dieses ständige Hamsterrad zu verlassen. Ich strebe danach, frei zu sein, finanziell unabhängig zu werden und mich auf neue Projekte zu konzentrieren. Vielleicht möchte ich Bücher schreiben, in Unternehmen investieren oder die Welt bereisen - wer weiß schon, wohin mich die Reise führt? Bassalo ist für mich nicht das Endziel, sondern nur ein weiterer Schritt auf meiner persönlichen "Reiseleiter des Lebens".

Die Vorstellung, noch weitere zehn Jahre lang in diesem Trott zu verharren, erscheint mir unerträglich. Selbst wenn ich den Vertrieb über andere Händler delegieren könnte, möchte ich nicht länger Events organisieren oder Meisterschaften ausrichten. Die Belastung ist einfach zu groß!

Am liebsten wäre es mir, alles in die Hände eines motivierten, gut organisierten Partners zu legen, der Bassalo mit derselben Leidenschaft vorantreibt wie ich. Denn eines ist sicher: Niemand kann mir meine Rolle als Erfinder der Sportart nehmen.

Mein Ziel ist es nun, Investoren zu finden, die mir finanzielle Mittel zur Verfügung stellen und gleichzeitig an der Firma beteiligt sind. Mit ihrer Hilfe möchte ich das Unternehmen ausbauen und Partner gewinnen, die bereit sind, meine Marke zu fördern und zu unterstützen. Diese Partner sollen von speziellen Konditionen profitieren und mir dabei helfen, Bassalo noch bekannter zu machen.

Schritt für Schritt plane ich, mich aus dem Tagesgeschäft zurückzuziehen und die operative Arbeit anderen zu überlassen. Idealerweise möchte ich einen Teil des Unternehmens und die Marke behalten, während ich gleichzeitig an den Gewinnen beteiligt bin.

Bassalo ist ein Produkt mit großem Potential, vielseitig einsetzbar und für viele Anwendungen geeignet. Es ist Zeit, dass ich mich vermehrt um meine eigene Gesundheit kümmere, weniger Schultermine wahrnehme und die Organisation von Workshops delegiere. Ich möchte mich auf das Wesentliche konzentrieren: den Verkauf vorantreiben, neue Partner und Trainer finden und Beziehungen zu Händlern und Werbepartnern aufbauen.

Gesundheit steht für mich an erster Stelle. Ich habe beschlossen, mit dem Rauchen aufzuhören und wieder mehr Sport zu treiben. Seit letztem Samstag habe ich keine Zigarette mehr angerührt, und seit Montag stehe ich fast jeden Morgen um 6 Uhr auf, um 45 Minuten zu joggen. Diese Veränderungen machen mich nicht nur fit, sondern auch unglaublich motiviert. Und ich sehne mich danach, wieder öfter in die Natur zu gehen und zu wandern.

Reflexion und Ausblick

Es war einer dieser Tage, an denen der Druck einfach zu groß wurde. Trotz meiner Liebe zur Selbständigkeit und meinem Spiel spürte ich die ständige Belastung an meinen Nerven. Das ständige Reden, Stehen und Spielen zehrte an meinem Körper und meiner Energie.

Selbst bei Workshops und Events gab ich immer mein Bestes. Mit einem Lächeln auf den Lippen erklärte ich jedem Teilnehmer genau, wie er mein Spiel richtig spielen konnte. Seit Jahren strebte ich nach Erfolg und finanzieller Sicherheit. Ich sehnte mich danach, genug Geld zu verdienen, um gut leben zu können. Mein Ziel war es, endlich den Durchbruch zu schaffen und finanzielle Stabilität zu erreichen.

Doch nach drei Jahren, seitdem ich mir in meinem ersten Businessplan vorgestellt hatte, Millionär zu sein, war ich noch weit davon entfernt. Trotz harter Arbeit war ich immer noch finanziell am Limit und arbeitete beinahe rund um die Uhr.

Mir fehlte das Geld, um ein Online-Business aufzubauen oder Online-Marketing zu betreiben, da mir hier einfach das nötige Know-how fehlte. Die persönliche Werbung vor Ort war meine einzige Chance, an Geld zu kommen.

Auch wenn ich kurz zuvor noch erleichtert war, keinen Investor suchen zu müssen, hegte ich den Wunsch, alles abgeben zu können.

Spannende Bundestagung der Jungen Wirtschaft

Dieses Jahr war ich Teil eines außergewöhnlichen Events, das mir neue Perspektiven und Inspiration bot: die "Bundestagung" der Jungen Wirtschaft in Österreich, diesmal in der malerischen Stadt Innsbruck. Ein Ereignis, das nicht nur Bildung und Networking versprach, sondern auch eine Menge Spaß.

Die Teilnahmegebühr war nicht sehr hoch, und der Wert, den man dafür bekam, war unermesslich. Zwei Tage voller Workshops, Seminare, leckeres Essen und Getränke – und das alles in einer pulsierenden Atmosphäre von Unternehmern und Selbständigen. Ein Highlight war zweifellos der GALA-Abend am Samstag, bei dem jeder im feinen Zwirn erschien und wir uns wie Stars fühlten.

Ein ganz besonderer Moment war die Rede von Jochen Schweizer, einem Mann, der für seine Abenteuerlust und seine Erfolge bekannt ist. Seine Worte waren inspirierend und motivierend – ein Höhepunkt der Veranstaltung. Als ich ihn später draußen sah, hätte ich ihm gerne mein Spiel gezeigt, doch plötzlich überkam mich eine seltsame Scheu. Ein innerer Konflikt zwischen

Bewunderung und Zurückhaltung hielt mich davon ab, näher zu treten. Ein verpasste Chance, die ich noch lange bedauern sollte.

Doch trotz dieser Zurückhaltung genoss ich den Freitagabend in vollen Zügen. Die Party war großartig, das Netzwerken erfrischend, und ich spielte Bassalo mit fast jedem, der mir begegnete. Die Stunden verstrichen wie im Flug, und ich merkte kaum, wieviel ich getrunken hatte – bis am nächsten Tag die Erinnerungen verschwommen waren. Peinlich berührt, aber mit einem Lachen auf den Lippen, wurde ich von Leuten begrüßt, die ich kaum noch wiedererkannte.

Ein Treffen an diesem Abend sollte jedoch noch größere Bedeutung erlangen…

Ein Angebot und eine schwierige Entscheidung

Obwohl der Schulbetrieb im September wieder aufgenommen wurde, waren meine Workshops spärlich gesät. Doch das bedeutete keineswegs, dass ich weniger beschäftigt war. Im Gegenteil, neue Möglichkeiten und Herausforderungen warteten bereits auf mich. Eines dieser aufregenden Ereignisse war meine Teilnahme als Referent beim renommierten Sportkongress „Fit Sport Austria" in Saalfelden im Oktober. Es war mein erster Auftritt auf diesem großen Event, und es fühlte sich wie ein bedeutender Meilenstein an. Nach jahrelanger Anfrage wurde mir endlich die Gelegenheit gegeben, mein Spiel zu präsentieren und einen Stand zu betreiben, an dem ich meine Produkte verkaufen konnte. Die Standmiete konnte ich mit der Bereitstellung von Spielen decken und meine Workshops waren sehr gut besucht!

Während des Kongresses lernte ich zwei Männer aus Wien kennen, die meine Begeisterung für Bassalo teilten. Sie hatten einen eigenen Verein gegründet und waren von meinem Spiel begeistert. Ihre Ideen und ihr Interesse daran, mit mir zusammenzuarbeiten, machten mich euphorisch und zugleich nervös. Vor Ort erwarben sie mehrere Sets für ihren Verein und drängten darauf, bald einen Termin zu vereinbaren, um über eine mögliche Partnerschaft zu sprechen.

Als wir uns ein paar Tage später in Linz trafen, wurde mir schnell klar, dass ihre Vorstellungen von einer Partnerschaft anders waren als meine. Sie schlugen vor, eine GmbH zu gründen und die Einnahmen, Rechte und Pflichten auf drei Parteien aufzuteilen, ohne mir eine Entschädigung für meine jahrelange Arbeit anzubieten. Diese Forderung stieß bei mir auf Unverständnis und Enttäuschung. Es fühlte sich ungerecht an, dass sie erst jetzt, da sie Potential in meinem Spiel sahen, einsteigen wollten, ohne meine Vorarbeit zu honorieren. Bassalo war meine Haupteinnahmequelle und mein Lebenswerk. Es war nicht einfach, diesen Vorschlag abzulehnen, aber ich war fest entschlossen, meine harte Arbeit und Investitionen nicht einfach zu verschenken. Auch wenn es eine schwierige Entscheidung war, fühlte ich mich stolz darauf, für meine Prinzipien einzustehen und meine Lebensleistung zu schützen.

Tagebucheintrag vom 6. Oktober 2015 – Anfang des Buches:

Heute fühle ich mich wie ein Schiffbrüchiger im stürmischen Meer der Schulden. Ein Berg von Rechnungen, die um die 7.000 € schwer sind, türmt sich vor mir auf, und die Bank schließt einfach ihre Türen. Dabei stehe ich "nur" mit 1.200 € im Minus! Es ist zum Verzweifeln. Ein Bankkredit von 23.000 € und ein weiterer privater Kredit von 6.500 € lasten auf meinen Schultern. Ich fühle mich arm, kämpfe um jeden einzelnen Euro, um genug Geld für Essen und Benzin zu haben...

Ich jongliere mit den Rechnungen, versuche bar ausgezahlt zu werden, um wenigstens etwas Bargeld in der Tasche zu haben, anstatt auf Überweisungen zu warten. Mein Bankberater meines neuen Geschäftskontos ruft an und fragt nach meinem Plan. Und jetzt meldet sich auch noch die Beraterin meiner Privatbank und fragt, wann wieder Geld eingehen wird. Die Rechnungen häufen sich...

Ich bin es leid, mich immerzu zu entschuldigen, alle hinzuhalten, Zahlungen zu verschieben, nur um ein oder zwei Wochen Aufschub zu bekommen, in der Hoffnung, dass sich bis dahin etwas ändern wird! Aber was soll sich ändern? Ein Wunder? Der neue Monat ist da, neue Ausgaben stehen bevor, und ich habe nicht einmal die alten beglichen. Die Miete ist wieder fällig, die privaten Versicherungen auch, und in neun Tagen steht erneut die Rückzahlung des Bankkredits von 450 € für meinen Traum mit "Bassalo" an. Es fühlt sich an, als wäre ich gefangen in Ohnmacht und Hilflosigkeit...

Ich starre ins Leere, weiß nicht, was ich fühlen oder tun soll, habe keine Ahnung, wie es weitergehen soll. Ich brauche Geld, JETZT! Ich brauche ein Wunder.

Arbeiten? Keine Motivation. Eine neue feste Anstellung suchen? Wieder angestellt sein? Keine Motivation. Sport treiben? Auch keine Motivation. Keine Motivation für irgend etwas. Es gäbe Optionen, aber ich fühle mich wie gelähmt. Mir bleibt nur noch, mich fallen zu lassen, loszulassen! In einem Moment wie diesem bleibt mir nichts anderes übrig, als der Machtlosigkeit und Hilflosigkeit Raum zu geben, darin zu versinken, nichts tun zu können, nichts tun zu wollen. Außer auf das Leben zu hoffen und auf ein Wunder zu vertrauen.
(Den Rest liest du am Anfang des Buches)

Ein Erfolg und eine Bestätigung

Im Oktober ergab sich eine aufregende Möglichkeit, als ich mich für den Wettbewerb "120 Sekunden-Chance" in Tirol anmeldete – eine Art regionale Version von "Die Höhle der Löwen". Die Casting-Standorte waren über das ganze Bundesland verteilt, und mein Termin war in Kufstein. Dort hatte ich genau 120 Sekunden, um der Jury mein Produkt vorzustellen und sie zu beeindrucken.

Ich erinnere mich noch genau daran, wie ich vor der Jury stand und begann, mein Spiel zu präsentieren und einige Tricks vorzuführen. Anfangs schien die Jury belustigt zu sein, vielleicht von einem jungen Mann überrascht, der mit viel Enthusiasmus und weißen Haaren seine Bälle jonglierte. Doch als ich begann, von meinen Erfolgen zu erzählen – all den Orten, an denen ich bereits gewesen war, und den verschiedenen Anwendungsmöglichkeiten meines Spiels, sogar als Werbegeschenk – veränderte sich ihre Miene. Das anfängliche Lächeln wich einem ernsten Ausdruck, was mir zeigte, dass sie meine Ambitionen und Visionen ernst nahmen.

Und tatsächlich, ich schaffte es, eine Runde weiterzukommen! Beim Finale in Innsbruck musste ich meine Spielidee erneut präsentieren. Zuvor war es mir egal gewesen, ob ich gewann oder nicht – allein die Tatsache, dass ich es bis zum Finale geschafft hatte, war für mich bereits ein Triumph. Als ich dann vor einem vollen Saal meine Präsentation abschloss und die Gewinner bekanntgegeben werden sollten, war ich voller Hoffnung, dass mein Name darunter sein würde.

Und siehe da, das Glück war auf meiner Seite! Von insgesamt 49 Teilnehmern gehörte ICH zu den 5 Gewinnern!!! Der Preis beinhaltete Pressewerbung, 600 € Preisgeld und zwei Monate kostenloses Nutzen eines Coworking-Platzes. Für mich war das nicht nur ein großer Erfolg, sondern auch eine wunderbare Bestätigung und eine unvergessliche Erfahrung!

Hoffnung auf neue Partnerschaften

Im Oktober begab ich mich auf eine Reise nach Saarbrücken, motiviert von der Einladung zu einem Meeting, das von ehemaligen Partnern eines deutschen Netzwerkpartners organisiert wurde. Diese hatten sich kürzlich von ihm getrennt und planten nun eigene Aktivitäten. Die Aussicht auf neue Kontakte und potenzielle Partnerschaften weckte meine Neugierde und ich machte mich auf den Weg, nachdem ich zuvor meine Familie in Karlsruhe besucht hatte.

Die Atmosphäre während des Wochenendes war von intensiven Gesprächen und einer herzlichen Stimmung geprägt. Es war eine Gelegenheit, alte Bande zu erneuern und neue Verbindungen zu knüpfen. Ein Höhepunkt war zweifellos der ausgiebige Bassalo-Workshop, den ich gemeinsam mit ihren Trainern abhielt. Es war ermutigend zu sehen, wie das Spiel auf Interesse stieß und Teilnehmer aller Altersgruppen begeisterte.

Im Gegensatz zu vergangenen Erfahrungen hielt ich diesmal klug an meinen Prinzipien fest. Statt für die Plazierung meiner Produkte zu zahlen, bot ich sie zu einem vergünstigten Preis an, unter der Bedingung, dass sie diese in ihren Aufliegern mitführten. Diese Entscheidung erwies sich als richtig, denn sie ermöglichte es mir, meine Spiele einem größeren Publikum zugänglich zu machen, ohne finanzielle Opfer zu bringen.

Dennoch muss ich zugeben, dass meine Erwartungen nach diesem Treffen nicht vollständig erfüllt wurden. Wenngleich einige Interessenten das Spiel erwarben, blieb eine langfristige Zusammenarbeit aus. Doch wie so oft im Leben, birgt jeder Kontakt das Potenzial für eine unerwartete Entwicklung. Möglicherweise tragen einzelne Teilnehmer des Workshops Ideen und Inspirationen in ihre eigenen Kreise, die sich erst später entfalten werden.

Ein unerwartetes Investment

Im Herbst, als die Blätter zu Boden wirbelten und der Klettergarten in goldenes Licht getaucht war, ereignete sich ein Wunder.

Ein Gast aus der Nähe von München tauchte mit seinem Sohn auf und wurde in die Welt von Bassalo eingeführt, während sie auf ihre Klettereinweisung warteten. Nachdem sie die Bäume erklommen hatten, kehrten sie für eine weitere Runde zurück. Dieser Gast kam dann gegen Ende zu mir und lobte mein Spiel, fragte dann, ob ich mich schon bei "Höhle der Löwen" beworben hätte. "Ja, schon ein paar Mal, aber leider wurde nichts daraus", antwortete ich mit einem bedauernden Nicken auf seine Frage, bevor er anbot: "Wenn du noch jemanden suchst oder brauchst, ich kenne da jemanden."
Ich war sprachlos und fasziniert zugleich. Und deshalb frage ich gleich: „Ja, wen den?"

"Ich? Warum nicht ich?", sagte er dann und lächelte. Ich konnte es kaum fassen. Inmitten des Klettergartens, umgeben von der Natur und dem Lachen der Kinder, schien das Leben mir ein unerwartetes Geschenk zu machen.

Er meinte es tatsächlich ernst. Er bot plötzlich an, sich als Investor zu engagieren. Wir tauschten Nummern aus und begannen, die Details in den kommenden Wochen zu besprechen.

Zunächst ging es um ein Investment von 30.000 €, doch das erschien ihm zu riskant. Schließlich einigten wir uns auf 25.000 € als Darlehen, ergänzt um 2 % Zinsen und 5 % Beteiligung am jährlichen Gewinn. Diese Vereinbarung fühlte sich fair an und bot uns beiden Sicherheit und Potential. Für mich war es eine unerwartete Wende, denn ich konnte das Geld dringend gebrauchen.

Es war wie ein Wunder, dass das Leben uns manchmal vor die Tür legt - eine unerwartete Chance, die uns auf einen neuen Weg führt. Und ich stand mitten in diesem Wunder, zwischen den Kletterparcours und den schönen Bäumen, und konnte es kaum glauben.

Wunder geschehen immer wieder!

letzte Messen und Chancen des Jahres

Im September nahm ich wieder zum dritten Mal als Aussteller am "Tag des Sports" in Wien teil. Die Atmosphäre war elektrisch, als ich meinen Stand aufbaute und mich darauf vorbereitete, mein geliebtes Bassalo-Spiel vorzustellen.

Jedes Jahr fühlt sich wie ein neuer Anfang an, obwohl es doch immer wieder die gleichen Messen und Events sind. Die Messemitarbeiter kannten mich persönlich, kannten mein Spiel und meine Geschichte. Manchmal musste ich nichts oder nur sehr wenig zahlen, da sie bereits wussten, wie es um meine finanzielle Lage stand.

Es war ein Gefühl von Vertrautheit und Hoffnung zugleich, während ich darauf wartete, neue Kontakte auf diesen Events zu knüpfen und auf mehr Verkäufe zu hoffen. Es fühlte sich fast wie ein Ritual an, diese Reisen zu den gleichen Veranstaltungen zu unternehmen. Doch jedes Mal bot sich die Möglichkeit für neue Begegnungen und neue Chancen, und ich war fest entschlossen, sie zu nutzen. Man will ja nie aufgeben, sondern immer weitermachen und hoffen.

Ende Oktober führte mich mein Weg auch zum zweiten Mal nach Erfurt zur "Sport-Aktiv" Messe.

Im November hatte ich endlich die Gelegenheit, auf der "Interpädagogica Messe" in Linz als offizieller Aussteller aufzutreten. Diesmal hatte ich meinen eigenen Stand, getrennt von meinem Partner des "Bewegungskaisers", mit dem ich letztes Jahr zusammen ausgestellt hatte. Es war ein Gefühl von Stolz und Erfüllung, meine eigene Hälfte des Standes zu haben und den Besuchern mein Spiel richtig präsentieren zu können.

Und dann kam der "Sporterziehertag" in Graz, eine neue Möglichkeit, an Vereine und Sportlehrer heranzukommen. Es war aufregend, Teil dieser Veranstaltung zu sein und mich mit anderen in der Branche auszutauschen.

Ende November war es wieder Zeit für die große "Spiel-Aktiv" Messe in Innsbruck, die wie immer sehr gut besucht war. Die Energie und Begeisterung der Besucher waren ansteckend, und ich genoss es, mit den Menschen in Kontakt zu treten.

So verging das Jahr, mit all seinen Höhen und Tiefen. Im Dezember war dann Ruhe eingekehrt, und ich konnte auf das vergangene Jahr zurückblicken - fünf Workshops und zahlreiche Messeauftritte später. Es war eine Reise voller Herausforderungen, aber auch voller Chancen und Erfolge.

Das Geschäftsjahr 2015

Im Vergleich zum Vorjahr hatte ich in diesem Geschäftsjahr bereits fast 6.000 Kilometer mehr zurückgelegt. Mein Einkommen hatte sich im Vergleich zum Vorjahr um einige tausend Euro erhöht, dank verschiedener Einkommensquellen. Auch mein Gewinn konnte ich um knapp 3.000 Euro steigern. Es war ein zaghafter, aber dennoch erfreulicher Anstieg.

Besonders erfreulich war die Entwicklung beim Umsatz aus dem Verkauf meines Spiels. Hier verzeichnete ich eine deutliche Steigerung im Vergleich zum Vorjahr, mit einem Plus von knapp 15.000 Euro. Diese Verbesserung war ein ermutigendes Zeichen dafür, dass sich meine Anstrengungen auszahlten, trotz eines etwas geringeren Verdienstes durch Workshops.

Ein Blick auf die Zusammensetzung des Umsatzes aus verkauften Sets zeigt eine vielfältige Dynamik:

- Bei Privatkunden verzeichnete ich etwas weniger Umsatz als im Vorjahr.
- Der Umsatz aus Schulverkäufen hatte sich verdoppelt.
- Zwei Großaufträge, einer vom Schulsporthändler aus Wien und ein 500-Spiele-Auftrag mit Werbeaufdruck, trugen signifikant zum Umsatz bei.
- Der Umsatz aus Händlerverkäufen blieb stabil und entsprach etwa dem der beiden großen Aufträge zusammen.
- Besonders erfreulich war die Verfünffachung des Umsatzes aus Vereinsverkäufen.

In diesem Jahr konnte ich bereits 14 Händler gewinnen, darunter die ersten drei und größten Schulsportausstatter.

Es war ein vielversprechendes Jahr, das mir eine positive Entwicklung und neue Perspektiven für die Zukunft aufzeigte.

Zusammenfassung

Über meine gesamte Steigerung war ich natürlich sehr glücklich. Wobei das immer gewisse Steuerrückzahlungen mit sich brachte. Aber so ist das natürlich, denn wenn man Gewinne macht, zahlt man auch Steuern dafür. Da meine Gewinne aber im kleinen überschaubaren Rahmen lagen, waren die Steuerzahlungen nicht sehr hoch. Doch für mich, der ja nie wirklich Geld auf dem Konto hatte, war jede Zahlung eine schwierige Angelegenheit.

Wieder war ich dieses Jahr auf zahlreichen Messen und Events unterwegs und habe unzählige Schulen besucht, um meine Workshops abzuhalten. So auch der Gedanke, laut meinem Tagebucheintrag im Sommer, dass mir alles zu viel wurde und ich nichts dagegen hätte, alles einmal abgeben zu können oder zu wollen. Natürlich habe ich das nicht gemacht! Es ist ja schließlich mein „Baby", welches ich selbst großziehen möchte.

Doch wenn man fast täglich unterwegs ist und im gesamten Jahr tausenden von Menschen sein Spiel erklärt, zieht das einfach irgendwann mal an den Nerven und der Psyche. Immerhin konnte ich dieses Jahr hier und da mal ein paar Tage frei nehmen und abschalten und mal ganz woanders hinfahren oder fliegen.

Sehr glücklich war ich über die Zusage einiger großer Händler, die speziell an Schulen verkauften. Ist man da einmal drin, wird man auch mit seinem Produkt von seiner Zielgruppe besser gesehen und auch „akzeptiert".

Und dass mein Spiel bei den Marketing-Messen keinen richtigen Anklang fand, und dieses Jahr zumindest einmal ein Auftrag von 500 Spielen mit Logoaufdruck reinkam, war mehr als überraschend.

Ebenso freute es mich sehr, dass ich mein Produkt wieder etwas verbessern konnte, in dem die Farbe der Bälle nun neon-orange ist und nicht mehr so dunkel wie vorher.

Es gibt einiges dieses Jahr, für das ich sehr dankbar und froh bin! Ob es nun neue Händler waren, mehr Verkäufe oder die Teilnahme an neuen Messen, ich versuchte immer nur das Positive zu sehen. Und wer hätte schon wissen können, dass ich in meinem finanziellen Desaster, auch noch ganz zufällig im Waldseilgarten einen Investor finde!?

Und zu guter Letzt hatte ich jetzt auch noch eine zweite Bassalo-Sektion in Pinneberg. Es sah sehr gut danach aus, dass sich Bassalo auch als Sportart Stück für Stück etablieren könnte.

Ich bin zwar noch lange nicht an meine gewünschte Millionen rangekommen, jedoch öffnen sich Tag für Tag oder Monat für Monat neue Möglichkeiten und Chancen. Und auch, wenn ich oft ganz unten am Boden angelangt war, folgte daraus meistens, irgendwann wieder ein Hoch, das mich an meine Idee und an meine Ziele weiter glauben ließ.

KAPITEL 7: Das Jahr 2016

Neuer Anfang in Wattens?

Am 4. Januar war es soweit - ein Neuanfang in Wattens, nahe Innsbruck. Der Umzug meines "Büros" war eine Folge meines Gewinns bei der "120 Sekunden-Chance" im vergangenen Herbst, der mir zwei Monate Gratisnutzung eines Coworking-Spaces bescherte. Es war eine Gelegenheit, die ich mir nicht entgehen lassen wollte, also packte ich meine Sachen und machte mich auf den Weg.

Die ersten Tage bedeuteten eine tägliche Reise von 70 Kilometern hin und wieder zurück. Doch bald schon musste ich eingestehen, dass mir der Weg zu stressig wurde. Zwar bot das Büro eine produktive Atmosphäre und die Möglichkeit zum konzentrierten Arbeiten, doch die Distanz war einfach zu groß. Zuhause hätte ich ebenso arbeiten können, wenn ich nur disziplinierter gewesen wäre. Dennoch genoss ich die professionelle Umgebung des Coworking-Spaces, das Gefühl, Teil einer Gemeinschaft zu sein, in der jeder seine Aufgaben erledigte und es einen regen Austausch gab. Doch meine Arbeit erforderte häufiges Telefonieren, und ich wollte weder andere stören noch belauscht werden.

So entschied ich mich nach vier Tagen, mein Büro wieder nach Hause zu verlegen. Es war ein Versuch wert gewesen, doch die Realität des langen Arbeitsweges und die Kosten, die damit verbunden waren, ließen mich diese Entscheidung treffen. Dennoch gab es etwas Positives: abends, wenn ich zuhause war, konnte ich nicht mehr arbeiten. Mein Computer war nicht mehr verfügbar, und ich wurde gezwungen, eine Pause einzulegen. Es war eine neue Erfahrung, eine Möglichkeit, bewusst abzuschalten und vier Abende lang Ruhe zu finden.

Tagebucheintrag Freitag, den 15.1.2016

Heute war ein toller Tag, denn schon um 6 Uhr morgens stand ich auf, erfüllt von einer inneren Ruhe, die mich umhüllte. Der frühe Morgen gehört mir allein, eine Zeit der Stille und der Selbstreflexion, bevor der Trubel des Tages beginnt.

Doch die Nacht war unruhig, als hätte ich kaum geschlafen, und dennoch spüre ich eine angenehme Leichtigkeit in mir, die mich durch den Tag trägt.

Die Morgenroutine, das Aufsagen von Affirmationen und das Lesen inspirierender Texte von Lola Jones, erfüllten mich mit einer tiefen Zufriedenheit. Ich bin diszipliniert, fokussiert und voller Vorfreude auf das, was kommen mag. Doch trotz dieser Gewissheit spüre ich auch eine unterschwellige Aufregung, als würde sich etwas Großes ankündigen. Die Aufträge beginnen einzutrudeln, und ich bereite mich darauf vor, sie mit Ruhe und Gelassenheit anzugehen.

Am Abend blicke ich auf einen erfolgreichen Tag zurück. Ich habe Poster und Flyer verteilt, die Botschaft meines Projekts in die Welt getragen, und bin anschließend zur Bank gegangen, um Details bezüglich des Kredits, bzw. des Investments von dem Gast aus dem Klettergarten zu klären. Es fühlt sich gut an, aktiv zu sein, Schritte vorwärtszumachen und den Weg zu ebnen für das, was noch kommen mag. Heute war ein guter Tag, und ich bin gespannt auf die Abenteuer, die morgen auf mich warten.

Tagebucheintrag Samstag, den 16.1.2016

Heute nacht war der Schlaf besser, doch gefühlt habe ich kaum zwei bis drei Stunden schlafen können. Dennoch erwachte ich mit einer unerklärlichen Wachheit, die mich den Tag voller Vorfreude begrüßen ließ. Es ist seltsam, wie ich nie so richtig müde werde, selbst nach kurzen Nächten wie dieser. Doch ich spüre, dass heute ein guter Tag werden wird, voller Überraschungen und neuen Begegnungen.

Am Abend war es wieder Zeit für Basketball, eine Leidenschaft, die meinen Geist belebt und meinen Körper in Bewegung bringt. Es ist wie eine Befreiung, die mich jedes Mal aufs Neue erfüllt.

Ich muss zugeben, dass ich heute vielleicht nicht so produktiv war, wie ich es mir vorgenommen hatte. Doch inmitten des Trubels und der Bewegung, die um mich herum herrscht, fühle ich eine innere Ruhe, die mir sagt, dass es in

Ordnung ist, heute langsamer zu machen. Morgen wird ein neuer Tag sein, voller Möglichkeiten und frischer Energie.

In meinen Träumen tauchte plötzlich ein Wettrennen auf, in dem ich auf einem kleinen Motorrad eine sehr hohe Geschwindigkeit erreichte und als erster die Ziellinie überquerte. Es war ein tolles Gefühl, das mir zeigte, dass ich auch im Leben bald meine Ziele erreichen werde.

Tagebucheintrag Sonntag, den 17.1.2016

Heute nacht befand ich mich in einem Traum, der mich auf einen gigantischen Flughafen versetzte. Die Dimensionen waren überwältigend, das Labyrinth aus Gängen und Terminals schien endlos zu sein. Inmitten dieses Chaos bemerkte ich plötzlich die Uhrzeit und wurde von einem Schrecken erfasst: Mein Flug sollte in nur fünf Minuten starten!

Panisch suchte ich nach Orientierung und jemand wies mir den Weg. Mit aller Kraft und Geschwindigkeit, die ich aufbringen konnte, sprintete ich durch die endlosen Hallen, dem Boarding-Gate entgegen. Es war ein Wettlauf gegen die Zeit, und gerade noch rechtzeitig erreichte ich den Flugsteig, erschöpft, aber erleichtert.

Für einen Moment hielt ich inne, um den Sieg über die Zeit zu genießen. Es war ein Gefühl von Triumph und Erleichterung, das mich durchströmte. Vielleicht war dieser Traum mehr als nur eine Illusion - ein Zeichen, dass ich auch im Wachleben die Herausforderungen meistern kann.

Teilnahme an der "U-Tour"

Im Januar stand eine weitere aufregende Messe an: die „U-Tour" der Sportunion Tirol, eine Veranstaltung, die eine Vielzahl von Sportarten in der Messehalle präsentierte. Natürlich war ich auch dieses Mal mit meinem Spiel vertreten und konnte Werbung machen.

Doch trotz der Vielfalt an Besuchern konnte ich kaum Spiele verkaufen. Dennoch bot die Tatsache, dass ich als Mitglied des Vereins nichts zahlen musste, einen gewissen Trost. Angesichts der Nähe zu Innsbruck war es eine Gelegenheit, die ich nicht ungenutzt lassen wollte.

Ende Januar auf Messetour

Ende des Monats stand eine aufregende Tour auf dem Programm. Zuerst ging es zur ISPO nach München, der weltweit größten Sportmesse, gefolgt von einem Abstecher zur Spielwarenmesse in Nürnberg. Diesmal war ich wieder als Besucher unterwegs, um neue Vertriebspartner für mein Spiel zu finden.

Die Tage auf den Messen waren intensiv und voller Möglichkeiten. Ich sprach mit zahlreichen Händlern und knüpfte neue Kontakte. Obwohl die ganz großen Unternehmen noch nicht überzeugt waren, spürte ich eine wachsende Begeisterung für mein Produkt. Viele waren überrascht, dass ich immer noch präsent war und bereits viele Spiele seit Anfang 2012 verkauft hatte. Das gab mir zusätzlichen Rückenwind und motivierte mich, weiterhin an meinem Traum festzuhalten.

Erweiterung des Sortiments

Nach langem Grübeln und Planen im letzten Jahr hatte ich eine aufregende Idee: ein "Triple Set" mit einer neuen Farbvariante in mein Produktangebot aufzunehmen. Ich hatte bemerkt, dass viele Familien Interesse an einem Set aus drei Bechern hatten. Also beschloss ich, ab Februar das neue "Triple-Set" anzubieten, bestehend aus den Farben Rot, Schwarz und Grün, zum Preis von 30 €.

Es war ein Schritt ins Unbekannte, doch ich spürte eine gewisse Aufregung und Vorfreude, als ich diese Entscheidung traf. Die Idee, mein Produktangebot zu erweitern, um den Bedürfnissen meiner Kunden noch besser gerecht zu werden, beflügelte mich. Es war wie ein Sprung ins Ungewisse, aber ich war bereit, das Risiko einzugehen, um mein Geschäft voranzutreiben.

Unerwarteter Erfolg in der Reisebranche

Inmitten meines Alltags, als ich bereits zahlreiche Reisebüros und Reiseveranstalter kontaktiert hatte, um mein Spiel mit individuellem Werbedruck zu präsentieren, ereignete sich plötzlich ein Wunder!

Ein Funke Hoffnung entfachte, als das ÖBB-Reisebüro in Wien auf meine Anfrage reagierte und Interesse an einem Muster bekundete.

Die Vorstellung, dass mein Spiel möglicherweise Teil eines Werbegeschenks für Strandurlauber werden könnte, ließ mein Herz höher schlagen. Eine Woche später, als sie das Muster erhielten, ging alles ganz schnell. Die Bestellung für 500 Spiele war eingegangen! Ich konnte es kaum glauben - ein solcher Erfolg schien wie aus dem Nichts zu kommen und doch fühlte es sich an, als ob das Universum meine harte Arbeit belohnte.

Die Freude und Aufregung, die ich in diesem Moment empfand, waren unbeschreiblich. Es war nicht nur ein großer finanzieller Gewinn, sondern auch eine Bestätigung dafür, dass meine Ideen und Bemühungen Früchte trugen. Doch damit war die Arbeit noch nicht vorbei. Das Zusammenpacken von 500 Sets in meinem Keller war eine Herausforderung, der ich mich mit Hilfe von Freunden stellte. Jeder Becher, jedes zusammengestellte Set repräsentierte nicht nur ein Produkt, sondern auch unzählige Stunden harter Arbeit und den Glauben an meinen Traum.

Der Mercedes-Benz Deal

Es war ein sonniger Februarnachmittag, als mein neuer Freund aus Salzburg zu Besuch kam. Wir hatten uns im vergangenen Jahr auf der Bundestagung in Innsbruck kennengelernt und seitdem eine lockere Freundschaft gepflegt. Sein Besuch versprach ein aufregendes Wochenende zu werden, und wir beschlossen, es gebührend zu feiern.

Gemeinsam erkundeten wir die lebendige Szene von Kufstein, genossen das Nachtleben und feierten ausgelassen. Zwischen all dem Trubel erinnerte ich mich daran, dass ich ihm bereits ein Exemplar meines Spiels geschenkt hatte, das er und seine Frau anscheinend gerne spielten.

Als wir uns am Ende seines Besuchs verabschiedeten, gab er mir einen entscheidenden Hinweis: Seine Frau, direkt in der Marketingabteilung bei Mercedes-Benz in Salzburg tätig, könnte Interesse an meinem Spiel haben. Er bot sogar an, selbst zu investieren. Ein aufregender Gedanke!

Entschlossen griff ich zum Telefon und kontaktierte seine Frau. Ich schickte ein Test-Set für das Büro mit und hoffte auf das Beste. Sie ergriff die Initiative und präsentierte mein Spiel ihrem Chef. Die Antwort ließ nicht lange auf sich warten: Mercedes-Benz bestellte sofort 1.000 Spiele mit dem SMART-Logo darauf und überwies den gesamten Betrag im April.

Ein Deal, der meine Erwartungen übertraf und mein Herz vor Freude höherschlagen ließ. Ich bin ihnen bis heute zutiefst dankbar für diese Chance, die mein Geschäft vorangetrieben hat.

Finanzielle Erleichterung

Kurz bevor der große Auftrag über 1.000 Spiele bestätigt wurde, erhielt ich im März auch das Geld von der ÖBB. Ebenso traf das Geld vom Waldseilgarten-Gast ein.

Diese finanzielle Wendung war ein wahrer Segen. Endlich konnte ich all meine offenen Rechnungen begleichen und Schulden tilgen. Ich hatte einen Puffer für die Mietzahlungen, die monatliche Rückzahlung meines Kredits und die monatliche Rate für meine gute Freundin.

Mit diesem Geld konnte ich auch wieder in die Produktion neuer Becher und Bälle investieren und das Darlehen meiner Schwester zurückzahlen.

Ein wahrhaft erleichterndes Gefühl durchströmte mich! Besonders gegenüber meiner Freundin fühlte es sich gut an, endlich auf dem neuesten Stand zu sein und meine Verpflichtungen zu erfüllen. Gleiches galt für meine Schwester, der ich versprochen hatte, das Geld so schnell wie möglich zurückzuzahlen. Es war mir wichtig, mein Wort zu halten, besonders in diesen Angelegenheiten.

Aktive Monate im April und Mai

In Innsbruck stellte ich mich drei Tage lang auf einer vielversprechenden neuen Spielemesse. Die Atmosphäre war super, voller Erwartung und Möglichkeiten. Ich hatte gehofft, hier den nächsten großen Durchbruch für mein Spiel zu erzielen, besonders nach den jüngsten Erfolgen mit den Firmenaufträgen. Doch trotz meines Engagements und meiner Überzeugung kam ich mit leeren Händen zurück. Es war frustrierend und entmutigend zugleich. Hatte ich meine Zielgruppe verfehlt? Oder lag es daran, dass meine Preise nicht mit den Erwartungen der Branche übereinstimmten?

Die Marketing-Messe in Wien im April sollte eigentlich eine weitere Chance sein, meine Marke zu präsentieren und neue Geschäftsmöglichkeiten zu erkunden. Doch auch hier stieß ich auf eine Mauer des Desinteresses. Mein Spiel war beliebt, das Feedback positiv, aber die Entscheidungsträger schienen nicht bereit zu sein, den nächsten Schritt zu gehen. Es war frustrierend, sich immer so nah am Ziel zu fühlen und dennoch zu scheitern.

Mit einem schweren Herzen kehrte ich zu meinen Schulworkshops zurück, die in diesem Jahr nicht so zahlreich waren wie zuvor. Es war ein weiterer Rückschlag, der mich zum Nachdenken brachte. Warum schien mein Spiel nicht mehr die Resonanz zu finden, die es einst hatte? Oder war es einfach nur Pech?

Im Mai kehrte ich schließlich in den Klettergarten zurück, um meinen Lebensunterhalt zu verdienen. Es war ein Schritt in die Realität, ein Moment der Besinnung und des Neuanfangs. Trotz der Enttäuschungen und Herausforderungen blieb ich entschlossen, meinen Weg weiterzugehen und nach neuen Möglichkeiten Ausschau zu halten.

Mutige Premiere: Fuck Up Night

Als ich im Klettergarten arbeitete, wurde mir von einem Gast von einer faszinierenden Veranstaltung namens "Fuck Up Night" erzählt. Diese global organisierte Veranstaltung gibt ehemaligen Start-ups und Unternehmern die Bühne, um offen über ihre Misserfolge und Fehler zu sprechen. Das Publikum besteht oft aus Studenten und aufstrebenden Unternehmern, die aus den Erfahrungen anderer lernen möchten. Ich war fasziniert von der Idee, wie in Amerika Misserfolg nicht als Versagen, sondern als Lernmöglichkeit betrachtet wird – eine Einstellung, die in Europa leider nicht so verbreitet ist.

Also nahm ich all meinen Mut zusammen und rief bei der Organisation an. Obwohl ich selbst noch nicht gescheitert war, wusste ich, dass ich viel zu erzählen hatte und dass meine Geschichte anderen Mut machen könnte. Der Organisator war von meiner Geschichte so beeindruckt, dass er mich einlud, auf der Bühne in Innsbruck als Redner aufzutreten.

Als der Tag der Veranstaltung kam, konnte ich meine Nerven kaum beruhigen. Es war das erste Mal, dass ich vor so vielen Menschen sprechen würde. Der Saal war bis auf den letzten Platz gefüllt, und als ich auf die Bühne trat, begann meine Präsentation im Hintergrund. Anfangs überwältigte mich die Nervosität, aber als ich zu erzählen begann, verschwand sie schnell. Ich war in meinem Element. Wie oft hatte ich schon anderen von meinen Herausforderungen erzählt? Ich sprach ganze 45 Minuten lang über meine Reise als Unternehmer, und ich konnte förmlich spüren, wie meine Worte das Publikum fesselten. Die Gesichter der Zuhörer zeigten Überraschung, Bewunderung und Interesse. Nach meinem Vortrag erhielt ich zahlreiche Danksagungen und Komplimente. Die Menschen fanden es mutig, dass ich offen über die harten Zeiten der Selbständigkeit gesprochen hatte.

Es war ein völlig neues und aufregendes Erlebnis für mich. Ich hatte schon immer gerne Geschichten erzählt, aber jetzt hatte ich endlich die Bühne und das Publikum, das ich mir gewünscht hatte!

Der „Bewegungskaiser-Test"

Mit diesem Partner hatte ich bereits zweimal auf der Interpädagogica-Messe einen Stand, und er hatte mein Spiel in sein Programm aufgenommen. Schon damals hatte er mir angeboten, bei seiner Tour in Niederösterreich mitzumachen. Der Organisator, mit dem ich heute noch befreundet bin, veranstaltete dieses Event für ganz Niederösterreich. Ich bekam die Möglichkeit, bei jeder der 28 Stationen meinen Stand aufzubauen, ohne dafür etwas bezahlen zu müssen, und konnte so Werbung für mein Spiel machen.

Die Tour fand an 28 Tagen an 28 verschiedenen Schulen statt. Während eine Klasse den Wettbewerb in der Halle absolvierte, konnten die anderen Klassen verschiedene Stationen testen. Jede Station dauerte nur etwa 15 Minuten, aber es war dennoch eine gute Gelegenheit, mein Spiel einem großen Publikum vorzustellen.

Die Standorte waren immer Schulen, an denen viele Kinder und Lehrer teilnahmen. Obwohl mir der ständige Hin- und Herfahrtstress nicht behagte und es keine Garantie für Verkäufe gab, entschied ich mich, an einigen wenigen Tagen hintereinander teilzunehmen. Es stellte sich jedoch als recht erfolgreich heraus! Nicht nur Lehrer, sondern auch einige Eltern waren vor Ort. Dadurch gelang es mir, einige Sets zu verkaufen und Gespräche mit den Lehrern zu führen.

Nach dieser Erfahrung beschloss ich, im nächsten Jahr an mehreren Terminen teilzunehmen, um die Reichweite meines Spiels weiter zu erhöhen.

Der Bergmarathon: Erfolgreich durch den Regen

Im Juni wagte ich mich an etwas völlig Neues: den "Kaisermarsch"-Halbmarathon in Tirol. 21 Kilometer mit etwa 1.000 Höhenmetern – ein echtes Abenteuer! Ich bin eigentlich nicht besonders sportlich, und ich erinnere mich noch daran, dass ich in derselben Woche 3-4 Mal abends getrunken hatte. Doch mein Geist war stark.

Die ganze Zeit über blieb ich mental und körperlich stark. Mein Ziel war der Erfolg mit Bassalo, meinem Spiel. Deshalb trug ich stolz mein Bassalo-Trikot. Es fühlte sich an wie damals, als ich einen Berg beim Klettersteigen erklommen hatte – eine feste Überzeugung, tief in meinem Inneren verankert. Und an diesem Tag regnete es auch noch in Strömen. Eine zusätzliche Herausforderung!

In der ersten Stunde ging es steil bergauf, ein Kraftakt, den sich nur erfahrene Bergläufer vorstellen können. Obwohl ich nicht weit hinten lag, fühlte ich mich wie ein Anfänger. Aber ich ging weiter und weiter.

Als ich schließlich den Gipfel erreichte, begann der Abstieg. Ich rannte bergab, jeden Schritt sorgfältig planend, um nicht zu stolpern. Ein ums andere Mal überholte ich andere Läufer, immer darauf bedacht, nicht umzuknicken, und das mit großen Schritten.

Unten angekommen, waren meine Zehen wund, aber es ging weiter! Ich machte nur kurz an der Trinkstation halt und rannte weiter. Ein Fehler, wie sich später herausstellte. Die letzten Kilometer waren die schlimmsten. Meine Füße schmerzten, meine Beine wollten nicht mehr. Doch ich kämpfte mich durch, und da ich fast nicht mehr gehen konnte, ermutigten mich die vorbeirennenden Läufer, weiterzugehen.

Als ich schließlich die Ziellinie überquerte, brachen Tränen der Freude aus. Ich war überglücklich und stolz auf meine Leistung. Trotz der Strapazen erreichte ich den 10. Platz in meiner Kategorie der Herren, mit einer Zeit von 2:23 Stunden! Doch meine Zehen waren aufgerissen, ich blutete und war völlig durchnässt. Was für ein unvergessliches Erlebnis!

Am nächsten Tag feierte ich meinen Geburtstag und konnte meinen Freunden von diesem Abenteuer erzählen. Und ich erinnere mich noch gut daran, dass ich nach diesem Event sicher eine Woche lang Muskelkater hatte.

Wandel im Juli: Fokus auf Bassalo

Im Juli fand eine bedeutsame Veränderung statt, sowohl beruflich als auch persönlich. Die Tage im Klettergarten, die einst so viel Freude bereiteten, begannen sich im Schatten meines wachsenden Engagements für Bassalo zu verblassen. Jeder Moment, den ich mit meinem Spiel verbrachte, fühlte sich erfüllender an, und die Aussicht, andere Jobs zu erledigen, verlor allmählich ihren Reiz.

So beschloss ich, mich ab Juni ganz meiner Leidenschaft zu widmen und mich nur noch im Notfall als Ersatzkraft zur Verfügung zu stellen. Doch selbst diese Gelegenheiten wurden immer seltener, und bald hatte ich mehr Zeit, um mich voll und ganz meinem "Baby" zu widmen.

Sommer voller Erlebnisse

Im Juli nahm ich diesmal an einer Beachvolleyball-Tour teil, die in verschiedenen Schwimmbädern in Tirol stattfand. Ich erinnere mich, dass ich etwa drei- bis viermal teilgenommen habe, bevor ich beschloss, nicht mehr dabei zu sein. Die Atmosphäre war geprägt von Leidenschaft für den Sport, doch für mich als Unternehmer war es frustrierend zu sehen, wie meine Präsenz dort kaum zu Verkäufen führte. Die Zeit, die ich dort verbrachte, fühlte sich nicht mehr lohnend an, und so entschied ich mich, meine Energie anders zu investieren.

Stattdessen nahm ich im selben Monat an einer Reihe anderer Veranstaltungen teil, die mir neue Möglichkeiten boten, meine Marke zu präsentieren. Angefangen beim Münchner Sportfestival, wo ich mit einer großen Spielfläche vertreten war, bis hin zu zwei neuen Events: dem Stadtfest in Wörgl und einem aufregenden Trendsport-Event am Thiersee, organisiert von engagierten Studenten aus Kufstein. Diese Veranstaltungen waren eine willkommene Abwechslung und boten mir die Chance, mein Spiel einem breiteren Publikum vorzustellen.

Doch nicht alles drehte sich nur um Arbeit. Im Juli stand auch mein lang ersehnter Urlaub bevor, und dieses Mal führte mich meine Reise nach Sardinien.

Die Insel bot nicht nur eine atemberaubende Kulisse, sondern auch die Möglichkeit, Zeit mit meiner Schwester und ihrem Freund zu verbringen, die dort lebten. Trotz der Auszeit nahm ich meinen Laptop mit, um sicherzustellen, dass ich weiterhin für meine Kunden erreichbar war. Es war ein Balanceakt zwischen Arbeit und Entspannung, der mir zeigte, wie wichtig es ist, sich selbst zu gönnen.

Der August brachte dann eine Mischung aus altbekannten Verpflichtungen und neuen Möglichkeiten. Workshops in Feriencamps und das Spiele-Sommer-fest der Sportunion Kufstein standen auf dem Programm, und ich genoss es, meine Leidenschaft für Spiele mit anderen zu teilen, besonders an einem sonnigen Tag wie diesem.

Die Kraft der Geschichte

An einem warmen Augustabend, als die Sonne langsam hinter den Bergen verschwand, fand der alljährliche "Sommer-Cocktail" der Wirtschaftskammer Kufstein statt. Ein Ereignis, das die lokale Geschäftswelt zusammenbrachte und die Gelegenheit bot, alte Bekannte zu treffen und neue Kontakte zu knüpfen. Für mich war es eine Gelegenheit, mich unter "Gleichgesinnten" zu bewegen und vielleicht sogar etwas Aufmerksamkeit für meine Arbeit zu bekommen.

Es war dort, zwischen den angeregten Gesprächen und dem leisen Klingen der Gläser, dass ich auf den Herausgeber des renommierten Magazins "Kufsteinerin" stieß. Was für ein Zufall! Schließlich hatte ich schon davon geträumt, in diesem Magazin erwähnt zu werden, auch wenn ich noch nicht zu den "berühmten" Persönlichkeiten des Bezirks gehörte.

Mutig ergriff ich die Gelegenheit, ihm meine Geschichte zu erzählen - natürlich nur in Kurzfassung. Doch die Begeisterung des Herausgebers war spürbar. Er stimmte zu, über mich zu berichten. Ich konnte es kaum glauben - endlich würde ich meine Geschichte in den Seiten des Magazins sehen.

Der Bericht, der später auch auf dem Blog von Adriane Gamper erschien, dokumentierte meine Reise und meine Leidenschaft für Bassalo. Das Coverbild dieses Buches, das mich porträtiert, verdanke ich dem Herausgeber Christian Mey. Eine Geste, die ich noch immer sehr zu schätzen weiß.

Nach der Veröffentlichung des Artikels spürte ich die positive Resonanz in der Kufsteiner Szene. Unternehmer und Bekannte gratulierten mir und bedankten sich für meine Offenheit und Ehrlichkeit. Ein Unternehmer gestand mir sogar, dass er meinen Bericht ausgedruckt und über seinen Schreibtisch gehängt hatte, um sich immer wieder daran zu erinnern.

Es war ein bewegender Moment zu realisieren, dass meine Geschichte anderen Mut und Hoffnung geben konnte. Ein Gefühl, das mich erfüllte und mich dazu motivierte, weiterhin meinen Weg zu gehen und andere zu inspirieren.

Japan-Chance auf Messe entdeckt

Ende August brach ich zu einem neuen Abenteuer auf: die Fachhändler-Messe "Tendence" in Frankfurt. Es war eine Chance, die ich nicht auslassen wollte, auch wenn die Messe eher für Geschenke, Trends und Haushaltsartikel bekannt war - nicht gerade mein übliches Terrain. Doch ich spürte den Drang, etwas Neues zu erkunden, und der Preis war verlockend.

Die Messe entpuppte sich als Herausforderung. Die Besucher kamen und gingen, die meisten hatten ihre Termine bereits festgelegt und wussten genau, wonach sie suchten. Mein Spiel, obwohl von einigen bewundert, passte nicht in ihr Sortiment. Trotzdem konnte ich ein paar interessante Begegnungen verzeichnen.

Besonders zwei japanische Besucher fielen mir auf. Sie kamen immer wieder an meinen Stand und zeigten großes Interesse. Es war faszinierend zu sehen, wie sie sich für mein Spiel begeisterten und ihre Neugier bekundeten. Am Ende, im September, sagte einer von ihnen sogar eine Kooperation als Distributor zu und bestellte die ersten 400 Spiele. Dem anderen war es dann zu heikel, ebenso für sich zu bestellen und trat zurück. Denn beide wollten das alleinige Verkaufsrecht für Japan haben. Wie cool war das denn!?

Trotz der Herausforderungen konnte ich auf der Messe noch ein paar kleinere Händler für mich gewinnen. Jeder neue Kontakt war ein Gewinn, und ich war jedem einzelnen dankbar für die Chance, mein Spiel vorzustellen.

Teamarbeit für Spielwachstum

Im September war es an der Zeit, neue Wege zu beschreiten und frischen Wind in mein Spiel zu bringen. Zwei junge, motivierte Menschen aus meiner Nähe entschieden sich, an meiner Seite zu stehen und meine Vision mit Leben zu füllen. Einer von ihnen hatte den Schritt in die Selbständigkeit gewagt und übernahm die Verantwortung für einige bevorstehende Messen, während der andere gelegentlich Workshops in Schulen leitete. Bereits zuvor hatte Letzterer als Praktikant an verschiedenen Veranstaltungen teilgenommen und war nun wieder als Unterstützung mit dabei.

Es war ein tolles Gefühl, Teil eines Teams zu sein, das alle dasselbe Ziel vor Augen hatte. Mit ihrem Engagement konnte mein Spiel nun gleichzeitig an verschiedenen Orten präsent sein, eine Chance, die ich allein nie ausgeschöpft hätte. Ein Beispiel hierfür war die Welser Herbstmesse, zu der ich einen meiner Partner begleitete, während der andere in St. Pölten einen Workshop für Sportlehrer leitete. Solche Möglichkeiten zu haben, war einfach fantastisch!

Neue Geschäftspartner gefunden

In den Jahren zuvor hatte ich auf den Spielemessen in Innsbruck immer wieder einen Herrn getroffen, der im September dieses Jahres mit einer interessanten Kooperationsanfrage an mich herantrat. Er stellte mir seinen älteren Kollegen vor, der über umfangreiche Erfahrung im Klein- und Großhandel verfügte, während er selbst in der Versicherungsbranche tätig war. Beide versicherten mir, dass sie über ein weitreichendes Netzwerk von Kontakten und

Unternehmen verfügten, die möglicherweise an meinem Spiel interessiert sein könnten, und boten ihre Beratung und Unterstützung in jeder Hinsicht an.

Und weil ich in der Vergangenheit keine guten Erfahrungen mit Partnerschaften und Kooperationen gemacht hatte, war ich zunächst skeptisch. Ich erinnerte mich an meine früheren Partner, die nicht den gewünschten Erfolg gebracht hatten. Dennoch gab ich dem Herrn eine Chance, mich zu überzeugen. Er brachte den älteren Herrn zu mir nach Hause, und obwohl ich zunächst skeptisch war, gelang es ihm, mich von ihrer gemeinsamen Kompetenz und ihrem Engagement zu überzeugen.

Trotz meiner anfänglichen Bedenken beschloss ich schließlich, eine Kooperation mit ihnen einzugehen. Ich hatte wenig zu verlieren und benötigte dringend Unterstützung. Der vorgeschlagene Deal schien vernünftig zu sein: Sie würden mich beraten, mir bei der Erweiterung meines Geschäftsnetzwerks helfen und dafür würde ich ihnen je nach Umsatzhöhe einen monatlichen Betrag zahlen.

Im September schlossen wir einen Vertrag ab, der zunächst für ein Jahr gelten sollte. Obwohl eine Abfindung von 10.000 € im Falle einer Kündigung Ende 2017 eine beträchtliche Summe war, entschied ich mich dafür, das Risiko einzugehen. No risk, no fun! Und die Motivation und Entschlossenheit der beiden Herren überzeugten mich letztendlich. Und so begann ich eine neue Partnerschaft in der Hoffnung, meine Geschäftskontakte zu erweitern und mein Spiel weiter voranzubringen.

Networking voller Spaß

Im September stand wieder die Bundestagung an, diesmal in Eisenstadt. Es war ein Ereignis, auf das ich mich immer freute. Nicht nur wegen des Spaßes, den man dort hatte, sondern auch in der Hoffnung, neue Kontakte zu knüpfen, die möglicherweise mein Spiel weiter voranbringen könnten. Die Möglichkeiten schienen grenzenlos, denn man wusste nie, wen man treffen würde und welche Verbindungen sich daraus ergeben könnten.

Dieses Mal war jedoch alles anders. Begleitet wurde ich von meinem besten Freund, und der Hauptgastredner war niemand Geringeres als Herr Leo Hillinger, bekannt aus der Show "2 Minuten - 2 Millionen" und für seine Weine natürlich. Seine lockere und sympathische Art trug dazu bei, dass wir eine Menge Spaß hatten. Doch trotz der guten Stimmung kehrte ich ohne vielversprechende Kontakte nach Hause zurück.

Manchmal muss man einfach den Moment genießen, ohne zwanghaft nach neuen Möglichkeiten zu suchen. Diese Veranstaltungen sind nicht nur Networking-Events, sondern bieten auch eine geistige Nahrung für die Seele. Hier sitzen alle im gleichen Boot, und es geht nicht nur um den Erfolg an sich, sondern auch um den Austausch von Ideen und die gegenseitige Unterstützung. Solche Events sind wie ein Bollwerk gegen die Zweifel und Negativität, denen man sich als Unternehmer oft gegenübersieht. Sie erinnern uns daran, dass wir nicht allein sind und dass es viele Gleichgesinnte gibt, die denselben Traum verfolgen.

Jahresende: Reisen, Präsentieren, Erleben

Im Oktober war mein Team voll im Einsatz. Einer meiner neuen "Mitarbeiter" reiste nach Leipzig und zum Outdoor Sportfestival in München, während ich mich selbst auf den Weg zur "Sport-Aktiv" Messe in Erfurt machte. Es war eine Wohltat, nicht mehr überall persönlich präsent sein zu müssen, doch mein Herz zog es immer wieder auf die Straße.

Im November wagte ich eine Fahrt nach Hamburg, um am Sportkongress teilzunehmen. Zwar konnte ich keinen Platz mehr für eigene Workshops ergattern, doch das hinderte mich nicht daran, meinen Stand aufzubauen und mein Spiel vorzustellen. Ein besonderer Moment erfüllte sich, als ich mir allein das Musical "König der Löwen" ansah – ein langgehegter Wunsch, der endlich in Erfüllung ging.

Auf dem Kongress selbst hatte ich nicht viel Glück mit den Umsätzen. Die Besucher waren rar und hetzten von einem Workshop zum nächsten. Doch das hielt mich nicht davon ab, mein Spiel leidenschaftlich zu präsentieren.

Das darauffolgende Wochenende bedeutete für mich ein persönliches Highlight: Mein eigener Stand bei der "Interpädagogica" Messe in Wien. Die Veranstaltung übertraf meine Erwartungen bei weitem. Endlich konnte ich mir den Luxus eines eigenen Standes leisten und war stolz darauf, allein auszustellen. Ein deutlicher Fortschritt gegenüber dem Vorjahr, als ich nur als Teil eines Gemeinschaftsstands vertreten war.

Zum Monatsende begleitete mich einer meiner zwei neuen „Mitkollegen" zur "Boot und Fun" Messe in Berlin. Leider blieb der Erfolg aus, da auch hier die Besucherzahlen enttäuschend waren.

Im Dezember kehrte ich zurück zur Spielemesse in Innsbruck und absolvierte noch einige Workshops in Schulen. Damit endete meine Tour für dieses Jahr, doch die Erinnerungen und Erfahrungen werden bleiben.

Globale Messepräsenz sichern

Dieses Jahr markierte einen bedeutenden Meilenstein für mich, als ich die lang ersehnte "Go International" Förderung des Landes erhielt. Diese Förderung eröffnete mir die Möglichkeit, an internationalen Messen teilzunehmen und erstattete mir die Hälfte der anfallenden Kosten, bis zu einem Maximum von 12.000 €, zurück. Es war meine Chance, bei einer wirklich großen Messe dabei zu sein, der Spielwarenmesse in Nürnberg.

Schon oft hatte ich die lebhaften Bilder dieser Messe vor meinem inneren Auge gehabt, als ich selbst nur als Besucher dort weilte. Die endlosen Reihen von Fachhändlern, die geschäftig hin und her eilten, die Atmosphäre vibrierender Geschäftsaktivität – all das hatte meinen Ehrgeiz geweckt. Ich konnte förmlich den Puls des internationalen Handels spüren, als ich zwischen den Ständen hindurchging, umgeben von Menschen aus der ganzen Welt, gekleidet in ihre besten Anzüge.

Die Zusage für diese Förderung eröffnete mir endlich die Möglichkeit, an dieser renommierten internationalen Spielemesse teilzunehmen. Doch der Weg dorthin war nicht einfach. Die Teilnahmegebühren allein waren beträchtlich, ganz zu schweigen von den Kosten für Standbau, Reise und Unterkunft. Aber ich ließ mich nicht entmutigen. Diese Messe war meine Chance, meine Marke auf die nächste Stufe zu heben, und ich würde alles daransetzen, sie zu nutzen.

Das Geschäftsjahr 2016

In diesem Jahr sah mein Umsatz fast genauso aus wie im Vorjahr. Die Einnahmen aus den Workshops waren jedoch spürbar geringer. Trotz meiner beiden neuen Partner ergaben sich keine signifikanten Neugeschäfte. Dennoch fanden regelmäßige Telefonate und Treffen zu dritt statt, in der Hoffnung auf neue Perspektiven.

Die Einnahmen aus dem Verkauf meiner Spiele verteilten sich wie folgt:

- Der größte Teil stammte von zwei bedeutenden Großaufträgen: 500 Sets für die ÖBB und 1.000 Sets für Mercedes Benz.
- Dies wurde dicht gefolgt von meinen zahlreichen Händlern, deren Umsatz sich in diesem Jahr fast verdreifachte.
- Auch Privatkunden, Schulen und Vereine trugen zu meinen Einnahmen bei.

Ich konnte in diesem Jahr einige neue Händler für mich gewinnen, insgesamt waren es nun 16. Darunter befanden sich auch zwei neue Schulsportausstatter. Die Zusammenarbeit mit dem japanischen Partner nahm langsam Fahrt auf. Die ersten 400 Spiele waren nur der Anfang einer vielversprechenden Entwicklung in Japan. Es war offensichtlich, dass er dort große Ambitionen hegte und zahlreiche Geschäfte anstrebte. Doch dazu später mehr.

Zusammenfassung 2016

Das vergangene Jahr war ein bunter Mix aus Höhenflügen und Herausforderungen, die mir unvergessliche Erfahrungen bescherten. Der Frühling begrüßte mich mit zwei bedeutenden Aufträgen und einem hohen Kredit, der von einem Gönner aus Deutschland, aus dem Klettergarten kam – ein wahrer Segen in finanzieller Hinsicht. Dieser finanzielle Aufwind eröffnete mir neue Perspektiven und ermöglichte es mir, meinen Fokus noch stärker auf die Weiterentwicklung meines Projekts zu legen.

Der Verlauf des Jahres gestaltete sich auch deshalb angenehmer, da ich nicht mehr ständig alleine unterwegs sein musste. Dank meiner beiden neuen Teammitglieder, einem Selbständigen Kollegen und einem engagierten Praktikanten, konnte ich die Last der Verantwortung etwas teilen. Diese Zusammenarbeit erwies sich als segensreich und ermöglichte es mir, auch mal eine Auszeit zu nehmen.

Zweimal erlaubte ich mir den Luxus, dem Alltag zu entfliehen: Einmal nach Barcelona und dann nach Sardinien. Diese Reisen waren nicht nur Erholung, sondern auch Inspiration. Zurückgekehrt von meinen Abenteuern, erwartete mich ein weiterer Meilenstein: Mein erster eigener Stand auf der renommierten Interpädagogica-Messe, einem Ereignis, das meinen langgehegten Traum verwirklichte und mir die Möglichkeit bot, mein Spiel einem breiten Publikum zu präsentieren.

Die Reise der Erfahrungen führte mich auch auf die Bühne der Fuckup-Night in Innsbruck, wo ich meine persönliche Geschichte mit anderen teilen durfte. Es war eine bewegende und erhebende Erfahrung, die mir zeigte, wie wichtig es ist, über die eigenen Rückschläge zu sprechen und aus ihnen zu lernen.

Ein weiterer Hoffnungsschimmer für das kommende Jahr war die neue Kooperation mit den beiden Herren, die vielversprechende Perspektiven für die Zukunft eröffnete.

Zusätzlich zu diesen beruflichen Meilensteinen zog auch mein bester Freund in meine Wohnung ein. Sein uneigennütziger Beistand und seine großzügige finanzielle Unterstützung waren ein wahrer Segen. Gemeinsam genossen wir die gemütlichen Abende bei einem kühlen Bier und schufen unvergessliche Erinnerungen in einem Jahr, das voller Höhen und Tiefen war.

KAPITEL 8: Das Jahr 2017

Spiel-Erfolg in der Schweiz

Das neue Jahr startete mit einem wahrhaften Erfolg – einem Auftrag, der mein Unternehmen wieder ein Stück nach vorne brachte. Die Nachricht von einem potentiellen Geschäftspartner aus der Schweiz erreichte mich. Dieser Kontakt, den ich zufällig knüpfte, sollte sich als segensreich erweisen.

Es war ein Tag wie jeder andere, als ich jemanden aus der Schweiz traf, der ebenfalls im Bildungssektor tätig war. Ein kurzer Austausch, ein paar freundliche Worte, und schon waren die Weichen für einen weiteren großen Auftrag gestellt. Dieser Geschäftspartner, der an Schulen verkaufte, zeigte Interesse an meinem Spiel und beschloss, ganze 500 Sets mit seinem eigenen Logo zu bestellen. Es war eine Bestätigung meines Konzepts, dass meine Spiele nicht nur unterhaltsam waren, sondern auch einen werbewirksamen Nutzen boten.

Es war ein Beweis dafür, dass Erfolg oft dann kommt, wenn man am wenigsten damit rechnet. Der unerwartete Triumph gab mir neuen Schwung und ermutigte mich, weiterhin hart zu arbeiten und nach neuen Möglichkeiten Ausschau zu halten.

Der Gedanke, dass mein Spiel nun mit dem Logo eines weiteren Kunden bedruckt würde, erfüllte mich mit Stolz und Demut zugleich.

In den folgenden Wochen und Monaten arbeitete ich daran, diesen Auftrag zu erfüllen und sicherzustellen, dass jedes meiner Spiele den hohen Erwartungen meines Kunden entsprach.

Die PSI-Messe: Hoffnung auf Mega-Erfolg

Mitte Januar stand die PSI-Messe in Düsseldorf auf meinem Programm – das ultimative Event für Werbeartikel. Der Geschäftsführer meines Becher-Herstellers lud mich ein, an seinem Stand teilzunehmen. Eine Win-Win-Situation:

Ich als offener, humorvoller Typ konnte die Gäste mit Bassalo ansprechen und unterhalten, während wir beide auf neue Kontakte hofften.

Nicht jeder in seinem Team war von der Idee begeistert, einen anderen „Promoter" am Stand zu haben. Doch dank unserer ehrlichen Beziehung stellte er sich hinter mich, denn sein Erfolg auf der Messe war auch meiner und umgekehrt. Also machte ich mich auf den Weg und knüpfte tatsächlich zahlreiche Kontakte.

Viele zeigten Interesse, und ich verteilte über drei Tage hinweg insgesamt 31 Mustersets. Ich dachte mir, jetzt könne die Arbeit zu Hause losgehen. Bestimmt würden einige Aufträge folgen. Denn immerhin bedeutete es für mich, dass jeder Kunde mindestens 500 Spiele kaufen müsste, um mein Spiel als Werbegeschenk nutzen zu können. Ich war höchst motiviert und sehr aufgeregt.

Doch als ich wieder zu Hause war und die Visitenkarten durchging, Angebote verschickte und immer wieder nachfasste, folgte die Ernüchterung.

Trotz all der gezeigten Begeisterung und des Interesses auf der Messe kam kein einziger Kontakt zum Abschluss. Es war enttäuschend, und ich fragte mich, was schiefgelaufen war. Selbst ein Werbeartikelhändler, der mein Spiel in der Schweiz ausstellte, brachte keine Ergebnisse.

Manchmal liegen die Dinge einfach anders als gedacht.

Spielwarenmesse auf internationaler Bühne

Anfang Februar war es endlich soweit: Ich stand selbst auf der renommierten Spielwarenmesse in Nürnberg. Nachdem ich letztes Jahr die Zusage für die "Go-International Förderung" erhalten hatte, konnte ich trotz der hohen Kosten an dieser bedeutenden internationalen Messe teilnehmen. Jeder Tag an meinem Stand war ein neues Abenteuer, voller Hoffnung und ungewisser Begegnungen.

Sechs Tage lang stand ich dort, begrüßte Besucher aus aller Welt und präsentierte mein Produkt in verschiedenen Sprachen. Die Vielfalt der Besucher war beeindruckend - von Europa bis Fernost, von Nordamerika bis Australien. Und sie alle zeigten großes Interesse an meinem Spiel, trotz des nicht ganz professionell aussehenden Stands.

Es war ein unglaubliches Gefühl, zu sehen, wie mein Spiel so viele Menschen ansprach. Ich verteilte Muster-Sets und erhielt vor Ort sogar einige kleine Bestellungen. Die Visitenkarten häuften sich, und das Interesse an meinem Produkt wuchs stetig.

Besonders aufregend waren die Begegnungen mit den Vertretern einer großen Firma, die Interesse an einer Zusammenarbeit zeigten. Sie sprachen von potentiellen Bestellungen von 5.000 – 10.000 Sets - ein Deal, der meine Erwartungen übertraf und meine Nervosität steigen ließ. Doch es gab noch viele Details zu klären, bevor dieser Deal Realität werden konnte.

Trotz der langen und anstrengenden Tage auf der Messe war ich glücklich und voller Vorfreude auf das, was noch kommen würde. Mein Messe-Marathon war noch lange nicht vorbei, und ich konnte es kaum erwarten, was die Zukunft bringen würde.

Mein Abenteuer in Japan

Mein neuer japanischer Distributor kontaktierte mich bereits im Januar und fragte, ob ich im Februar Zeit hätte, um ihn bei seiner ersten wichtigen Messe in Tokio zu unterstützen. Seine Einladung, die Reisekosten und Hotel zu übernehmen, war ein unerwarteter Segen. Die Vorstellung, nach Japan zu reisen, um an seiner Seite zu sein, war für mich eine Ehre und gleichzeitig ein aufregendes Erlebnis. Natürlich sagte ich zu. Ich konnte es kaum erwarten, diese Chance zu nutzen und in ein Land zu reisen, das ich bisher nur aus Filmen und Büchern kannte.

Nachdem die Nürnberger Messe am Montagabend zu Ende gegangen war, eilte ich nach München, um dort zu übernachten und mich auf den frühen Flug am nächsten Morgen vorzubereiten. Die Vorfreude und Aufregung ließen mich kaum schlafen. Am nächsten Morgen brach ich schließlich auf, zuerst nach Frankfurt und dann weiter nach Japan. Nach einer langen Reise und kaum Schlaf erreichte ich schließlich am nächsten Tag morgens um 7 Uhr den Flughafen in Tokio. Ich eilte direkt mit dem Taxi zur Messe.

Dort traf ich meinen japanischen Partner, der bereits auf mich wartete. Zusammen bauten wir unseren Stand auf, und als ich meinen Spielnamen "Bassalo" über dem Stand sah, durchzuckte mich ein Gefühl von Stolz und Erfüllung. Es war unglaublich, mein Produkt in einem internationalen Umfeld so professionell präsentiert zu sehen.

Die Tage nach meiner Reise nach Nürnberg und dem langen Flug nach Tokio waren eine echte Herausforderung. Es war bereits über eine Woche her, seit ich das letzte Mal ausgeruht war.

Auf der Messe in Tokio lag meine Verantwortung hauptsächlich im Spielen. Mein japanischer Partner hatte extra eine Spielfläche in der Nähe unseres Stands gemietet, auf der ich die meiste Zeit verbrachte. Die Besucher wurden von ihm zu mir geschickt, und das Spiel begann. Anfangs versuchte ich, die Regeln auf englisch zu erklären, aber bald merkte ich, dass viele Besucher kein Englisch verstanden. Also wechselte ich einfach auf deutsch. Trotz anfänglicher Schüchternheit waren die Besucher schnell begeistert. Sobald sie den ersten "Catch" schafften, leuchteten ihre Augen, und sie schauten gespannt in den Becher, um zu sehen, ob der Ball wirklich drin war.

Während ich also unermüdlich spielte, führte mein Partner am Stand Gespräche mit potentiellen Kunden. So vergingen drei lange Tage. Ich fühlte mich wie ein Zombie, alles tat weh: meine Arme, Beine, Rücken und Schultern. Hinzu kam der Schlafmangel. Mein Hotelzimmer war klein und roch stark nach Rauch, sodass ich kaum frische Luft bekam. Stundenlang musste ich das Fenster offenlassen, bis ich endlich einschlafen konnte. Es war kein Zuckerschlecken.

Nach drei Messetagen und insgesamt neun Tagen Marathon von Nürnberg bis Tokio fiel ich am Freitagabend erschöpft ins Bett und wachte erst zwölf Stunden später wieder auf. Endlich konnte ich schlafen!

Es war Wochenende, und mein Flug nach Hause war erst für Montag geplant. Diese Zeit wollte ich nutzen, um die Stadt zu erkunden. Alles war so aufregend! Am nächsten Tag machte ich mich auf den Weg zu den wichtigsten Sehenswürdigkeiten und plante, alles zu Fuß zu erkunden, ähnlich wie ich es in Paris getan hatte. Doch von einer Sehenswürdigkeit zur nächsten zu gelangen, dauerte oft länger als erwartet. Die Stadt war einfach zu groß! Also entschied ich mich, die Straßenbahn, den Bus oder sogar die U-Bahn zu nutzen. Es war faszinierend und aufregend, sich durch die Stadt zu bewegen und neue Orte zu entdecken.

Am Montag trat ich dann die Heimreise nach Tirol an. Was für ein Abenteuer es doch war!

Kaum war ich wieder zu Hause angekommen, gab es keine Zeit zum Ausruhen. Die Arbeit stapelte sich förmlich auf meinem Schreibtisch. Ich musste die Aufträge und Kontakte von der Spielwarenmesse in Nürnberg bearbeiten. Doch auch aus Tokio kam glücklicherweise eine erfreuliche Nachricht: Ein Geschäftspartner aus Taiwan hatte 400 Spiele bestellt! Doch damit nicht genug, auch der japanische Distributor orderte nach der Messe beeindruckende 2.500 Spiele!

221

Es war unglaublich, wie alles plötzlich ins Rollen kam! Neue Händler und Großaufträge strömten herein. Besonders ab 400 Sets profitierten die Käufer von einem günstigeren Einkaufspreis, was viele dazu bewog, gleich größere Mengen zu bestellen. Das Gefühl, dass mein Unternehmen nun international expandierte, war einfach überwältigend! Meine Spiele fanden ihren Weg nach Holland, Frankreich, Dänemark, Rumänien, Japan und Taiwan. Insgesamt gewann ich etwa 20 neue Händler hinzu – und das auf internationaler Ebene!

Es lief einfach fantastisch für mich! Doch dann geschah noch mehr...

Großer Deal: 5.000 Spiele

Nach der Nürnberger Messe ging es direkt ans Werk. Ich schickte mein Angebot an die Firma, die sich für den Kauf von ein paar Tausend Spielen interessierte - jene Firma mit den Handelsvertretern. Nach einigem Hin und Her war der Deal perfekt: Sie bestellten tatsächlich 5.000 Spiele! Das war ein Triumph, der meine kühnsten Erwartungen übertraf. Die 400 Spiele-Aufträge waren bereits eine Sensation für mich, doch nun das - 2.500 Stück für Japan und jetzt noch einmal das Doppelte? Es war wie ein Traum, der wahr wurde!

Doch der Erfolg kam nicht ohne Herausforderungen. Sie drängten auf einen guten Preis, und ich musste nachgeben, um den Deal abzuschließen. Mein Gewinn pro Spiel war minimal, doch bei einer Bestellung von 5.000 Sets würde sich das schon auszahlen. Die Verhandlungen waren knallhart, aber ich blieb standhaft. Nach langem Ringen konnte ich sie schließlich davon überzeugen, mein Logo auf den Bechern zu lassen - ein Sieg, auf den ich stolz war.

Es war mir schon immer ein Anliegen gewesen, meine Marke zu repräsentieren, auch bei großen Aufträgen wie denen der ÖBB und Mercedes Benz. Doch bisher hatte ich immer nachgegeben, um die Deals abzuschließen. Doch jetzt war es an der Zeit, meine Marke zu verteidigen.

Nach diesen großen Aufträgen bestellte ich eine große Menge neuer Becher und Bälle. Da ich nicht alles alleine bewältigen konnte, organisierte ich mit der

Hilfe von guten Freunden und einem örtlichen Spediteur die Logistik und das Verpacken. Es war ein logistischer Kraftakt, aber es fühlte sich gut an, einen weiteren Meilenstein auf meinem Weg zum Erfolg zu erreichen.

Tränen der Freude – Ein Moment der Bestätigung

Im Februar und März kehrte nach dem Messe-Marathon endlich etwas Ruhe ein. Ein Moment der Atempause, um die Lagerbestände zu überprüfen und die organisatorischen Angelegenheiten zu regeln. Workshops standen kaum noch auf dem Plan, doch eine besondere Einladung lockte mich zurück in den Schwarzwald zu meiner Mutter. Auf dem Weg dorthin hielt ich in Dornbirn für eine weitere Teilnahme an der „Fuck-Up-Night", einem Ort des offenen Austauschs über gescheiterte Projekte und persönliche Erfahrungen.

Die Einladung zur Veranstaltung in Vorarlberg kam über Umwege. Ein Kollege des Organisators aus Innsbruck hörte von meiner Geschichte und lud mich ein. Trotz des weiten Weges entschied ich mich dafür, begleitet von den Gedanken an die bevorstehende Rede. Als ich die Bühne betrat, fühlte ich mich zunächst nervös, doch mit jeder gesprochenen Zeile verschwand diese Anspannung. Am Ende, nach meiner Präsentation, in dem Moment, als ich dachte, es sei vorbei und ich könnte jetzt zu meiner Mutter weiterfahren, trat eine Frau auf mich zu.

Sie stellte sich als Coach für Redner vor und war beeindruckt von meiner Performance. Sie erklärte, wie beeindruckt sie von meinem Geschichtenerzählen war und wieviel Potenzial sie darin sah. Diese unerwarteten Worte erfüllten mich mit Überraschung und Stolz. Ihre Worte waren eine Bestätigung meiner Fähigkeiten, die ich im privaten Umfeld schon lange kannte. Als ich später alleine im Auto saß, überwältigten mich Tränen der Freude und Dankbarkeit. Der Gedanke, öfter auf der Bühne zu stehen, durchströmte mich, auch wenn er später verblasste.

Strategische Partnerschaft aus London

Es war ein Deal, der zunächst vielversprechend klang. Zwei neue Partner hatte ich bereits an Bord geholt, um mein Unternehmen voranzutreiben. Doch plötzlich, wie aus dem Nichts, gesellte sich noch eine dritte Person dazu - eine Marketingexpertin aus London, eine Freundin des Versicherungsmaklers. Ihr Fachgebiet war genau das, was mir bis dato gefehlt hatte: Marketing. Ich konnte mir ein Lächeln nicht verkneifen, als ich an all die Möglichkeiten dachte, die sich nun auftaten.

Doch dann offenbarten sich die Details unseres Deals, und meine Euphorie wich einem Hauch von Skepsis. Sie würde 10 % des Umsatzes für die nächsten drei Jahre erhalten, mit einer Abschlagszahlung von 10.000 € am Ende des Jahres 2019. Ein beträchtlicher Betrag, wenn der Umsatz die 50.000 €-Marke nicht erreichte. Zudem stand ihr bei einem Verkauf der Marke „Bassalo" ebenfalls ein Anteil von 10 % zu. Die Konditionen schienen fair, doch als ich genauer hinsah, bemerkte ich, dass es meine Gewinnspanne erheblich einschränkte.

Trotzdem glaubte ich an den Erfolg. Ich glaubte an sie und an mich. Doch je mehr Zeit verging, desto deutlicher wurde mir, dass die Versprechungen und Erwartungen nicht ganz den Realitäten entsprachen. Unsere Treffen waren zwar produktiv, aber die erwarteten Kontakte blieben aus. Stattdessen wurden Stunden damit verbracht, Excel-Tabellen zu durchforsten und den perfekten Verkaufsplan zu entwerfen. Ein neues CRM-Programm wurde eingeführt, das monatlich hohe Kosten verursachte, ohne dass es wesentlich effektiver war als das vorherige.

So vergingen die Monate, und ich begann zu zweifeln. War diese Vereinbarung wirklich die richtige Entscheidung? Die Zusammenarbeit mit den dreien brachte nicht die erhofften Ergebnisse, sondern vielmehr neue Herausforderungen und Kosten.

Frischer Wind: Becherauswahl jetzt in fünf Farben

Als die Nachfrage nach meinen Bechern mit den drei Farben immer stärker wurde, beschloss ich, das Angebot zu erweitern und die Palette um zwei weitere Farben zu erweitern. Es war eine Entscheidung, die von meinem Wunsch angetrieben wurde, meinen Kunden noch mehr Vielfalt und Auswahlmöglichkeiten zu bieten. Schließlich wollte ich sicherstellen, dass jeder Kunde genau das findet, was seinem Geschmack und seinen Vorlieben entsprach.

Die Produktion der Becher in den neuen Farben war ein aufregender Schritt für mein Unternehmen. Ich konnte es kaum erwarten, die ersten Muster in Händen zu halten und zu sehen, wie die neuen Farben meine Kunden begeistern würden. Jeder Schritt des Prozesses - von der Auswahl der Farben bis zur finalen Produktion - war von einem Gefühl der Vorfreude und Aufregung begleitet.

Neue Unterstützung: Mein erster Mitarbeiter

Damals, bei einem Workshop in einer Schule, war er mir bereits aufgefallen - ein Gesicht, das sich in die Erinnerung einbrannte. Als ich dann auf Facebook verkündete, dass ich nach einem Mitarbeiter suchte, meldete er sich. Es war fast so, als hätte das Schicksal unsere Wege bestimmt zusammengeführt. Schon im vergangenen Jahr hatte er mir als "Praktikant" geholfen, und es war deutlich zu spüren, dass wir auf einer Wellenlänge lagen.

Als ich ihn im April einstellte, fühlte es sich an, als würde ein fehlendes Puzzlestück endlich an seinen Platz fallen. Die Aussicht darauf, nicht mehr alleine zu sein, beflügelte mich. Trotz seiner geringfügigen Anstellung war seine Anwesenheit eine große Bereicherung. Es war mehr als nur ein neuer Mitarbeiter - es war ein Schritt in Richtung einer gemeinsamen Zukunft, voller Möglichkeiten und Zusammenarbeit.

Motivationsfeuerwerk in Linz

Im Mai begaben sich mein bester Freund, der immer noch bei mir wohnte, und ich an einem Wochenende auf den Weg zu den "Power-Days" von Jürgen Höller, die in Linz stattfanden. Ehrlich gesagt, war ich zunächst skeptisch, als ich den Saal betrat und diesen selbstbewussten Anzugträger sah. Er strahlte eine Arroganz aus, die mich abstieß. Doch die Menge um uns herum klatschte, jubelte und verehrte ihn förmlich. Wir beiden jedoch hielten uns zurück. Doch dann begann die Show: Immer wieder standen die Teilnehmer auf, klatschten, tanzten und ließen sich von Höllers provokanten, aber auch tiefgründigen Fragen und Geschichten mitreißen.

Besonders berührt hatte uns seine persönliche Geschichte: Wie er einst am Boden war, alles verloren hatte, im Gefängnis saß und sich dann entschied, wieder aufzustehen. Plötzlich erfasste uns die emotionale Wucht seiner Erzählung. Am Ende waren auch wir voll dabei, tanzten motiviert mit und ließen uns dazu hinreißen, einen seiner teuren Kurse zu buchen.

Der Preis? Nur schlappe 2.000 € pro Person! Doch dazu später mehr...

Erfüllung eines langjährigen Traums

Im April dieses Jahres, nach langen Jahren des Wartens und Planens, gelang es mir endlich, meinen langgehegten Traum zu verwirklichen: die Erstellung eines eigenen Handbuchs für Schulen. In diesem Handbuch sollten die beiden wichtigsten Teamspiele, das "2-Balls-Game" und das "Ultimate Bassalo", ausführlich erklärt werden. Doch das war noch nicht alles – es enthielt auch wertvolle Workshop-Anleitungen für die erste Turnstunde sowie inspirierende Beispiele von Tricks, die mit Bassalo möglich sind. Endlich hatte ich die finanziellen Mittel, um dieses Magazin zu erstellen und drucken zu lassen.

Und ab Mai dieses Jahres konnte ich zudem meine erste offizielle Verkaufsverpackung einführen. Keine einfache Kartonverpackung mehr, wie ich sie damals im Intersport verwendet hatte. Stattdessen präsentierte sich mein Produkt nun in einer hochwertigen Kartonbox, die von den Händlern äußerst positiv aufgenommen wurde. Auf der Spielwarenmesse in Nürnberg hatten viele nach einer ansprechenden Verpackungslösung gefragt, und nun konnte ich endlich ihren Wunsch erfüllen.

Preisstrategie: Lektion gelernt

Während der Spielwarenmesse in Nürnberg hatte ich einige Händler kennengelernt, die sofort Feuer und Flamme für mein Spiel waren. Sie kauften jeweils 400 Spiele auf einen Schlag. Anfangs dachte ich, dass dies ein großer Erfolg war. Doch später stellte sich heraus, dass diese Entscheidung ein Fehler war. Meine Partner hatten mir geraten, die Preise so zu gestalten, dass eine bestimmte Mindestmenge erforderlich war, um als Großhändler zu gelten. Diese 400 Sets wurden als solche festgelegt. Jedoch war ein Großhändler in Wirklichkeit jemand, der auch an andere Händler weiterverkaufte. Einige meiner Kunden nutzten den günstigen Einkaufspreis aus und versuchten dann, mein Spiel zu einem niedrigeren Preis an Endverbraucher zu verkaufen.

Als ich dieses Problem erkannte, passte ich die Preise entsprechend an, obwohl dies erst für das Jahr 2018 geplant war. Einige Kunden waren mit der Preisänderung nicht einverstanden, während andere sie akzeptierten. Es war eine schwierige Entscheidung, aber ich musste hart sein und den Kunden die Situation erklären. Im Geschäftsumfeld muss man manchmal harte Entscheidungen treffen und transparent kommunizieren.

Die Tour mit dem „Bewegungskaiser"

Dieses Jahr markierte den Auftakt meiner Tour des „Bewegungskaisers" in Niederösterreich, ein Vorhaben, das mit Spannung erwartet wurde und voller Hoffnung begann. Mit meinem neuen Teilzeitangestellten an meiner Seite, der bereits über einige Erfahrungen verfügte und seine Schulausbildung abgeschlossen hatte, starteten wir in ein Abenteuer voller Events und Workshops.

Von April bis Juni tauchte er tief in die Welt der Präsentationen ein, fuhr unermüdlich zu zahlreichen Veranstaltungen des Bewegungskaisers und sorgte dafür, dass mein Spiel überall bekannt werden sollte.

Währenddessen nahm auch ich an verschiedenen Ereignissen teil, darunter das Sportevent „U-Tour" in Innsbruck im Mai und eine Ausstellung auf einem

Bierfest in Kufstein. Obwohl das Fest leider nicht die erhoffte Resonanz erzielte und die Gästezahlen gering ausfielen, war es dennoch ein unterhaltsames Erlebnis, besonders weil es in unmittelbarer Nähe meines Zuhauses stattfand.

Trotz unserer Bemühungen blieb der erhoffte Erfolg aus. Die Tour meines Mitarbeiters verlief leider ergebnislos, und es kamen kaum Anfragen oder Bestellungen.

Vielleicht war es an der Zeit, dass ich als Chef und Erfinder persönlich in die Schlacht ziehen musste, um mein Spiel überall selbst zu präsentieren. Es schien, als ob der Schlüssel zum Erfolg letztendlich in meinen eigenen Händen lag, bereit, das Schicksal meines Spiels zu lenken und ihm den verdienten Platz im Rampenlicht zu verschaffen.

Meilenstein erreicht: Letzte Rate beglichen

Im Verlauf bis zum Juni erreichte ich endlich das ersehnte Ziel und beglich die letzten 200 € aus dem Kredit, den mir meine großzügige Freundin zur Verfügung gestellt hatte.

Ein erleichterndes Gefühl durchströmte mich, als ich den letzten Betrag überwies und somit die gesamte Summe von 8.000 € zurückgezahlt hatte. Ein lauter Jubelschrei entwich mir, gefolgt von einem tiefen Seufzer der Erleichterung. Die Last, die mich seit Monaten begleitet hatte, war endlich von meinen Schultern genommen.

Jeder Cent, den ich in dieses Darlehen investierte, war ein Zeichen meiner Entschlossenheit und meines unerschütterlichen Willens, meine Träume zu verwirklichen.

Geschäfte und Gefühle: Eine Begegnung

Im Juni, kurz nach meinem Geburtstag, beschloss ich, erneut an der "Tendence" Messe in Frankfurt teilzunehmen. Im letzten Jahr hatte ich dort den Kontakt zu meinem japanischen Distributor geknüpft, was sich als äußerst erfolgreich erwiesen hatte. Ein einziger guter Kontakt konnte den Unterschied ausmachen und die gesamte Messe zu einem Erfolg werden lassen. Daher war ich voller Hoffnung und Vorfreude auf die diesjährige Veranstaltung.

Doch leider verlief der Besuch nicht wie erhofft. Die Messe zielte auf eine andere Zielgruppe ab, sodass sich kaum neue Geschäftsmöglichkeiten ergaben. Dennoch genoss ich die Zeit und die Begegnungen mit den Nachbarständen. Doch das Highlight dieser Messe war eine unerwartete Begegnung, die mein Leben auf unerwartete Weise beeinflussen sollte.

Sie stand am Nachbarstand, umgeben von Haushaltsprodukten, und zog sofort meine Aufmerksamkeit auf sich. Eine strahlende Schönheit mit dunklen Haaren und braunen Augen. Unsere Blicke trafen sich immer wieder, und ich spürte eine besondere Anziehung zwischen uns. Als sie mir ihre Visitenkarte mit ihrer Handynummer gab, wusste ich, dass diese Begegnung etwas Besonderes war.

Wir verabredeten uns für ein Treffen am Abend nach der Messe. Im warmen Licht des Abends trafen wir uns im Gastgarten. Sie strahlte eine unwiderstehliche Schönheit aus, die mich faszinierte. Als sich unsere Finger sanft berührten, spürte ich eine tiefe Verbundenheit zwischen uns. Unsere Blicke trafen sich, und in diesem Moment wusste ich, dass ich mich zu ihr hingezogen fühlte. Wir näherten uns langsam, bis wir uns schließlich zärtlich küssten...

Das große Glück, dass sie ebenfalls aus Österreich kam, ließ mein Herz vor Freude hüpfen. Auch wenn ich ohne neue Geschäftsmöglichkeiten nach Hause fuhr, war mein Herz erfüllt von der Hoffnung, diese besondere Frau bald wiederzusehen.

Unerwartete Herausforderung auf der Messe

Auch wenn es auf der Messe Frankfurt nicht sehr stressig war, brach doch plötzlich ein Sturm der Unruhe herein, als mein neuer Mitarbeiter anrief und seine Kündigung mitteilte. Die Chance, beim Bundesheer zu dienen, konnte er nicht ausschlagen - und das sofort! Die bevorstehenden Events waren nun meine Sorge, doch ich fasste Entschluss: Nach dem letzten Messetag eilte ich nach Hause, um die Workshops selbst zu übernehmen. Ein wahrer Kraftakt!

Das Münchner Sportfestival am 2. Juli stand bevor - eine Veranstaltung, auf die ich persönlich nicht verzichten konnte. Doch trotz des anstehenden Stressfaktors war ich froh, dass sie wie jedes Jahr großartig besucht war.

Endlich, nach 4-5 Tagen seit der Frankfurter Messe, kam meine Traumfrau für eine ganze Woche zu Besuch. Als sie erwähnte, dass sie tagsüber Kunden in Tirol besuchen würde, passte es perfekt in meinen Zeitplan. Während ich mich tagsüber in meinem Büro vergrub, freute ich mich auf ihre Rückkehr am Nachmittag und Abend. Zuerst hatte ich Bedenken, eine ganze Woche mit einer neuen Frau zu verbringen, doch diese Sorge verflog rasch, als wir unsere Zeit miteinander genossen. Mein bester Kumpel, der immer noch bei mir wohnte, war gerade auf Reisen unterwegs, was uns die Gelegenheit gab, uns ganz aufeinander zu konzentrieren.

Sportcamp-Abenteuer in der Schweiz

Mitte Juli begann das "Migros Sportcamp" am Greifensee in der Nähe von Zürich, und für sechs Wochen lang war ich dort jeden Mittwoch und Donnerstag aktiv. Sechs Stunden am Tag präsentierte ich mein Spiel den Kindern, die in neuen Gruppen jede Stunde kamen. Die Atmosphäre war lebhaft, und das Mittagessen war inbegriffen. Ich erhielt ein gutes Honorar pro Tag für meine Dienste und hatte die Möglichkeit, meine Flyer zu verteilen und meine Beachflags aufzustellen. Zusätzlich konnte ich meine Spiele in einem nahegelegenen Sportgeschäft ausstellen, wodurch meine Flyer mit deren Kontaktdaten versehen wurden und die Kinder das Spiel direkt vor Ort erwerben konnten. Es war eine großartige Gelegenheit, von der ich profitieren konnte!

Dennoch war es eine Herausforderung, hin- und herzufahren. Kurz vor Beginn des Camps musste ich mein geliebtes Auto, mein "Bassalo-Mobil" verkaufen, da der Motor kaputt war und eine Reparatur nicht mehr wirtschaftlich war. Stattdessen mietete ich mir jedes Mal ein Auto und legte knapp sieben Stunden

Fahrtzeit zurück. Manchmal startete ich bereits früh morgens, sogar mitten in der Nacht, um rechtzeitig um 9 Uhr anzukommen. Übernachtungen in nahegelegenen Hotels oder bei meiner Mutter, die nur eine Stunde entfernt an der Schweizer Grenze lebte, waren unumgänglich. Doch diese Option war nicht immer verfügbar, besonders wenn ich weitere Veranstaltungen nach diesen zwei Tagen in Tirol hatte. Die ständige Fahrerei und der Zeitdruck sorgten für Stress, aber die Vergütung und die Möglichkeit, meine Reichweite zu erhöhen, waren es wert. Jede Stunde brachte mir 10 bis 20 neue Kinder, viele von ihnen entschieden sich anschließend für den Kauf des Spiels im Sportgeschäft, wo ich einige Sets hinterlegt hatte.

Die Magie der Liebe

An einem warmen Juliabend, während meiner Tour durch die Schweiz, kreuzten sich unsere Wege an einem Ort namens Lustenau, nahe der schweizerischen Grenze. Es war der 27. Juli 2017. Dort, inmitten der idyllischen Kulisse, gestanden wir uns unsere Liebe, tief und innig. Ich fühlte mich wie auf Wolke Sieben, von Kopf bis Fuß erfüllt von einem Gefühl der Liebe, das mein Herz überflutete. Es war, als hätte das Universum uns zusammengeführt, und wir waren über beide Ohren ineinander verliebt. Wie schön es doch ist, sich wieder so lebendig zu fühlen, so lebhaft und erfüllt von Liebe!

In den folgenden Wochen besuchte sie mich fast jedes Wochenende, und wir genossen einen wundervollen Sommer voller Liebe und Glück. Und überraschenderweise hatte sie bereits ein Kind, einen Sohn mit zehn Jahren. Es war ein Aspekt, den ich mir vor nicht allzu langer Zeit selbst „gewünscht" hatte - eine Frau mit einem Kind.

Ich erinnere mich noch an den Juni vor der Messe in Frankfurt, als ich auf meiner Wunsch-Liste notierte, was ich mir von meiner zukünftigen Partnerin erhoffte. Es war eine Art „Trick", den ich seit Jahren anwandte, und er schien jedes Mal zu funktionieren. Ich definierte, wie sie aussehen sollte, was sie beruflich machen sollte und welchen Charakter sie haben müsste. Doch meistens vergaß ich, dass sie auch Single sein musste! Trotzdem schien diese Liste mich immer wieder zu der Frau zu führen, die ich brauchte und suchte. Es war fast schon magisch.

Jahre vergingen, und ich verfeinerte meine Liste immer wieder. Ich traf viele Frauen, aber keine schien alle Kriterien zu erfüllen. Ich wollte jemanden in meinem Alter, aber mit einem jugendlichen Aussehen und einer gewissen Reife. Jemanden, der klein war und eine gewisse Figur hatte. Die Realität jedoch zeigte mir, dass es schwierig war, jemanden zu finden, der all diese Kriterien erfüllte.

Zudem wünschte ich mir eine Frau ohne Kinder, was ab einem gewissen Alter sehr schwierig ist. Und so änderte ich diesen Punkt auf meiner Liste, und versprach mir dadurch unter anderem an eine Frau zu kommen, die mit Kind ebenso eine gewisse Reife und gewisse Erfahrungen mit sich brachte.

Und dann traf ich sie - die Frau, die ich nie erwartet hatte, aber die alle Kriterien erfüllte, und sie hatte bereits ein Kind. Und es war mir egal. Denn in ihren Augen fand ich das, wonach ich gesucht hatte - Liebe, Geborgenheit und das Gefühl, endlich angekommen zu sein.

Messemarathon im Oktober

Im Oktober machte ich mich auf den Weg zum Sportkongress nach Stuttgart. Letztes Jahr hatte die Veranstaltung noch in Hamburg stattgefunden, doch dieses Mal zog es mich in den „Süden". Die Fahrt war nicht allzuweit, und ich konnte bei meinem damaligen besten Freund übernachten. Es war eine Gelegenheit, die ich nicht ungenutzt lassen wollte. Also machte ich mich auf den Weg und betrat die Messe mit Hoffnung im Herzen.

Stuttgart bot eine neue Kulisse und neue Möglichkeiten, Kontakte zu knüpfen. Doch trotz meines Engagements blieben die großen Durchbrüche leider wieder aus. Es waren keine "Big Deals" in Sicht. Doch ich ließ mich davon nicht entmutigen. Jede Begegnung, jeder Austausch war ein Schritt weiter auf meinem Weg, auch wenn das große Ziel zunächst außer Reichweite blieb.

Gegen Ende des Monats stand die Sportmesse in Salzburg auf meinem Programm. Als Aussteller war ich vor Ort, bereit, mein Spiel und meine Vision zu präsentieren. Doch auch hier erwies sich das Unterfangen als Herausforderung. Die Messe war vorwiegend auf Crossfit Sportler ausgerichtet, und mein Spiel passte nicht ganz in das Konzept. Die meisten Besucher strömten in andere Hallen, und meine Bemühungen verliefen im Sand.

Trotz der Rückschläge und Enttäuschungen hielt ich unbeirrt an meiner Begeisterung fest. Jede Messe, jedes Event war eine Chance, sich zu präsentieren und neue Kontakte zu knüpfen. Ich wusste, dass der Weg zum Erfolg steinig sein konnte, aber ich war bereit, jeden Schritt zu gehen und jede Hürde zu überwinden, um meine Ziele zu erreichen.

Umsatzexplosion: Frischer Wind für Bassalo

Im November begab ich mich mit meinem besten Freund auf eine aufregende Reise nach Schweinfurt, um an dem Seminar "Umsatz Explosionen" von Jürgen Höller teilzunehmen. Dieses Event hatte seinen Ursprung in unserer Anmeldung während der "Power Days" in Linz, wo wir uns für einen stolzen Preis für dieses intensive Seminar eingeschrieben hatten.

Vier Tage lang tauchten wir vollständig in das Programm ein: Seminarstunden, Tanzpausen, begeistertes Klatschen, Energie tanken und ein umfangreiches Workbook zum Durcharbeiten. Es war eine Lehrstunde fürs Leben. Die Themen waren vielfältig und vor allem drehte sich alles um Marketing. Wir lernten, wie ein aussagekräftiges Logo aussehen sollte, wie man die Zielgruppe präzise definiert, wie man potentielle Kunden anspricht und wie man seine Umsatzziele erreicht. Es ging um effektives Storytelling, E-Mail-Marketing und zahlreiche andere Aspekte.

Nach meiner Rückkehr von diesem intensiven Seminar begann ich sofort damit, die Erkenntnisse der vier Tage umzusetzen. Ich überarbeitete mein Konzept für Bassalo von Grund auf neu. Diese intensive Arbeit zog sich bis ins neue Jahr 2018. Ein Schwerpunkt lag dabei auf der Preisgestaltung, wobei ich beschloss, nur noch zwei Becherfarben anzubieten, um es den Kunden leichter zu machen, sich zu entscheiden. Zudem richtete ich meinen Fokus wieder ganz auf eine Zielgruppe: Schulen. Schließlich hatte alles mit ihnen begonnen, und sie erkannten den Mehrwert meines Spiels. Zahlreiche neue Ideen und Ansätze fügten sich zu einem vollständig neuen Konzept zusammen. Rückblickend kann ich sagen, dass sich die Teilnahme an diesem Seminar definitiv gelohnt hatte.

Liebe und Finanzen

Die Sehnsucht nach meiner neuen Liebe wuchs unaufhörlich, ein zärtlicher Schmerz. Manchmal suchte ich sie auf, und manchmal kam sie zu mir, doch die Trennung war stets schmerzlich. In ihrer Gegenwart eröffnete ich ihr meine finanziellen Kämpfe, die ich stets hinter einer Fassade zu verbergen suchte. Die unbezahlten Rechnungen, die sich stapelten, während ich darauf wartete, dass sich mein Kontostand wieder erholte. Sie sah den Stress, der mich plagte, und verstand meine nächtlichen Qualen.

Meine Träume waren ein wüstes Durcheinander aus Schlachten und Kriegen, eine Reflexion meiner inneren Unruhe. Oft suchte ich nach Ruhe, doch fand nur Unruhe in meinen Gedanken. Baldrian wurde zu meinem ständigen Begleiter in den Nächten, ein Tropfen der Hoffnung auf einen friedlichen Schlaf. Diese unruhigen Nächte begleiteten mich schon seit Jahren, und sie war es, die mein Leid miterlebte, ungläubig über meine kämpferische Routine.

Ende November stand sie mir zur Seite, als ich erneut auf der Spielemesse in Innsbruck ausstellte, ein Moment der Verbundenheit inmitten geschäftlicher Hektik.

Mit dem Dezember kam die Ruhe, geschäftlich wie auch emotional. Die Bestellungen tröpfelten noch ein, aber nichts Erhebliches, nichts, was die Stille des nahenden Jahresendes durchbrechen könnte.

Das Ende einer Zusammenarbeit

Die Entscheidung, die Zusammenarbeit mit meinen drei Partnern zu beenden, war eine Befreiung von finanziellen Lasten und unerfüllten Erwartungen. Schon Ende November 2017 beendete ich die Partnerschaft mit dem älteren Herrn, der mir keine neuen Geschäftsmöglichkeiten eröffnete und die vereinbarten Treffen ausblieben. Es war längst überfällig.

Auch mit dem Versicherungsmakler zog ich einen Schlussstrich zum 31.12.2017. Doch im Gegensatz zum älteren Herrn, der das Ende akzeptierte, wollte der Versicherungsmakler an seinen vermeintlichen Kosten festhalten. Sein Beitrag zur Beratung war minimal, und vertragliche Vereinbarungen wurden nicht erfüllt. Eine hitzige Diskussion in Wien führte auch zu keiner Lösung.

Die Marketing-Dame, einst eine halbwegs Verbündete, verlor ich ebenfalls aus den Augen. Ihre hohe Rechnung im Oktober für unfruchtbare Anstrengungen war ein Schock für mich. Trotz des enttäuschenden Ergebnisses zahlte ich, um die Vergangenheit abzuschließen.

Diese Erfahrungen lehrten mich, vorsichtiger bei zukünftigen Kooperationen zu sein. Freunde oder Experten der Wirtschaftskammer sollten immer in die Entscheidungsfindung einbezogen werden, um Fehler zu vermeiden und die eigenen Interessen zu schützen.

Das Geschäftsjahr 2017

Dieses Jahr markierte einen Höhepunkt meiner geschäftlichen Erfolge, ein wahrhaft aufregendes Kapitel in meiner Unternehmerreise. Die Zahlen sprachen für sich - ein stolzer Umsatz von über 100.000 €! Doch hinter dieser glänzenden Fassade verbargen sich die Mühen und Herausforderungen, denen ich mich täglich stellen musste. Der Gewinn, der aus dieser Hingabe und Anstrengung entsprang, war zwar spürbar, aber weit entfernt von den großen Zahlen, von denen viele vielleicht träumen würden. Die Realität des Geschäftslebens ist oft komplexer, als sie auf den ersten Blick erscheint.

Der Kern meines Umsatzes lag zweifellos im Verkauf meiner Bassalo-Sets, die in diesem Jahr einen enormen Zulauf verzeichneten. Die Hauptumsätze kamen dabei von den Großaufträgen, die ich mit viel Einsatz und Überzeugungskraft akquiriert hatte. Angefangen von den beeindruckenden 500 Sets für die ÖBB bis hin zu den beeindruckenden 5.000 Sets für einen deutschen Händler und den weiteren 2.500 Sets für Japan - diese Partnerschaften zahlten sich in vielerlei Hinsicht aus. Doch auch meine stetig wachsende Händlerbasis trug maßgeblich zum Erfolg bei, und ihre Unterstützung und Treue waren mir eine unermessliche Quelle der Motivation und des Stolzes.

Trotz dieser Erfolge blieben einige Kundenbereiche dieses Jahr hinter den Erwartungen zurück. Schulen, Privatkunden und Vereine, die ich eigentlich als wichtige Säulen meines Geschäftsmodells betrachtete, trugen nur einen geringen Anteil zum Gesamtumsatz bei. Dieser Umstand regte zum Nachdenken an und zeigte mir deutlich, dass ich hier weiterhin an meiner Strategie feilen musste, um diese Zielgruppen besser anzusprechen und zu überzeugen.

Ein weiterer Meilenstein in diesem Jahr war zweifellos die Einführung meiner ersten hochwertigen Verkaufsverpackung. Ein Schritt, der nicht nur mein Produkt, sondern auch mein Markenimage aufwertete und den Kunden eine ansprechende Präsentation bot. Die positiven Rückmeldungen bestätigten mir, dass ich auf dem richtigen Weg war.

Auch meine Workshops erwiesen sich als lukrative Einnahmequelle, insbesondere das Sportcamp in der Schweiz. Die Möglichkeit, mein Spiel vor einer begeisterten Zielgruppe zu präsentieren und dabei nicht nur finanzielle, sondern auch emotionale Gewinne zu erzielen, war eine Erfahrung von unschätzbarem Wert.

Dieses Jahr war eine Achterbahnfahrt der Emotionen und Herausforderungen, geprägt von Höhen und Tiefen, Erfolgen und Rückschlägen. Doch ich bin dankbar für jede Lektion, die ich gelernt habe, und sehe mit Zuversicht in die Zukunft, bereit für neue Abenteuer und Möglichkeiten, die das kommende Jahr bringen mag.

Zusammenfassung 2017

Es begann mit einem gewaltigen Knall auf der Spielwarenmesse, wo ich neue Händler traf und bahnbrechende Geschäftsabschlüsse tätigte. Die Reise nach Japan war ein weiterer Höhepunkt, begleitet von einer enormen Bestellung und der aufregenden Aussicht auf neue Geschäfte in Taiwan.

Mein Geschäft expandierte international, und meine Produkte fanden ihren Weg zu Händlern in verschiedenen Ländern, darunter Frankreich, Deutschland, Österreich, die Schweiz, Dänemark, Holland, Belgien, Rumänien, Japan, Taiwan und neuerdings auch nach Litauen.

Doch nicht alles lief reibungslos. Die sechs Wochen im Sportcamp in der Schweiz stellten eine Herausforderung dar, besonders nachdem ich mein geliebtes Auto verkaufen musste. Dieses Auto war mehr als nur ein Fahrzeug - es war ein Symbol für meine früheren Träume und den Mut, den es brauchte, um meine Selbständigkeit zu beginnen. Doch trotz des Schmerzes des Abschieds fand ich Trost in der Einfachheit des Lebens ohne Auto, während ich die Annehmlichkeiten des Dorflebens genoss und neue Wege der Fortbewegung entdeckte.

Die Entscheidung, minimalistisch zu leben, war eine bewusste Wahl, die mich dazu zwang, meine Prioritäten neu zu ordnen und mich auf das Wesentliche zu konzentrieren. Die Freundschaft zu einem alten Wegbegleiter, der von

Negativität geplagt war, musste ich leider beenden, um mich auf mein eigenes Wachstum und meine Selbständigkeit zu konzentrieren. Der Abschied war schmerzhaft, aber notwendig für meinen eigenen Fortschritt.

Doch das Jahr hielt auch unerwartete Wendungen bereit. Die großzügige Geste meiner neuen Liebe, bei ihr einzuziehen und mich finanziell zu unterstützen, war eine Offenbarung. Die Liebe zu ihr und die Aussicht auf eine stabilere finanzielle Zukunft bewegten mich dazu, meine geliebte Wohnung in Tirol zu verlassen und zu ihr nach Wien zu ziehen.

Mit jedem Schritt, den ich dieses Jahr unternommen hatte, hatte ich gelernt, gewachsen und mich weiterentwickelt. Die Reise geht weiter, und ich freute mich darauf, zu sehen, was das nächste Kapitel des Lebens für mich bereithalten würde.

KAPITEL 9: Jahr 2018

Abschied und Aufbruch: Wien ruft

Der Umzug nach Wien war eine Achterbahn der Gefühle, die mich zwischen Aufregung und Wehmut schwanken ließ. Als ich über Silvester mit all meinen Habseligkeiten zu meiner Freundin zog, spürte ich die Mischung aus Vorfreude und Abschiedsschmerz. Wien war neu und aufregend, doch Tirol und meine Freunde dort hinterließen eine Lücke, die nur langsam verblasste.

Die letzten Wochen in meiner alten Wohnung waren von Abschieden geprägt, während ich mein Hab und Gut nach und nach verkaufte. Es fiel mir schwer, mich von Erinnerungsstücken und geliebten Möbelstücken zu trennen, doch ich wusste, dass es Zeit war, einen neuen Lebensabschnitt zu beginnen. Meine Couch, die so viele Geschichten erlebt hatte, fand ein neues Zuhause bei meinem besten Freund, der ebenfalls ein Teil meines Umzugs war.

Der Anblick vom neuen Balkon war anfangs ernüchternd - Betonwände und graue Gebäude dominierten die Aussicht. Der winterliche Nebel verstärkte das Gefühl der Isolation und Sehnsucht nach den majestätischen Bergen Tirols. Doch das Leben mit meiner Freundin und die Aussicht auf ein Leben ohne finanzielle Sorgen boten Trost und Hoffnung. Ein besonderer Moment im Januar, als wir auf das Dach unseres Wohnhauses stiegen, brachte unerwartete Freude - ein riesiges Schwimmbecken erstreckte sich vor uns. Die Vorfreude auf den Sommer und die Erinnerung an vergangene Badeabenteuer ließen die Dunkelheit des Winters für einen Moment verblassen.

Die Gewissheit, vorerst keine Miete zahlen zu müssen, war eine enorme Erleichterung. Es gab mir die Möglichkeit, mich voll und ganz auf mein Bassalo-Geschäft zu konzentrieren und meine finanziellen Verpflichtungen abzuarbeiten. Obwohl die Zukunft ungewiss war, spürte ich eine neue Zuversicht und Dankbarkeit für die Unterstützung meiner Freundin und die Chance auf einen Neuanfang.

Effizientes Fulfillment: Neuer Lagerpartner in Wien

Nach meinem Umzug nach Wien stand ich vor einer neuen Herausforderung: Mein neues Zuhause in einem großen Mehrparteienhaus bot kaum Platz für meine Produkte. Die schmalen Kellerräume reichten nicht aus, um meine Waren zu lagern. Also begann ich, nach Firmen im Bereich Fulfillment zu suchen - Unternehmen, die Lagerung, Verpackung und Versand übernehmen.

Glücklicherweise stieß ich schnell auf eine kleine, sympathische Firma, die meine Anforderungen erfüllte. Im Januar brachte ich alle meine Produkte zu ihnen ins Lager. Der Preis war fair und der Standort ideal, da ich die Möglichkeit haben wollte, jederzeit etwas abzuholen.

Das Beste daran war, dass ich nun nicht mehr selbst jedes Set verpacken musste. Es war zwar immer ein besonderer Moment, wenn eine Bestellung einging und ich hinunter in den Keller ging, um sie zusammenzustellen. Doch besonders bei großen Aufträgen, wie 100 oder sogar 500 Sets, war dies äußerst zeitaufwändig und anstrengend. Daher war ich überaus dankbar, dass ich diese Arbeit nun auslagern konnte.

Farbenfokus: Die Macht der Vereinfachung

Ende letzten Jahres traf ich eine wichtige Entscheidung, die mein Geschäft nachhaltig verändern sollte: Ich beschloss, mein Produktangebot zu optimieren, inspiriert von einem Konzept, das ich auf dem Seminar von Jürgen Höller entdeckte. Dort erkannte ich die Kraft der Simplifizierung. Nachdem ich eine Weile lang fünf verschiedene Farben in meinem Sortiment führte, begann ich zu bemerken, dass einige Farben sich weniger gut verkauften als andere. Zudem wurde die Kaufentscheidung für meine Kunden auf Messen zunehmend kompliziert.

Zu Beginn dieses Jahres entschied ich mich daher, nur noch zwei Farben anzubieten: Grün und Schwarz. Diese beiden Farben waren bereits zuvor die Favoriten meiner Kunden und die Reduktion auf nur noch zwei Optionen erleichterte nicht nur die Kaufentscheidung erheblich, sondern vereinfachte auch meine Produktions- und Lagerprozesse.

Messeerkenntnis: Überdenken und Fokussieren

Ende Januar brach ich erneut auf zur Nürnberger Spielwarenmesse, voller Hoffnung und mit dem Wunsch nach neuen Partnerschaften und lukrativen Deals. Die Erinnerungen an das Vorjahr und die vielversprechenden Kontakte trieben mich an, während ich mich auf die Messehallen zubewegte, bereit für neue Möglichkeiten. Diesmal schien das Glück beinahe wieder auf meiner Seite zu stehen, als ich beinahe einen weiteren bedeutenden Deal mit einem neuen deutschen Unternehmen abschließen konnte. Doch die Bedingungen, die sie vorlegten, schienen zu knapp bemessen, zu wenig, um den Wert meiner Arbeit angemessen zu honorieren. Trotz aller Bemühungen und vielversprechender Gespräche zogen sie sich letztendlich zurück.

Dennoch war die Messe nicht vergebens. Ich knüpfte neue Kontakte, stieß auf kleine Händler, die Interesse zeigten und ihre Bestellungen aufgaben. Doch die wahre Erkenntnis war ein anderer: Hier, auf dieser Spielwarenmesse, lag der Fokus oft auf dem reinen „Spielzeug". Die Vorstellung für ein Spiel aus PP zu einem höheren Preis zu verkaufen, stieß bei vielen auf Unverständnis, obwohl ich bereits zahlreiche Spiele zu diesen Preisen verkauft hatte, vor allem an Schulen. Genau hier fand mein Spiel Anerkennung für seinen Mehrwert. Schulen erkannten die pädagogischen Vorteile und waren bereit, den Preis zu zahlen, der gerechtfertigt schien. Diese Erkenntnis bestärkte mich in meiner Entscheidung, mich ganz auf den Schulsport zu konzentrieren. Mein Fokus war klar definiert und meine Messeerfahrung hatte ihn nur bestätigt.

Entschlossen wandte ich mich bereits der nächsten Herausforderung zu: der Teilnahme an der Sportfachmesse ISPO im kommenden Jahr.

Überraschender Anruf: Großer Auftrag aus Deutschland

Im März brachte ein unerwarteter Anruf mein Herz zum Hüpfen. Es war ein Werbeartikel-Händler aus Deutschland, der mit einer Anfrage für 500 Sets anrief. Die Nachricht kam wie ein erfrischender Windstoß, der meine Hoffnungen aufblühen ließ. Doch es war nicht nur die Größe des Auftrags, die mich überraschte, sondern auch der Grund hinter der Bestellung. Die Kundin des Händlers hatte das Spiel durch ihre Tochter kennengelernt, die es begeistert in der Schule gespielt hatte. Fasziniert von der Idee, das Spiel mit ihrem Firmenlogo zu versehen, wollte sie es als Werbegeschenk nutzen. Der Preis wäre ihr egal, hieß es.

Es war eine unerwartete, erneute Bestätigung und ein Beweis dafür, dass mein Produkt nicht nur unterhaltsam war, sondern auch einen bleibenden Eindruck hinterließ. Die Vorstellung, dass mein Spiel schon wieder als persönliches Geschenk für Mitarbeiter oder Kunden verwendet wurde, erfüllte mich mit Stolz und Dankbarkeit.

Kurzes Aufblühen mit Intersport Austria

In den folgenden Monaten setzte ich meine Bemühungen fort, von zu Hause aus zu arbeiten, und nahm Kontakt zu verschiedenen Händlern im Sportbereich auf. Ich investierte viel Zeit und Mühe, doch die Erfolge blieben zunächst aus. Bis auf einen - Intersport Austria. Endlich war es soweit, sie entschieden sich, mein Produkt zu testen. Die anfängliche Begeisterung war groß, aber leider von kurzer Dauer. Dennoch war ich zuerst überglücklich, dass mein Spiel endlich in einer renommierten Sportkette präsent war.

Zu Beginn hatten sie ihre Zweifel, aber nachdem sie eine kleine Menge getestet und diese sofort verkauft hatten, bestellten sie eine weitere größere Menge nach. Ich konnte mein Glück kaum fassen, endlich schien der große Durchbruch gekommen zu sein.

Doch nach nur 3-4 Monaten war alles vorbei. Die Bestellungen blieben aus, und Intersport Austria zeigte kein weiteres Interesse mehr an meinem Produkt. Es war ein herber Rückschlag nach all den Hoffnungen und Träumen, die ich mit diesem Deal verbunden hatte.

Wissensrausch in Wien

In der pulsierenden Hauptstadt angekommen, beschloss ich, mein Wissen und meine Fähigkeiten weiter auszubauen. Neugierig auf die vielfältigen Möglichkeiten, die die Wirtschaftskammer bot, stürzte ich mich in ein Meer von Seminaren und Workshops. Von März bis Juni füllten ganze 36 Veranstaltungen meinen Kalender, und ich war bei jedem einzelnen dabei.

Die Bandbreite der Themen war faszinierend: Von Vertriebsstrategien über Zeitmanagement und Konfliktlösung bis hin zu Networking und Geschäftsetikette. Jedes Seminar bot einen Einblick in eine neue Welt der unternehmerischen Herausforderungen und Chancen. Ich sog das Wissen auf wie ein Schwamm, hungrig nach neuen Einsichten und Strategien, um mein Geschäft voranzubringen.

Natürlich war mir bewusst, dass es unmöglich war, alle neu erworbenen Kenntnisse sofort umzusetzen. Aber die Möglichkeit, kostenloses Wissen zu erlangen, war einfach zu verlockend, um sie nicht zu nutzen. Jede Stunde, die ich in diesen Seminaren verbrachte, fühlte sich wie eine Investition in meine Zukunft an.

Ein besonderes Highlight war der Kontakt, den ich durch eines dieser Seminare knüpfte: Eine Steuerberaterin, die mir in meiner neuen Wahlheimat Wien zur Seite stand. Denn bis vor kurzem hatte ich meine Buchhaltung noch mühsam per Post nach Tirol geschickt, doch nun hatte ich jemanden vor Ort, der mir mit Rat und Tat zur Seite stand.

Exklusiver Deal mit Werbeartikel-Händler

Nach einer erneuten Teilnahme an der Marketing-Messe in Wien ergab sich eine vielversprechende Möglichkeit: Ein bedeutender Werbeartikel-Händler zeigte Interesse an meinem Spiel und sicherte sich exklusive Vertriebsrechte für Österreich. Es war eine aufregende Chance, die meine Erwartungen beflügelte.

Die Aussicht darauf, dass mein Spiel als Werbegeschenk in ganz Österreich präsent sein würde, ließ mich träumen.

Der Händler plazierte mein Produkt prominent in seinem Shop und investierte in Werbemaßnahmen, um die Aufmerksamkeit der österreichischen Kunden zu gewinnen. Ich konnte förmlich spüren, wie sich meine Hoffnungen und Ambitionen zu einem großen Erfolg entwickelten.
Doch trotz des vielversprechenden Starts blieben die ersehnten Aufträge aus.

Die Enttäuschung und Frustration waren kaum zu übersehen. Trotz aller Bemühungen schien es mir unmöglich, in dieser speziellen Branche wirklich Fuß zu fassen. Die Frage nach dem Warum hallte in meinem Kopf wider, ohne dass ich eine klare Antwort fand. Es war eine Zeit voller Ungewissheit und Selbstreflexion, in der ich mich immer wieder fragte, was ich falsch gemacht hatte und wie ich es besser machen könnte.

Neustart in Wien

Ende März begaben meine Freundin und ich uns auf unseren ersten gemeinsamen Städteurlaub nach Budapest. Die Reise war magisch – eine Mischung aus Romantik und Abenteuer, die unsere Beziehung stärkte und uns unvergessliche Momente schenkte.

In der Zwischenzeit hatten wir uns zu drei sportlichen Halbmarathons angemeldet. Der erste fand im Februar im Wiener Prater statt, der zweite Ende April beim gigantischen Vienna City Marathon. Was für ein Spektakel! Die Straßen waren voll von Läufern und jubelnden Zuschauern. Meine Freundin kämpfte tapfer und gab alles. Der dritte Lauf war im Juni der Kaisermarsch in Tirol, den ich bereits einige Male zuvor bestritten hatte. Meine Freundin war nach jedem Lauf erschöpft, aber auch unglaublich stolz auf ihre Leistung.

Ein weiterer Vorteil meines neuen Lebens in Wien war die Nähe zum Flughafen. Statt einer mühsamen 4,5-stündigen Autofahrt in den Schwarzwald konnte ich nun in nur 15 Minuten zum Flughafen gelangen. Der Flug nach

Basel dauerte kaum mehr als eine Stunde und kostete hin und zurück nur zwischen 40 und 60 Euro. Weniger Stress, weniger Zeitaufwand und deutlich günstiger – einfach perfekt!

Ab Mai genoss ich eine weitere Besonderheit meines neuen Zuhauses: den Pool auf dem Dach. Es fühlte sich an wie purer Luxus. Jeden Morgen stand ich um 6 oder 7 Uhr auf, schlüpfte in meinen Bademantel und begann den Tag mit ein paar Runden im kühlen Wasser. Es war herrlich erfrischend und der perfekte Start in den Tag. Auch tagsüber nutzte ich jede Gelegenheit, um ein paar Bahnen zu ziehen und mich zu erfrischen.

Im Juni feierte ich dann meinen Geburtstag. Es war die perfekte Gelegenheit, nach Tirol zurückzukehren und in einer gemütlichen Selbstversorgerhütte in den Bergen mit meinen Freunden zu feiern. Es war ein Treffen voller Lachen, guter Gespräche und der wunderbaren Natur, die ich so sehr vermisste.

Jeder dieser Momente war wie ein Mosaiksteinchen in einem Jahr voller Abenteuer und neuer Erfahrungen.

Durchbruch bei Ochsner Sport

Im Mai flog ich erneut zu meiner Mutter und blieb eine ganze Woche dort. Es war eine wunderbare Gelegenheit, Zeit mit ihr zu verbringen und wieder einmal die vertraute Umgebung meiner Kindheit zu genießen. Während meines Aufenthalts nutzte ich die Chance, mein Spiel beim Schweizer Sportartikelhändler Ochsner Sport vorzustellen. Ich war nervös, aber auch voller Hoffnung.

Zu meiner großen Freude fanden sie mein Spiel fantastisch und wollten es tatsächlich in ihren Filialen testen – und zwar gleich mit 400 Sets! Ich konnte mein Glück kaum fassen. Endlich war ich dabei, in einer weiteren großen Sportartikelkette Fuß zu fassen! Die Aufregung und Vorfreude waren überwältigend. Es fühlte sich an wie der Durchbruch, auf den ich so lange gewartet hatte.

Die Erfahrungen mit Intersport in Österreich hatten mich vorsichtig optimistisch gemacht. Zwar hatte ich dort erste Erfolge erzielt, aber der wirkliche Durchbruch blieb aus, da die Filialen selbständig bestellten und die Verbreitung meines Spiels daher schleppend verlief. Bei Ochsner Sport schien alles anders zu werden. Sie würden gleich für alle Filialen einkaufen und meine Sets überall positionieren. Es war eine riesige Chance, mein Spiel einem breiteren Publikum zugänglich zu machen.

Doch es sollte noch bis März 2019 dauern, bis die Bestellung von 400 Sets tatsächlich erfolgte. Bis dahin blieb ich gespannt und voller Erwartungen, bereit, das nächste Kapitel meines Abenteuers zu schreiben.

Frustrierende Arbeitsbelastung ohne finanziellen Fortschritt

Ich arbeitete wirklich viel im Büro, oft bis spät in die Nacht. Doch trotz all meiner Anstrengungen kam ich kaum voran. Die Verkäufe blieben weit hinter meinen Erwartungen zurück, und die Hoffnung auf einen Durchbruch schwand langsam. Besonders frustrierend war, dass ich hier in Wien kaum Workshops an Schulen anbieten konnte. In Tirol gab es das „Schulsportservice-Portal", über das Schulen kostenlos Workshops buchen konnten, aber hier war das nicht möglich. Einfach so die Schulen anzurufen und gratis Workshops anzubieten, wollte ich nicht – das fühlte sich irgendwie falsch an und zudem auch ineffizient.

Meine finanziellen Probleme verschlimmerten sich weiter. Die offenen Rechnungen stapelten sich und meine Schulden drückten mich zunehmend nieder. Ich fühlte mich erdrückt von der ständigen Unsicherheit.

Es nagte an mir, dass ich nichts selbst beisteuern konnte. Keine Miete, kein Essensgeld – ich war finanziell komplett abhängig. Unsere Aktivitäten waren stark eingeschränkt, da ich mir kaum etwas leisten konnten. Sie unterstützte mich sogar mit einer Art „Taschengeld", damit ich wenigstens etwas in der Tasche hatte. Diese Abhängigkeit fühlte sich demütigend an.

Ich sehnte mich danach, wieder in der Lage zu sein, zu unserem Leben beizutragen und mir auch mal wieder etwas leisten zu können. Die ständige finanzielle Not nagte an meinem Selbstwertgefühl. Es fühlte sich nicht richtig an, dass ich nicht in der Lage war, für mich und meine „Familie" zu sorgen. Ich wollte so sehr, dass sich etwas änderte, dass ich wieder stolz auf mich sein konnte und dass meine finanzielle Situation stabiler wurde.

Internationale Erfolge

Immerhin machte mein Spiel in anderen Teilen der Welt die Runde und erlebte internationale Aufmerksamkeit. Mein Partner aus Taiwan präsentierte es bei Fortbildungen für Sportlehrer, was dort auf großes Interesse stieß.

Auch mein litauischer Partner war sehr aktiv. Er besuchte mehrere Fortbildungen in Litauen, Estland und Lettland und begeisterte viele Lehrer und Trainer für Bassalo. Durch seine engagierte Arbeit kam ein neuer Händler auf mich zu, der seither immer wieder bei mir bestellt und so die Reichweite meines Spiels kontinuierlich erweitert.

Ein besonderes Highlight war die Präsentation meiner Sportart in Finnland. Mein litauischer Partner stellte Bassalo auf einem Lehrgang für Sportlehrer dort vor. Die Begeisterung war enorm, und es war ein unbeschreibliches Gefühl zu wissen, dass mein Spiel in so vielen Ländern Anerkennung fand und Menschen Freude bereitete.

Diese internationalen Erfolge gaben mir neue Hoffnung und Motivation, weiterzumachen und mein Spiel noch bekannter zu machen.

Entschluss zu neuen Ufern

Da sich meine finanzielle Situation leider immer noch nicht verbessern wollte, entschloss ich mich im Mai schweren Herzens mir wieder eine Firma zu suchen, die zu mir passen würde und wo ich mich wieder fest anstellen lassen könnte.

Diese Entscheidung fiel mir keinesfalls leicht.

Doch ich wollte nicht einfach irgendeinen Job - er musste zu meiner Leidenschaft für den Sport und den Schulbereich passen, wo meine Expertise und Erfahrungen am besten zum Einsatz kommen konnten.

Meine Gedanken führten mich zu einem vertrauten Gesicht, einem sympathischen Außendienstmitarbeiter eines großen Sportartikelhändlers, der oft neben mir auf Messen stand. Diese Firma war zudem einer meiner besten Kunden. Nach Jahren der Bekanntschaft fasste ich den Mut, ihn zu kontaktieren und nach einer Stelle in Österreich zu fragen. Es schien wie Schicksal, als er mir mitteilte, dass sein Unternehmen tatsächlich expandierte und dringend Personal für Wien und Niederösterreich suchte.

Mit einer Mischung aus Aufregung und Zweifeln schickte ich meine Bewerbung ein, unterstützt von der Empfehlung meines Bekannten. Der Vorstellungstermin wurde schnell arrangiert, und obwohl ich gewarnt wurde, mich zurückhaltend, und nicht so offen wie sonst zu verhalten, überraschte mich die Chefin des Unternehmens mit ihrer Herzlichkeit und Offenheit. Eine zweistündige Unterhaltung später war klar, dass ich die Stelle bekommen würde.

Es war ein Gefühl der Erleichterung und Aufregung, als ich erfuhr, dass ich Mitte September meinen neuen Job antreten durfte. Doch bis dahin gab es noch einige Bassalo-Events zu planen, die meine Zeit bis zum Neuanfang ausfüllten.

Diese unerwartete Wendung markierte den Beginn eines neuen Kapitels in meinem Leben. Zwar verspürte ich eine gewisse Erleichterung und Freude über die Aussicht auf Veränderung, doch zugleich nagte auch eine gewisse Angst an mir. Nach so vielen Jahren der Selbständigkeit fürchtete ich mich davor, in einer Festanstellung wieder verloren zu gehen und möglicherweise unglücklich zu werden und keine Zeit mehr für Bassalo zu haben.

Befreiender Schritt zur Freiheit und Stabilität

Nachdem ich den neuen Job in trockenen Tüchern hatte, verlangsamte sich mein Tempo für Bassalo schlagartig. Ich gönnte mir endlich eine

Verschnaufpause nach all den Jahren. Es war, als ob sich eine Last von meinen Schultern löste, und ich konnte mich beinahe schwerelos fühlen. Ich ließ mich treiben, genoss die ausgedehnten Poolmomente auf dem Dach und erlaubte mir, einfach mal nichts zu tun. Es war eine seltsame, aber unglaublich befreiende Erfahrung.

Die Erkenntnis, dass ich endlich einen Job gefunden hatte, der nicht nur zu mir passte, sondern auch noch bei einem meiner größten Kunden, ließ mich aufatmen. Anfangs war ich skeptisch, wie ich mich als Angestellter fühlen würde. Die Vorstellung, wieder von einem Unternehmen abhängig zu sein und um jeden Urlaubstag bitten zu müssen, beunruhigte mich. Doch ich entschied mich bewusst für dieses Risiko. Endlich würde ich ein regelmäßiges Einkommen haben, meine Schulden und offenen Rechnungen abtragen können und sogar einen Firmenwagen bekommen. Und nicht zuletzt konnte ich endlich etwas zum Haushaltseinkommen beitragen.

Sommer voller Abenteuer

Im Juni stand Klagenfurt ganz im Zeichen der "United Sports Games", einem wahrhaft gigantischen Event, bei dem junge Sportlerinnen und Sportler aus aller Welt zusammenkommen, um sich in verschiedenen Disziplinen zu messen. Ich hatte das Privileg, einen Stand aufzubauen und Teil dieses spektakulären Ereignisses zu sein. Es war eine Erfahrung voller Spaß und Begeisterung, obwohl die Verkaufszahlen nicht ganz meinen Erwartungen entsprachen. Dennoch war es erfüllend zu sehen, wie Kinder, Jugendliche und ihre Begleiter die Veranstaltung genossen, auch wenn die Zeit zwischen den Turnieren oft knapp bemessen war. Nach all den Jahren des Wartens war ich endlich Teil dieses Events geworden - und es hat mir eine wertvolle Lektion erteilt: Manchmal sind Träume nicht ganz das, was man sich erhofft hatte.

Im Juli konnte ich endlich am Vorarlberger Sportcamp teilnehmen, das normalerweise fünf bis sechs Wochen dauert. Dank meiner Lebenspartnerin, die beruflich vor Ort war, konnte ich drei Tage lang an verschiedenen Workshops teilnehmen. Sie brachte mich morgens zur Sporthalle, bevor sie ihre eigenen

Termine hatte, und holte mich später wieder ab. Es war eine wunderbare Gelegenheit, neue Erfahrungen zu sammeln und sich inmitten dieser Sportbegeisterten zu bewegen.

Direkt im Anschluss verbrachten wir gemeinsam drei unvergessliche Wochen auf Sardinien, finanziert von meiner großzügigen Freundin. Ihre Unterstützung und Liebe bedeuteten mir alles. Im August folgte noch eine Woche in Moldawien, wo wir Zeit in ihrem Elternhaus verbrachten.

Zurück in der Heimat besuchte ich im August noch einmal die Messe in der Brandboxx Salzburg, um einen letzten Versuch zu unternehmen.
Bevor Mitte September meine neue berufliche Herausforderung begann, gab ich noch einige Fortbildungen für Sportlehrer.

Es war Zeit für einen neuen Lebensabschnitt, voller Vorfreude und neuer Möglichkeiten.

Neue Herausforderungen und ein überraschendes Jobangebot

Kaum hatte ich bei meinem Arbeitgeber angefangen, flog ich gleich zweimal nach Deutschland in die Zentrale, um alles kennenzulernen: die verschiedenen Abteilungen, Arbeitsprozesse und das System. Es war eine Fülle neuer Eindrücke und Informationen, die auf mich einströmten, und ich war zunächst leicht überfordert. Vor mir lag eine anspruchsvolle Aufgabe: viermal in der Woche im Außendienst unterwegs zu sein, um Kunden, Schulen und Gemeindeämter zu besuchen und mich als neue Ansprechperson vorzustellen.

Die Tage waren gefüllt mit Terminen, gefolgt von Stunden vor dem Computer zuhause, um E-Mail-Anfragen zu bearbeiten und Angebote zu erstellen. Gleichzeitig musste ich mich weiterhin um mein Bassalo-Geschäft kümmern, was zusätzliche Herausforderungen mit sich brachte.

Der Höhepunkt des Monats war stets das Eintreffen meines Gehalts. Es war ein Gefühl der Freude und Erleichterung, das ich nach Jahren der

Selbständigkeit nicht mehr gewohnt war. Mit meinen monatlichen Gehältern konnte ich sofort offene Bassalo-Rechnungen begleichen, einige davon aus der Ferne vergessen und vernachlässigt.

Ein amüsantes Ereignis ereignete sich, als ich bereits einen Monat in meinem neuen Job war. Ein anderer Händler und treuer Bassalo-Kunde rief mich an und bot mir eine Stelle im Außendienst an, um ihre Firma in Österreich zu vertreten. Was für ein Zufall! Es war eine schmeichelhafte Geste, die mich ehrte, aber ich lehnte höflich ab. Ich wollte meinem aktuellen Arbeitgeber zunächst eine faire Chance geben, mich zu überzeugen, was sich als richtige Entscheidung erwies.

Bassalo: Offizielle Spielregeln

Ende 2018 war ein Meilenstein erreicht: Die offiziellen Spielregeln für "Cupball" wurden endlich als Download verfügbar gemacht, komplett mit detaillierten Skizzen. Über einen längeren Zeitraum hinweg hatte ich parallel dazu gearbeitet, um für die Sportart "Cupball" umfassende und präzise Spielregeln zu entwickeln. Mein Fokus lag darauf, Bassalo als echte Sportart zu etablieren, und dazu gehörte auch die Schaffung eines offiziellen Regelwerks. Die Grundregeln waren bereits bekannt, aber um das Spiel als ernsthafte Sportdisziplin zu positionieren, bedurfte es eines ausführlichen Regelwerks, das nun mehrere Seiten umfasste und alle Aspekte des Spiels abdeckte.

Das Regelwerk war keineswegs leicht zu durchschauen, aber gerade das machte es interessant, vor allem für Vereine und potentielle Meisterschaften. Ich war stolz darauf, dass die neuen Regeln nun als PDF auf meiner Website heruntergeladen werden konnten. Dort bot ich eine detaillierte Schritt-für-Schritt-Anleitung, die jeden Aspekt des Spiels erklärte, von den Spielern bis zu den Spielfeldern und Linien.

Um die Verständlichkeit weiter zu verbessern, habe ich auch mehrere kurze Videos erstellt, die es erleichtern, die Regeln zu begreifen. Diese Videos bieten einen schnellen Einstieg, sodass auch Anfänger das Spiel schnell erfassen können. Diese Initiative wurde positiv aufgenommen und trug dazu bei, das Interesse an "Cupball" zu steigern.

Das Geschäftsjahr 2018

Das vergangene Jahr brachte eine unerwartete wirtschaftliche Herausforderung mit sich, die mein Geschäft schwer traf. Die Zahlen sprachen eine deutliche Sprache: Mein Umsatz fiel auf ein Niveau weit unter meinen Erwartungen, kaum 30.000 €, während der Verlust sich auf fast 10.000 € summierte. Ein harter Schlag, bedenkt man, dass ich im Vorjahr noch stolze 100.000 € erwirtschaftet hatte. Große Aufträge blieben aus, und selbst der vielversprechende Einstieg bei Intersport Austria erwies sich als enttäuschend.

Der Großteil meines Umsatzes kam dank meiner zuverlässigen Händler zustande, die mich trotz der schwierigen Lage unterstützten. Ein besonderes Highlight war der Auftrag eines Werbeartikelhändlers für 500 Spiele, der sich als erheblicher Beitrag erwies. Zudem bestellte eine Schweizer Firma mehrere Original-Sets als Werbegeschenk für ihre Mitarbeiter, was meine Bilanz etwas aufbesserte. Leider blieben Bestellungen von Vereinen, Firmen und Schulen in diesem Jahr eher spärlich.

Trotz dieser Herausforderungen konnte ich auf die Unterstützung meines treuen Kundenstamms von 34 Händlern zählen, die mein Spiel nun in zahlreichen Ländern vertrieben. Eine solide Basis, aber noch nicht genug, um die Einbußen des vergangenen Jahres auszugleichen. Die Umsätze aus Workshops und ähnlichen Aktivitäten waren vernachlässigbar gering und konnten die Gesamtbilanz kaum beeinflussen.

Zusammenfassung 2018

Trotz der Turbulenzen fand ich endlich Ruhe in meinem Leben. Die Sicherheit eines festen Jobs ermöglichte es mir, meine Schulden schrittweise abzuzahlen. Diese neue Stabilität gab mir Hoffnung, dass sich bald alles zum Besseren wenden würde.

Parallel dazu entwickelte ich ein neues Marketing-Konzept, inspiriert durch das Seminar von Jürgen Höller, und änderte meine Homepage auf bassalocupball.com. Mein Ziel war klar: "Cupball" als eigenständige Sportart zu etablieren, mit dem Fokus auf Schulen und den Schulsport. Alle anderen Geschäftsfelder, wie die individuelle Branding-Option meiner Becher, ließ ich bewusst fallen. Im Januar 2019 ging diese Neuausrichtung online.

Endlich hatte ich keine offenen Rechnungen mehr, abgesehen von einer Gesamtverschuldung von 34.785 €:

- 9.585 € Bassalo-Bankkredit
- 17.200 € an den Gast aus dem Klettergarten, der mir damals 25.000 € geliehen hatte
- 8.000 € Privatschulden, bei meiner Schwester und meiner Freundin

Die Rückzahlung dieser Beträge würde mich endlich schuldenfrei machen – ein befreiender Gedanke!

Das Jahr verlief ereignisarm, was mir die Gelegenheit gab, mich auf die wesentlichen Dinge zu konzentrieren. Ich blieb in Wien, besuchte zum zweiten Mal die Spielwarenmesse in Nürnberg, war im August wieder Aussteller in der „Brandboxx" Salzburg und verbrachte drei Tage im Sportcamp Vorarlberg. Außerdem nahm ich an den "United World Games" in Klagenfurt und an zwei bis drei Fortbildungen für Sportlehrer teil.

Mediale Präsenz erreichte ich durch Veröffentlichungen im Bezirksblatt Simmering, im Magazin von Kommunalbedarf und im Magazin des Sportlehrerverbandes – immerhin ein kleiner Erfolg!

Ich trennte mich von dem teuren CRM-Programm, das ich ursprünglich wegen meiner früheren Geschäftspartnerin im Marketingbereich angeschafft hatte. Die 60 € monatlichen Kosten waren es nicht wert. Stattdessen kehrte ich zu „Fastbill" zurück, das nun 10 € statt 5 € kostete, aber immer noch deutlich günstiger war und alle notwendigen Funktionen bot.

Im Sommer konnte ich mich endlich fallenlassen und die Zeit am Pool genießen, im Wissen, dass bald mein neues Angestelltenverhältnis beginnen würde. Mitte September trat ich dann meinen neuen Job bei einem großen Unternehmen für Sportartikel für Schule, Verein und Therapie an, bereit für eine neue Herausforderung und zuversichtlich, dass diese Entscheidung der richtige Schritt für meine Zukunft war.

Alles konnte jetzt nur noch besser werden, dachte ich mir. Trotzdem fühlte ich mich rastlos, ständig auf der Suche nach neuen Projekten. Doch bevor ich etwas Neues beginnen konnte, musste ich mich noch um Bassalo kümmern. Es gab noch viele offene Baustellen, insbesondere im Marketingbereich. Zudem war es mir wichtig, erst meine Schulden zu tilgen, bevor ich mich auf neue Abenteuer einließ. Also beruhigte ich mich und konzentrierte mich auf die nächsten Schritte.

Eine große Freude erfüllte mich in diesem Jahr: Meine jüngste Schwester wurde schwanger, und am 28. Dezember erblickte meine kleine Nichte das Licht der Welt! Dieses Wunder berührte mich tief und ich beschloss, im kommenden Jahr häufiger nach Hause zu fliegen, um Teil ihres Lebens zu sein. Was für ein Segen und Freude ein Baby doch ist! Im Januar flog ich sofort rüber, um sie das erste Mal zu sehen, und mein Herz war voller Liebe und Stolz.

Zusätzlich hatte ich mich entschlossen, im nächsten Jahr das erste Mal auf der ISPO-Messe in München mit einem eigenen Stand auszustellen. Dieses große Event versprach spannend zu werden und war eine Gelegenheit, die ich mir nicht entgehen lassen wollte. Voller Hoffnung und Vorfreude blickte ich in die Zukunft, bereit, neue Wege zu gehen und meine Träume zu verwirklichen.

KAPITEL 10: Das Jahr 2019

Dieses Jahr brachte trotz meiner Angestelltenarbeit einige aufregende Neuerungen mit sich. Endlich begann sich das Rad zu meinen Gunsten zu drehen. Gleich zu Beginn des Jahres, im Januar, konnte ich endlich zwei lang überfällige Rechnungen bei meinem Tiroler Steuerberater begleichen. Es war eine immense Erleichterung, die 1.800 € Schulden aus dem Jahr 2017 endlich abzuzahlen. Diese Last fiel von meinen Schultern und gab mir neuen Schwung.

Ein weiterer Meilenstein war der Start meiner neuen Webseite. Am 4. Januar ging www.bassalo-cupball.com online! An diesem Projekt hatte ich monatelang akribisch gearbeitet, jede freie Minute investiert und unzählige Stunden darauf verwendet, das perfekte Design und die besten Inhalte zu erstellen. Die Webseite war nicht nur eine Plattform für meine Sportart, sondern symbolisierte auch einen Neuanfang und meinen ungebrochenen Willen, Bassalo-Cupball als „anerkannte" Sportart zu etablieren. Es fühlte sich an wie der Beginn eines neuen Kapitels, voller Hoffnung und unbegrenzter Möglichkeiten.

Mein Messeauftritt auf der ISPO München

Anfang Februar nahm ich endlich das erste Mal als Aussteller bei der ISPO München teil. Dafür konnte ich die Schwester meiner Lebensgefährtin als Helferin gewinnen. Sie hatte Zeit und sprach Deutsch, Englisch, Rumänisch und Russisch – ein wahrer Glücksgriff! Diese Messe war meine Chance, in der Sportwelt Fuß zu fassen und mein Spiel einem breiteren Publikum zu präsentieren.

Die Messe war eine unglaubliche Erfahrung. Ich traf viele bekannte Händler und konnte vier sehr interessante neue Kunden und Partner für mich gewinnen. Auch wenn ich ursprünglich auf mehr gehofft hatte, war ich dennoch zufrieden mit diesen neuen Verbindungen.

Einer dieser neuen Partner war eine niederländische Firma, die an Schulen verkauft. Ein weiterer war ein großer Händler aus Schweden, der eng mit einem norwegischen Unternehmen vernetzt war. Diese beiden Firmen führten Workshops an Schulen durch und verkauften ihre Produkte – eine perfekte Ergänzung zu meinem Spiel. Dank dieser neuen Partnerschaften erzielte ich in den folgenden Monaten einen erheblichen Umsatz. Auch der niederländische Partner bestellte regelmäßig, was mein Geschäft weiter stärkte.

Die letzte interessante Firma war ein spanischer Schulsport-Händler. Endlich konnte ich mein Spiel auch in Spanien verkaufen! Leider blieben die Verkäufe dort bisher hinter meinen Erwartungen zurück. Ich stellte fest, dass der Preis von 20 € für südliche Länder wie Spanien, Portugal, Italien und Griechenland zu hoch war. In diesen Märkten Fuß zu fassen, war immer eine Herausforderung und bleibt es auch weiterhin. Dennoch war ich optimistisch und freute mich über die neuen Möglichkeiten, die sich durch die ISPO München ergeben hatten.

Amazon: Ein erfolgreicher Start

Auf der Messe lernte ich noch eine fantastische Firma kennen, die sich auf Marketing spezialisiert hat und Produkte professionell über Amazon vertreibt. Anfangs war ich skeptisch, da andere Händler in der Vergangenheit erfolglos versucht hatten, mein Spiel über Amazon zu verkaufen. Diese hatten einfach mein Spiel auf die Plattform gestellt, ohne jegliche Werbemaßnahmen, und die Verkäufe blieben aus.

Doch diese Firma machte einen anderen Eindruck. Die Marketingexpertin erklärte mir, dass sie nur eine Provision für jedes verkaufte Set verlangen würden. Das bedeutete, dass ich keine Vorauszahlungen leisten musste und sie nur dann etwas verdienten, wenn tatsächlich Verkäufe stattfanden. Dieses Konzept schien mir sehr fair und vielversprechend.

Am 20. März schickte ich die ersten 10 Sets zum Testen los. Zu meiner Freude waren diese schnell ausverkauft. Am 5. April folgte ein Karton mit 50 Sets, und am 11. April nochmals 100 Stück. Im Mai versandte ich weitere 50

Sets, und im Juni schließlich 200 Stück. Ich war begeistert und bin es immer noch!

Obwohl mir pro verkauftes Set nicht viel übrigblieb, da Amazon Prime die Versandkosten übernimmt und Amazon selbst hohe Gebühren für die Plazierung im Shop verlangt, sowie die Firma ihre Provision abzieht, war ich dennoch zufrieden. Diese Firma leistete hervorragende Arbeit und erzielte gute Verkaufszahlen. Ich hatte so gut wie keine Arbeit damit und konnte mich über ein passives Einkommen freuen.

Innerhalb kürzester Zeit verkaufte ich über 300 Sets – ein beeindruckender Anfang! Ich war zuversichtlich, dass sich diese Zusammenarbeit im nächsten Jahr noch weiter auszahlen würde. Es war ein neuer, aufregender Schritt, der mir zeigte, dass sich harte Arbeit und die richtigen Partner auszahlen können.

Die Marke „Bassalo": Verkaufsträume

Seitdem ich letztes Jahr bei der Sportfirma angefangen hatte, ließ mich der Gedanke nicht los, mein Spiel an meinen Arbeitgeber zu verkaufen. Dadurch hätte ich mehr Zeit im Leben und meiner Freizeit und würde endlich für all meine Mühen mit Bassalo belohnt werden. Ich hatte klare Vorstellungen über einen angemessenen Verkaufspreis und nutzte den Firmenbesuch im Frühjahr 2019, um einen Termin mit dem Geschäftsführer zu vereinbaren.

Die Aufregung vor dem Gespräch war enorm. Ich bereitete eine umfassende Präsentation vor, die alle Zahlen und Aktivitäten der letzten Jahre darstellte, einschließlich des möglichen Potentials. Mein Wunsch war es, das Spiel für 100.000 bis 150.000 € zu verkaufen. Ich erinnerte mich daran, wie mir mein erster Partner aus Tirol im Jahr 2011, als ich finanziell am Boden war, 20.000 € angeboten hatte. Ich hatte damals abgelehnt, und jetzt, nach all den Jahren harter Arbeit und Umsetzung des Projekts, war ich der Meinung, dass 100.000 € gerechtfertigt wären. Mit einem Teil würde ich meine Schulden begleichen können und mit dem Rest, wer weiß schon.

Das Gespräch begann, und ich präsentierte stolz meine Geschichte, erzählte von den Herausforderungen, die ich bewältigt hatte, und den Orten, an denen ich mein Spiel bereits eingeführt hatte. Meine Chefin war ebenfalls anwesend, und beide zeigten sich tief beeindruckt. Doch trotz ihrer Anerkennung waren meine Zahlen und Gewinne nicht überzeugend genug. Der Geschäftsführer zögerte, mir ein Angebot zu machen, da es angesichts meiner Mühen fast unverschämt schien, nur den wirtschaftlichen Erfolg zu berücksichtigen.

Ich bestand dennoch darauf, eine Einschätzung zu hören, auch wenn ich ahnte, dass sie weit unter meiner Vorstellung liegen würde. Er erklärte, dass die Firma mein Spiel in Zukunft nicht wirklich pushen könnte; es wäre nur ein Produkt unter Tausenden und würde den besonderen Wert verlieren, den ich als Erfinder und Verkäufer repräsentierte. Schließlich nannte er mir eine Summe, die deutlich unter meinen Erwartungen lag, und wir einigten uns darauf, dass ich das Angebot nicht annehmen würde.

Trotzdem bot er mir Unterstützung in anderer Form an: Blog-Beiträge, Newsletter, Beiträge in ihrem Magazin. Diese Angebote waren eine willkommene Hilfe und zeigten, dass meine Leidenschaft für Bassalo Anerkennung fanden. Ich war dankbar für diese Unterstützung und bereit, weiterhin für den Erfolg meines Spiels zu kämpfen, mit neuer Hoffnung und gestärktem Selbstbewusstsein.

Ochsner Sport Schweiz: Herausforderung im Einzelhandel

Im März endlich erfüllte sich ein langgehegter Wunsch: Ochsner Sport aus der Schweiz bestellte die versprochenen 400 Spiele. Ihre Absicht war klar: Mein Spiel sollte in ihren Filialen einem Test unterzogen werden, ganz wie im Vorjahr versprochen.

Als ich eines Tages selbst in der Schweiz war und eine ihrer Filialen besuchte, sah ich mein Spiel dort. Ich spielte den Unwissenden und erkundigte mich nach dem Spiel. Der Verkäufer erklärte knapp, dass es darum gehe, den Ball zwischen den Bechern hin- und herzuwerfen und ihn wieder zu fangen.

Als der Moment kam, mich als Erfinder zu erkennen zu geben, zeigte ich dem Berater live, wie man mit dem Spiel wirklich umgeht und welche coolen Tricks möglich sind. Sein anfängliches Desinteresse wich schnell großer Begeisterung. Er erkannte das Potential und betonte, dass eine Einweisung für die Mitarbeiter in jeder Filiale sinnvoll wäre. Doch die Realität war, dass ich nicht persönlich alle Filialen besuchen konnte und die Zentrale dieses Vorgehen auch nicht unterstützte. Das stellte die Berater vor eine Herausforderung, ein eigentlich tolles Spiel erfolgreich zu verkaufen.

Die Vermarktung in den Ladengeschäften erwies sich als schwierig, ähnlich wie bei Intersport Austria im Vorjahr. Obwohl anfangs ein guter Absatz zu verzeichnen war, ließ das Interesse nach einiger Zeit nach. Ich musste einsehen, dass mein Spiel zu erklärungsbedürftig ist. Ohne die Möglichkeit, die lustigen Aspekte des Spiels zu erfahren, erscheint es lediglich als zwei Plastikbecher und ein Ball für 20 €. Es war an der Zeit, keine Zeit und Energie mehr in dieses Thema zu investieren und mich stattdessen auf den Schulsport und das Amazon-Geschäft zu konzentrieren. Online konnte man Fotos und Videos sehen, die mein Spiel besser erklären konnten.

Erfolgreiche Umsetzung und Werbung in Schulen

Einige Aspekte meines neuen Konzepts waren bereits umgesetzt. Die Webseite war aufgefrischt, die Verpackung erstrahlte mit dem Aufdruck "NEW SPORT", die Spielregeln waren klar definiert und der Fokus lag nun ganz auf dem Schulsport.

Doch im Mai startete ich endlich mit einer Idee, die mir schon lange im Kopf herumschwirrte. Ich wollte Schulen die Möglichkeit bieten, ein ganzes Set mit 30 Cups und ausreichend Bällen kostenlos auszuleihen. Die Schulen sollten das Set für 2-3 Wochen testen können, ohne einen Cent zu bezahlen. Anschließend konnten sie entscheiden, ob sie das Set behalten und kaufen oder es zurücksenden wollten. Der Versand zu den Schulen war kostenlos, lediglich für den Rückversand sollten sie aufkommen.

Diese Idee war mir schon lange klar, denn ich wusste, dass mein Spiel erlebt werden musste, um seine wahres Potential zu erkennen. Dennoch war ich lange Zeit unsicher, ob dieser Schritt zu riskant wäre. Was, wenn alle Schulen das Spiel zurücksenden würden? Doch ich wagte es und begann, die Idee überall zu bewerben.

Glücklicherweise wurde sie sehr positiv aufgenommen! Als ich sie gelegentlich in einer Facebook-Gruppe für Sportlehrer postete, gab es einen regelrechten Ansturm. 85 Anfragen trudelten ein, und 79 Sets wurden tatsächlich verschickt. Einige mussten die Entscheidung erst mit ihren Kollegen abklären, andere zögerten vielleicht wegen der Kosten für den Rückversand. Doch 21 Schulen entschieden sich sogar dazu, das Set zu kaufen. Vielleicht war es nicht viel, aber eine Schule kaufte gleich zwei Sets, und ein Sportkoordinator aus Luxemburg erwarb zehn weitere Sets für alle Grundschulen in seinem Land.

Das Besondere war, dass ich direkt in den Schulen Werbung machen konnte. Zusätzlich bot ich den Schulen verschiedene Rabatte an, wenn sie mich bei der Werbung unterstützten. Für das kostenlose Leihset gab es bereits einen Rabatt von 20 € als Dankeschön. Außerdem gewährte ich Rabatte für Google-Rezensionen, Facebook-Posts und Bewertungen auf meiner Homepage. Diese Idee erwies sich als äußerst erfolgreich!

Facebook-Marketing: Ein teurer Versuch ohne Erfolg

Es war schon lange mein Wunsch, mehr in Marketing und Social Media zu investieren, um die Reichweite meines Unternehmens zu steigern. Plötzlich erhielt ich einen Anruf von einer Firma aus Deutschland, die sich auf Facebook-Postings spezialisiert hatte. Sie boten an, viermal im Monat für drei Monate lang Postings zu erstellen, und der Preis schien zunächst akzeptabel: 159 € pro Monat. Ich entschied mich, diesen Versuch zu wagen, obwohl mir der Preis etwas hoch erschien.

Anfangs war ich voller Hoffnung und Vorfreude, dass diese Investition mein Geschäft ankurbeln würde. Doch schon nach kurzer Zeit merkte ich, dass die erhofften Ergebnisse ausblieben. Keine signifikanten Einnahmensteigerungen, keine spürbare Zunahme an Likes oder Followern. Es war frustrierend zu sehen, wie das Budget dafür weiter schrumpfte, während die erhofften Ergebnisse ausblieben.

Trotzdem wollte ich nicht gleich aufgeben. Ich änderte meine Strategie, passte die Inhalte an und versuchte, das Beste aus der Situation zu machen. Doch auch nach drei Monaten konnte ich keine Verbesserungen feststellen. Der Return of Invest war einfach nicht da, und ich musste die harte Entscheidung treffen, dieses Vorhaben   vorerst einzustellen.

Es war eine Lehre für mich, dass Social-Media-Marketing nicht immer die gewünschten Ergebnisse bringt und dass es oft ein Experimentieren und Anpassen erfordert, um erfolgreich zu sein. Obwohl es eine enttäuschende Erfahrung war, habe ich daraus gelernt und werde in Zukunft vorsichtiger sein, wenn es um solche Investitionen geht.

Tagebuchauszug vom 1.10.2019

Diesen Monat habe ich endlich den letzten Restbetrag meines Bankkredits zurückbezahlt! Es ist ein unglaubliches Gefühl, diese Last endlich loszuwerden. Die Zinsen waren unverschämt hoch geworden, und jetzt ist es endlich vorbei! Es ist ein wichtiger Meilenstein auf meinem Weg zur finanziellen Freiheit. Jetzt stehen nur noch die Schulden bei meinem Klettergarten-Investor und meine Schulden bei meiner Schwester und meiner Lebenspartnerin aus. Aber ich bin zuversichtlich, dass ich auch diese bis Ende 2020 abbezahlen werde!

Trotz dieser Schulden fühle ich mich in diesem Moment sehr glücklich. Ich habe nicht nur meine Traumfrau gefunden, sondern auch eine gewisse Sicherheit und Stabilität in meinem Leben. Es ist ein wahrer Segen, wieder über finanzielle Mittel zu verfügen, und ich bin zutiefst dankbar für alles, was ich habe. Die Tatsache, dass ich jeden Monat regelmäßiges Einkommen erhalte und zweimal im Jahr sogar das doppelte, ist einfach großartig. Es ist ein Gefühl der Sicherheit und Wertschätzung für das Leben.

Trotzdem spüre ich eine gewisse Rastlosigkeit in mir. Meine Gedanken wandern ständig weiter, ich plane und träume von neuen Abenteuern und Erfahrungen. Es ist diese innere Unruhe, die mich antreibt, mich weiterzuentwickeln und persönlich zu entfalten. Ich frage mich, was ich wirklich will. Eines meiner tiefsten Sehnsüchte ist die absolute Freiheit. Ich kann es kaum erwarten, endlich finanziell unabhängig zu sein und keine Schulden mehr zu haben. Solange ich finanziell gebunden bin, fühle ich mich eingeschränkt in meinen Möglichkeiten, neue Wege zu gehen und mich weiterzuentwickeln.

Darüber hinaus möchte ich noch mehr erleben, noch mehr Zeit haben, um die Welt zu entdecken und neue Erfahrungen zu sammeln. Mein "passives" Einkommen mit Bassalo läuft zwar nicht schlecht, aber ich weiß, dass noch viel mehr möglich ist. Ich arbeite nur etwa 30 Minuten am Tag und einmal im Monat einen ganzen Tag, aber ich spüre, dass da noch ungenutztes Potential schlummert, das darauf wartet, entfesselt zu werden.

Was mir hier in Wien besonders fehlt, ist die Natur. Ich vermisse die Zeit draußen, die Berge, die frische Luft. Hier gibt es nur begrenzte Möglichkeiten, dem hektischen Stadtleben zu entkommen. Der kleine Park nebenan ist schön, aber es ist nicht dasselbe wie die unendlichen Weiten der Natur. Manchmal liege ich nachts wach und träume davon, woanders zu sein, in den Bergen von Tirol, mit einem klaren Blick auf den Zahmen Kaiser, umgeben von Ruhe und Freiheit.

Die Wochenenden sind hier in der Stadt immer vollgestopft, und es gibt kaum Zeit, um wirklich zur Ruhe zu kommen. Doch ich weiß, dass ich meinen Weg finden werde, um wieder mehr Zeit in der Natur zu verbringen und die Freiheit zu genießen, die ich mir so sehr wünsche.

Es ist seltsam, aber ich fühle mich, als würde ich irgendwie feststecken, obwohl es finanziell endlich bergauf geht. Der Tag beginnt, ich arbeite den ganzen Tag, wir essen, dann sitze ich wieder am PC, spielen Brettspiele... Das ist für mich noch keine richtige Freiheit. Ich sehne mich danach, draußen in der

Natur zu sein. Ich vermisse sogar die Zeiten, als ich im Klettergarten gearbeitet habe. Es war so wunderbar, morgens den Berg hinaufzufahren, durch den Wald zu wandern und oben auf die Gäste zu warten. Der Blick ins Tal mit den majestätischen Bergen im Hintergrund war einfach nur traumhaft... Das fehlt mir hier so sehr!

Mein Kopf ist voller Ideen, doch ich weiß nicht, welche dieser Ideen meine wahre Erfüllung sein soll. Mir fehlt noch meine Selbstbestimmung. Ich bewundere meine Partnerin dafür, wie sie das Leben nimmt. Sie möchte auch noch so viel im Leben tun: frei sein, weniger arbeiten, mehr Freizeit haben. Aber sie ist so genügsam und einfach nur dankbar für das, was sie hat. Sie jammert nie.

Bei der Beerdigung meines besten Freundes Vaters am letzten Wochenende sagte der Priester etwas, das mir sehr zu denken gegeben hat. Er sagte, dass man im Leben nie zu viel planen sollte, denn das Leben kommt immer anders. Was bleibt einem am Ende? Nur die Erinnerungen. Und am besten die guten. Die Menschen, die man geliebt hat, die Liebe, die man erfahren hat. Ich weiß, dass ich geliebt werde. Ich habe zwar nur wenige, aber dafür sehr gute Freunde. Diese Beziehungen möchte ich pflegen und erhalten, denn sie sind das Wichtigste im Leben.

Es war eine schwierige Entscheidung, aber ich habe mich entschieden, keine Kinder zu bekommen. Vor kurzem konnte ich keine Ruhe finden, als wir, oder eher ich, beschlossen hatte, nächstes Jahr nach dem Urlaub den Versuch zu starten, ein Kind zu bekommen. Doch wem soll ich meine Gene weitergeben? Wem hinterlasse ich mein Erbe, falls es eines gibt? Nun ja, da gibt es immer noch die Familie, meine Schwestern, deren Kinder, meine Partnerin, mein bester Freund. Ich liebe diese Menschen. Besonders zu meinem Freund hege ich eine besondere und tiefe Freundschaft, die von unschätzbarem Wert ist.

Dann ist da die Sucht nach Snus. Es ärgert mich und zugleich empfinde ich eine seltsame Befriedigung dabei. Seit August 2017 rauche ich nicht mehr. Ich habe es versucht, aber zum Glück schmeckte es mir nicht mehr. Warum brauche ich überhaupt eine Art von Droge?

Es scheint fast vorprogrammiert zu sein, dass ich dadurch ein paar Jahre weniger zum Leben haben werde. Aber was bedeutet das schon? Jeder wird irgendwann sterben. Ich habe nichts gegen den Tod. Ich denke, ich habe eine Art Freundschaft mit ihm geschlossen. Ich akzeptiere ihn und denke oft über ihn nach. Einerseits könnte ich schon jetzt sterben. Wie wird meine Beerdigung sein? Wer wird da sein?

Für den Fall, dass jemand dies liest, wenn ich nicht mehr da bin: Es ist in Ordnung, dass ich nicht mehr da bin. Ich habe gut und intensiv gelebt. Meine Kindheit war wunderschön und erfüllt von Liebe. Meine Mutter hat sich aufopfernd um uns gekümmert. Ich bin in einem kleinen, idyllischen Dorf aufgewachsen, wo das ganze Dorf unser Spielplatz war. Ob im Wald, zwischen den Gärten, auf dem Spielplatz oder auf dem eigenen Grundstück - ich hatte jede Menge Spaß und Freiheiten. Meine Basketballzeit war legendär! Ich habe es geliebt zu spielen, zu trainieren und zu trainieren, bis ich nicht mehr konnte. Basketball war mein Leben!

Auch später in Kufstein habe ich das Leben in vollen Zügen genossen. Ich habe gelacht, bin ausgegangen und habe alles ausprobiert, was es gab!

Ich bin viel gereist. Meine Reisen nach Venezuela, Brasilien und Amerika werde ich nie vergessen. Ich habe dort viele wunderbare Menschen kennengelernt und unglaubliche Erfahrungen gemacht!

Was ich mir jedoch wünsche, ist, dass Bassalo weiterlebt und nicht untergeht. Ob meine Partnerin, ein Freund oder ein Geschäftspartner es weiterführt, ist mir egal. Die Erlöse aus dem Verkauf oder die Provisionen sollen meiner Familie zugutekommen.

Ich bin unendlich dankbar für die Fülle an wunderschönen Momenten, die das Leben mir geschenkt hat. Fast immer strahlte ich vor guter Laune, denn ein Lächeln war oder ist mir angeboren. Also danke, liebe Engel, ich komme gerne zu euch, wenn ihr sagt, dass meine Zeit hier gekommen ist.

Ich kann es kaum erwarten, alles hinter mir zu lassen. Einfach ich selbst zu sein. Frei und fliegend, meine Lieben im Jenseits zu treffen. Durch Sonne und Mond zu gleiten, die innere Erde zu erkunden und mit den Seelen zu kommunizieren. In glücklicher Freude, Liebe und Leichtigkeit zu sein. Dort ist nichts mehr wichtig. Die Zeit, die hier so schnell verfliegt, existiert dort nicht. Es herrscht einfach das aktuelle SEIN. Das Jetzt!! Eine Erleichterung für meine Seele. Spielen, Singen, Fliegen, Liebe, Leichtigkeit. Ein Funke Licht, der umher schwebt, sich mit anderen verbindet und sich wieder auflöst. In Frieden, Liebe und Dankbarkeit für jeden einzelnen Augenblick, der gerade jetzt existiert.

Eigentlich sollte man genau jetzt hier so leben. Im Augenblick. Warum fällt es mir so schwer? Ich denke schon jetzt darüber nach, wie schön das Leben nach dem Tod sein wird...

Und dann ist da noch die Sache mit dem Fitness. Ich genieße die Sauna am Ende des Trainings, aber das eigentliche Workout ist kein Hochgenuss. Man ist drinnen und trainiert monoton an den Geräten. Ich werde das noch ein ganzes Jahr durchziehen, um meinen Körper zu stärken, aber dann brauche ich etwas Neues, etwas, das mir psychisch mehr Freude bereitet.

Die Tage und Wochen sind ständig vollgepackt. Manchmal vermisse ich fast schon die Zeit, als ich komplett selbständig war und viel mehr Zeit für mich hatte. Auch wenn ich damals immer im Druck stand, Geld zu verdienen, um alles bezahlen zu können...

Es ist wichtig, sich Dinge zu wünschen und über das Leben nachzudenken, aber man darf nichts erwarten und nichts planen. Das ist die Kunst des Lebens. Früher war es leichter bei der Spedition in meinem „früheren" Leben. Da konnte ich extrem gut an nichts denken. Jetzt ist das schon eine Kunst.

Ich wünschte, ich könnte so genügsam sein wie meine Partnerin und jeden Tag im Hier und Jetzt leben. Doch mir fehlen angeblich so viele Dinge. Ich habe jetzt eine tolle Frau, eine Wohnung, ein sicheres Nest, eine gute Arbeit und Geld, und trotzdem möchte ich noch so vieles. Und irgendwie bleibt so wenig Zeit für alles.

266

Vielleicht sollte ich mir weniger Gedanken machen und wie meine Mutter immer sagt, "alles in die Hände von Gott übergeben"... Ich bin halt gerne der Macher geworden. Früher habe ich alles auf mich zukommen lassen. Ich bin jeden Morgen wieder neu erwacht und habe einfach in den Tag gelebt.

Hat es einen Grund, warum ich so bin, wie ich jetzt bin, oder sollte ich wieder so sein wie früher? Wenn ich so werde, könnte es sein, dass ich etwas verpasse und das Leben nur so an mir vorbeizieht. Oder soll ich weiter so bleiben und nach dem Besten streben? Ich fühle mich wie auf einer Autobahn, wo mich jeder überholt. Haben die anderen mehr als ich? Ich denke nicht, aber ich respektiere diese Menschen und finde es bewundernswert, wie sie das machen. Ich weiß es nicht. Ich habe immer noch das Gefühl, dass etwas Tolles und Großes auf mich wartet. Nur, wie lange muss ich noch warten, lieber Gott?

Gute Nacht, es ist Dienstagnacht 1 Uhr morgens, also schon Mittwoch.

Günstiges und soziales Lager gefunden

Im Oktober entschied ich mich, meinen Lagerplatz für meine Produkte erneut zu wechseln. Die Kosten waren einfach zu hoch geworden, obwohl er damals als einer der günstigsten galt. Doch selbst das war für mich noch immer zu teuer.

Schon seit einiger Zeit hatte mir jemand geraten, es über eine Behindertenwerkstätte zu versuchen. Das wäre nicht nur eine tolle gemeinnützige Sache, sondern auch wesentlich kostengünstiger. Also suchte ich mir eine Werkstätte in Wien, in meiner Nähe, und fand sie auch schnell. Die Leiter dort waren äußerst sympathisch und begeistert von der Idee, meine Sets zu verpacken. Für ihre Klienten wäre es eine wertvolle Arbeit.

Die Preise waren um über 70 % günstiger als zuvor, und ich hatte ein gutes Gefühl, da die Menschen dort die Arbeit mit Freude erledigen würden. Bisher bin ich auch sehr zufrieden mit ihnen! Natürlich muss man in Kauf nehmen, dass größere Bestellungen etwas länger dauern können. Doch bisher konnten meine Kunden damit gut leben. Ein weiterer Schritt, um Geld zu sparen und zugleich etwas Gutes zu tun!

Neuer Schwung mit einem Marketingprofi

Im November traf ich mich mit einem jungen, dynamischen Marketingprofi, den ich bereits aus einem Seminar der Wirtschaftskammer kannte. Später sah ich ihn sogar im Wirtschaftsblatt mit einem kleinen Bericht über seine erfolgreiche Arbeit. Das weckte mein Interesse, also rief ich ihn an, und wir vereinbarten ein Treffen.

Er versicherte mir, dass er mir bei vielen Dingen helfen könne: vom Newsletter-Marketing über Facebook- und Instagram-Werbung bis hin zu vielen anderen Bereichen. Das klang genau nach dem, was ich brauchte. Wir sprachen über viele Möglichkeiten, und ich war total motiviert, erneut mit dem Thema Marketing durchzustarten.

Unser erster Schritt war die Verwendung des Programms „Mailchimp", um alle meine Kontakte aus den vergangenen Jahren einzutragen. Dann begannen wir mit der Bewerbung eines E-Books. Dafür nutzten wir eine Bassalo Facharbeit einer angehenden Sportlehrerin aus Deutschland.

Es war erstaunlich, dass das "Buch" über 100-mal heruntergeladen wurde, und ich dadurch neue Kontakte für meinen Newsletter gewinnen konnte. Wir starteten auch mit Blog-Beiträgen. Er bereitete alles vor, und ich schrieb die Artikel und veröffentlichte sie auf meiner Homepage. Das war wirklich harte Arbeit!

Normalerweise schreibe ich gerne über Gott und die Welt oder jetzt über meine eigene Geschichte. Doch spezifisch über ein Thema wie Koordination zu schreiben, fiel mir etwas schwer. Immerhin bin ich kein Koordinationstrainer. Aber es zahlte sich aus. Bis heute melden sich immer wieder Kunden, die mich über Google gefunden haben und ein Problem haben, das ich mit Bassalo lösen könnte.

Deshalb beschloss ich, vorerst weiter mit ihm zusammenzuarbeiten und mich marketingtechnisch richtig auf die Beine zu stellen. Es war eine aufregende Zeit voller Herausforderungen, aber ich fühlte mich bereit, den nächsten Schritt zu machen.

Das Geschäftsjahr 2019

Dieses Jahr lief es endlich etwas besser. Ich konnte endlich meinen Bassalo-Kredit bei der Bank und alle anderen offenen Rechnungen bezahlen. Zudem hatte ich beschlossen, die monatliche Rate für meinen Klettergarten-Kredit von 300 € auf 600 € zu erhöhen, um schneller schuldenfrei zu werden.

Der Gesamtumsatz stieg im Vergleich zum Vorjahr leicht an, und ich konnte sogar einen kleinen Gewinn erzielen. Das meiste kam von meinen Händlern, die mich weiterhin unterstützten. Zusätzlich konnte ich knapp 10.000 € von Schulen generieren, die meine Sets für den Schulsport erwarben. Der Rest meines Umsatzes kam über den Verkauf auf Amazon zustande.

Es war ein Jahr der kleinen Siege und Fortschritte. Obwohl einige Workshops nicht in die Liste der Einnahmen fielen, war die Gesamtsituation dennoch positiv. Es war ein deutlicher Schritt nach vorne im Vergleich zum letzten Jahr!

Auch mein neuer Job bereitete mir Freude. Ich durfte viel herumreisen und konnte während meiner Schulbesuche auch mein Spiel vorstellen. Ich blieb dabei stets fair und leitete potentielle Kunden direkt an die Firma weiter, für die ich nun arbeitete, anstatt direkt über mich zu kaufen. Es war eine Win-Win-Situation für alle Beteiligten und trug zu meinem Erfolg bei.

Zusammenfassung 2019

Meine Geschichte mit Bassalo ist wie ein fortlaufendes Abenteuer, das noch lange nicht zu Ende ist. Doch langsam, aber sicher, kommen wir in diesem Buch dem Ende näher.

Endlich konnte ich mich finanziell erholen. Ein wahrer Segen, nach all den finanziellen Strapazen, die ich durchgemacht hatte. Das ganze Jahr über war ich bei der Firma angestellt, die auch gleichzeitig ein guter Kunde für Bassalo war.

Dadurch konnte ich viele Schulden und Rechnungen begleichen. Mit meiner erhöhten monatlichen Rate von 600 € für den Kredit beim Klettergarten-Gast würde ich auch bald fertig sein. Mein Ziel war es, alles bis Ende 2020 zurückzuzahlen.

Meine Verkaufsstrategie hatte sich geändert. Ich konzentrierte mich nun hauptsächlich auf große Schulsport-Händler, nachdem ich festgestellt hatte, dass mein Spiel im Einzelhandel einfach nicht die gewünschte Resonanz erzielte. Die Neuheit meiner Homepage und die Vermarktung der neuen Sportart "Bassalo Cupball" standen im Vordergrund. Mit dem Schulstart im September begann ich, es immer wieder in Sportlehrergruppen auf Facebook zu posten, und der Andrang war enorm.

Ein großer Schritt für mich war die Zusammenarbeit mit einer Marketingagentur aus Bayern, die mir half, mein Spiel professionell auf Amazon zu verkaufen.

Dieses Jahr versuchte ich auch, über meinen Arbeitgeber meine Spielidee und Marke zu verkaufen. Die Einsicht war, dass ich es entweder nicht verkaufen konnte oder es nur für einen geringen Betrag hätte verkaufen können. Doch ich bereue es keine Minute. Es machte mir Spaß, nebenbei selbständig zu sein, zu organisieren und mich hier kreativ auszutoben.

Ein weiterer Meilenstein war mein neues Lager, das mir erhebliche Kostenersparnisse ermöglichte. Und schließlich hatte ich einen Marketingspezialisten engagiert, der mir half, über Social Media mehr Kunden zu gewinnen und alles professioneller zu gestalten.

Sowohl geschäftlich als auch privat ging es mir blendend. Ich hatte einen großartigen Job, konnte Bassalo weiterhin nebenbei betreiben, lebte mit meiner Liebe und ihrem Sohn zusammen und konnte endlich wieder meine Freizeit genießen.

Mit dem Wiederaufleben meiner finanziellen Möglichkeiten begann ich auch, meine Freundin finanziell zu unterstützen. Es war ein wunderbares Gefühl, endlich wieder etwas zurückgeben zu können. Von nun an konnte es nur noch besser werden!

KAPITEL 11: Das Jahr 2020

Erfolg im Ausnahmejahr

Das Jahr 2020 begann für mich auf eine Weise, die ich mir kaum hätte erträumen können. Bereits im Januar erhielt ich eine erfreuliche Nachricht: Eine Gutschrift für 65 verkaufte Sets über Amazon aus dem Dezember. Dieser Erfolg verlieh mir einen enormen Motivationsschub und ließ mich optimistisch in das neue Jahr starten.

Der Februar übertraf alle Erwartungen. Einer meiner größten Kunden trat mit einem aufregenden Projekt für Deutschland an mich heran. Dieses spezielle Vorhaben erforderte eine große Menge an Sets, und mein Bassalo-Spiel war ein integraler Bestandteil davon. Es war ein unglaubliches Gefühl zu wissen, dass mein Produkt eine solch bedeutende Rolle spielen würde. Und tatsächlich, die Bestellung umfasste mehrere hundert Sets. Es war ein riesiger Erfolg für mich und mein Geschäft.

Dieser Triumph setzte sich im August fort, als der gleiche Kunde noch einmal eine Bestellung über einige hundert Sets aufgab. Es war ein Moment des Stolzes und der Bestätigung, dass meine Arbeit und mein Engagement Früchte trugen.

Auch in den Schulen stieß mein Spiel auf großes Interesse. Bis Anfang März hatte ich 13 kostenlose Schulsets zum Testen verschickt. Die Reaktionen der Lehrer und Schüler waren durchweg positiv. Die Begeisterung und das Interesse an meinem Spiel wuchsen stetig, und es fühlte sich an, als würde mein Traum langsam Realität werden.

Doch hinter diesen Zahlen und Erfolgen steckte viel mehr. Es war die Anerkennung, die ich durch diese Verkäufe und Projekte erhielt, die mich emotional tief berührte. Jedes verkaufte Set, jede Bestellung, jedes positive Feedback war für mich ein Zeichen, dass meine harte Arbeit und meine Leidenschaft für Bassalo gewürdigt wurden.

Spielpause im Lockdown

Plötzlich kam der österreichische Lockdown. Im März gingen noch die 13 Schulsets raus, aber bis Juni sollten das die letzten sein. Ich ließ den Schulen die Sets, in der Hoffnung, dass sie bald wieder öffnen und mein Spiel testen könnten. Die Schulen blieben jedoch geschlossen, und so blieben auch die Verkäufe aus.

Ich hatte mich auch für die Fun & Sportmesse in Oberösterreich angemeldet und war fast fertig mit den Vorbereitungen. Doch zwei Tage vor der Messe kam die Absage wegen des Lockdowns. Alles war umsonst. Keine Schulen kauften mehr bei mir ein, und es gab keine Anfragen mehr. „So eine Scheiße", dachte ich. Mein Hauptumsatz kam entweder direkt von Schulen oder über meine Schulsport-Händler. Zum Glück hatte ich kurz vorher noch einen großen Umsatz machen können, sonst wäre die Lage noch ernster gewesen.

Im April richtete ich meinen Fokus auf meinen YouTube-Kanal. Ich produzierte viele neue Videos zu verschiedenen Tricks und Spielvariationen. Diese zielten insbesondere auf die Hand-Auge-Koordination und Motorik ab. Es war eine kreative Herausforderung und ein Ventil in dieser ungewissen Zeit.

Die Monate vergingen langsam, und ich wartete sehnsüchtig auf bessere Tage. Mein Herz schlug für mein Spiel und die Begeisterung, die es bei Kindern und Lehrern auslöste. Doch in diesen düsteren Monaten fühlte ich mich oft machtlos und frustriert. Ich fragte mich, ob all meine Mühe vergeblich war.

Trotz der Widrigkeiten versuchte ich, die Hoffnung nicht zu verlieren. Die Resonanz auf die Videos war positiv, und es war tröstlich zu sehen, dass meine Arbeit geschätzt wurde. Der Gedanke daran, dass irgendwann wieder Normalität einkehren würde, hielt mich aufrecht.

Ich nahm mir vor, das Beste aus der Situation zu machen und bereit zu sein, sobald die Welt sich wieder öffnete. Der Lockdown hatte mich ausgebremst, aber mein Ehrgeiz und meine Leidenschaft für Bassalo brannten heller als je zuvor.

Lockdown Verkaufsmagie

Plötzlich kamen vermehrt Bestellungen von Privatleuten über meinen Webshop rein. Das war ungewöhnlich, denn normalerweise bestellten nur Leute bei mir direkt, die mein Spiel bereits kannten. Neugierig fragte ich manchmal nach, wie sie auf mein Spiel aufmerksam geworden waren. Die Antwort war oft, dass sie es über Amazon entdeckt hatten, mich aber als Einzelhändler unterstützen wollten und deshalb direkt bei mir kauften. Wie fair und unterstützend!

Die große Überraschung kam im April: Im März wurden über Amazon ganze 180 Sets verkauft! Leider war mein Anteil pro Spiel gering, aber es war immerhin etwas. Zu dieser Zeit lieferte Amazon selbst keine Non-Food-Produkte mehr aus, sodass meine Agentur ein anderes Lager für den Versand nutzen musste, was die Versandkosten fast verdoppelte. Dadurch verdiente ich pro Spiel leider sehr wenig, was natürlich niederschmetternd war. Um zumindest ein bisschen Gewinn zu erzielen, erhöhten wir den Preis um 2 €. Glücklicherweise hatte dies keine negativen Auswirkungen auf die Kaufentscheidung der Kunden.

Zum Glück bestellten auch noch 2–3 Schulen, die das Verleihset bereits getestet hatten. Insgesamt hatte ich trotz des Lockdowns Glück und konnte Bassalo-technisch gut über die Runden kommen. Zudem war ich noch angestellt und hatte privat kaum Kosten. Als ich mit meinem Angestelltenjob in Kurzarbeit ging, hatte ich plötzlich mehr Zeit, um mich intensiv um mein Geschäft zu kümmern. So konnte ich die schwierige Zeit überstehen und mein Geschäft weiterhin voranbringen.

Von Kurzarbeit & Zeit der Erneuerung

Ich fand die Zeit in Kurzarbeit gar nicht schlecht. Sie kam mir sogar sehr gelegen, denn ich durfte nur 10 % meiner Arbeitszeit leisten und bekam trotzdem 80 % meines Gehalts. Das war eine willkommene Überraschung! Diese neu gewonnene Zeit nutzte ich, um lang geplante Projekte endlich in Angriff zu nehmen.

Schon lange hatte ich vor, das Bassalo-Logo zu überarbeiten. Bei den Jürgen Höller Seminaren hatte ich gelernt, dass ein Logo sofort mit dem Produkt identifizierbar sein muss, und das war bei meinem bisherigen Logo nicht der Fall. Der bunte Ball war zwar hübsch und sommerlich, aber die eigentliche Farbe der Bälle war orange, und die Wort-Bild-Marke vermittelte nicht, worum es bei Bassalo eigentlich ging. Also grübelte ich darüber nach, wie ich das Logo ändern könnte. Auch die Schriftart meines Slogans „Catch it – if you can" war mir zu verspielt. Ich wollte Bassalo als dynamische Sportart vermarkten, also musste das Design schnittiger und cooler werden. Doch man darf ein Logo nicht komplett verändern, sondern nur schrittweise. Viele Leute hatten mein bisheriges Logo bereits im Kopf, also musste ich vorsichtig vorgehen.

Ich hatte viele Ideen, doch keine schien perfekt zu passen. Ich zeichnete verschiedene Entwürfe, und mir wurde klar, dass das Logo unbedingt einen Becher und einen Ball enthalten musste. Doch wie sollte ich das alles zusammenfügen?

Dann geschah es eines Abends ganz spontan. Während eines unserer Bettgespräche, als meine Partnerin und ich nebeneinandersaßen und plauderten, skizzierte sie das Wort „Bassalo" und verwandelte das „l" in einen Becher. Das war genial! So einfach und doch so treffend! Manchmal sieht man den Wald vor lauter Bäumen nicht. Und das „o" wurde natürlich zu einem Ball.

Jetzt brauchte ich einen neuen Grafiker, denn mein bisheriger, der mich all die Jahre begleitet hatte, hatte keine Zeit mehr für mich. Also postete ich auf Facebook, dass ich einen neuen Grafiker suchte. Durch einen Bekannten, den wir im Urlaub kennengelernt hatten, kam ich schließlich auf meine neue tolle Grafikerin, die ich bis heute an meiner Seite habe.

Sie skizzierte verschiedene Logo-Varianten mit dem Becher als „l" und dem Ball dahinter im „o", und darunter der jetzige Slogan. Das Ergebnis war perfekt. Gleich darauf wollten wir auch das Design der bald neu produzierten Becher aktualisieren. Ich wollte, dass das Design cool und smart aussieht. Wir fanden schnell das Richtige.

Natürlich musste auch die Verpackungsbox geändert werden, denn die alten Becher waren noch auf der Seite zu sehen. Also überarbeiteten wir das Design komplett. Jetzt war auf jeder Seite deutlich zu erkennen, für was man Bassalo alles nutzen konnte.

Zu guter Letzt machte ich mich an die Arbeit an einem neuen Spielmagazin. Über die Jahre waren so viele neue Spielmöglichkeiten hinzugekommen, die bisher nur als Download auf meiner Webseite verfügbar waren. Die Skizzen für das neue Teamspiel „Ultimate Bassalo" und die dazugehörigen zehn Seiten an Spielregeln sollten nun ins Magazin aufgenommen werden.

Es war eine Phase der Erneuerung und des Wachstums, und ich bin dankbar für jede Minute, die ich in die Weiterentwicklung von Bassalo investieren konnte.

Kaum hatte ich alle Änderungen abgeschlossen, ging alles Schlag auf Schlag. Innerhalb kürzester Zeit konnte ich das neue Logo und die neuen Designs drukken und produzieren lassen. Der Prozess war überraschend reibungslos, und schon bald hielt ich die ersten Exemplare in den Händen. Ein Moment der Erleichterung und des Stolzes!

Doch eine Sache fehlte noch: die neuen Produktfotos. Leider ließen diese etwas auf sich warten. Die Zeit verstrich, und ich wurde immer ungeduldiger, aber im Juli war es endlich soweit. Die professionellen Fotos waren da! Es war ein bedeutender Moment, als ich die neuen Bilder in meinen Webshop hochlud. Sie präsentierten meine Produkte in einem völlig neuen Licht – dynamisch, frisch und ansprechend.

Dieser Schritt war nicht nur ein großer Fortschritt, sondern auch ein emotionaler Meilenstein. Ich hatte lange davon geträumt, Bassalo auf das nächste Level zu heben, und jetzt wurde dieser Traum Wirklichkeit.

Es war, als hätte ich einen neuen Anfang gemacht – mit frischem Wind in den Segeln und einem klaren Kurs vor Augen.

Die nächsten Schritte fühlten sich nun leichter und motivierender an. Mit der neuen visuellen Identität von Bassalo war ich bereit, neue Märkte zu erobern und noch mehr Menschen für mein Spiel zu begeistern. Der Weg war klar, und ich konnte es kaum erwarten, weiter voranzuschreiten.

Altes Logo: Neues Logo:

Altes Design: Neues Design:

Altes Design: Neues Design:

Marketing-Träume und Geld-Sorgen

Mit meinem Marketing-Mann begann ich voller Hoffnung und Enthusiasmus. Seine Ideen schienen grenzenlos, und wie bereits geschrieben, starteten wir mit einer Landingpage und dem Verkauf des E-Books. Die Werbeanzeigen auf Facebook und Instagram liefen vielversprechend, und bald hatten wir über 100 neue Adressen gesammelt. Doch mit jedem Schritt stiegen auch die Kosten.

Mein Ex-Grafiker, der mein treuer Begleiter über Jahre hinweg war, war vergleichsweise günstig. Er hatte meine Vision verstanden und war stets zuverlässig. Doch als ich meinen neuen Marketing-Mann engagierte, wurde mir schnell klar, dass seine Arbeit seinen Preis hatte. Jeder Handgriff schien Geld zu kosten, von der Landingpage bis zur Automatisierung der E-Mails. Und während die Anzahl der Email-Adressen wuchs, schrumpfte auch mein Budget.

Im Januar begannen wir mit den Blogbeiträgen. Ich schrieb sie selbst, während er die Themen vorbereitete. Es war harte Arbeit, aber ich hielt durch, motiviert von der Aussicht auf neue Kunden und mehr Bekanntheit. Doch dann kam der März, und mit ihm die neue Landingpage und die Werbung für das gratis Verleihset. Die Kosten häuften sich, und der Lockdown machte alles noch schwieriger.

Ich merkte, dass ich an meine Grenzen stieß – finanziell und emotional. Die erwarteten Kunden blieben aus, und die Blogbeiträge wurden zur Belastung. Trotz der Bedeutung des Marketings und der Werbung musste ich realistisch bleiben. Das Geld wurde knapp, und ich musste Prioritäten setzen.

Am Ende war es eine schwierige Entscheidung, aber ich musste die Zusammenarbeit beenden. Die Kosten waren einfach zu hoch, und der erhoffte Erfolg blieb aus. Es war eine harte Lektion, aber ich wusste, dass ich mich auf meine Ressourcen konzentrieren musste, um mein Unternehmen voranzubringen.

Rückkehr der Schulen

Die Wende kam unerwartet, als ich bereits resigniert hatte und dachte, die Schulen würden mich für dieses Schuljahr komplett vergessen. Doch dann, wie aus dem Nichts, traf plötzlich eine Bestellung einer deutschen Schule ein. Es war Anfang Juni, und die E-Mail der Lehrerin brachte mir einen Funken Hoffnung. Sie lobte mein Spiel als ideal für die Zeit der Pandemie, da es Abstandsregeln perfekt einhielt. Ihre Worte ließen mein Herz vor Freude höherschlagen.

Sofort nahm ich die gestoppte Facebook-Anzeige wieder auf und teilte mein Verleihset erneut in die Sportlehrer-Gruppe. Zu meiner Überraschung erhielt ich weitere Anfragen, und bald darauf wurden wieder einige Verleihsets verschickt. Es fühlte sich an wie ein Lichtblick in dunklen Zeiten.

Parallel dazu begannen auch meine Händler wieder, Bestellungen bei mir aufzugeben. Es war, als ob sich die Sonne nach einem langen Regen endlich wieder zeigte. Die plötzliche Wiederbelebung meines Geschäfts erfüllte mich mit Dankbarkeit und neuer Energie.

Unerwartete Bestellung im Oktober

Im Oktober ereignete sich eine weitere große Überraschung, die mich schlichtweg begeisterte! Erinnerst du dich noch an den Sportkoordinator aus

Luxemburg, der gegen Ende des vergangenen Jahres elf Schulsets bestellt hatte? Nun, er meldete sich erneut – diesmal für ganze zehn weitere Sets! Ich konnte mein Glück kaum fassen! Angeblich war ganz Luxembourg doch noch nicht mit Bassalo ausgestattet worden. Jede Direktbestellung erfüllte mich mit einer besonderen Freude, denn hier wußte ich, dass mein Spiel direkt an diejenigen gelangt, die es wirklich schätzen und nutzen würden. Vor allem bei einer Bestellung von zehn Schulsets auf einmal!

Und das Beste daran? Dieser Lehrer aus Luxemburg erkannte das wahre Potential von Bassalo, unabhängig vom Alter der Schüler. Trotz mancher Vorbehalte gegenüber der Eignung für Grundschüler hatte er erkannt, dass Bassalo ideal für alle Altersgruppen ist. Ich selbst habe bereits in zahlreichen Grundschulen gespielt und weiß aus eigener Erfahrung, dass es funktioniert – man muss nur die Herangehensweise anpassen und etwas Geduld mitbringen.

Inzwischen habe ich sogar einige Trainerinnen, die ausschließlich in Grundschulen Bassalo unterrichten, und sie sind sehr begeistert von den positiven Auswirkungen des Spiels auf die jungen Schülerinnen und Schüler. Es ist einfach wunderbar zu sehen, wie sich meine Vision von Bassalo als vielseitiges und altersübergreifendes Spiel nach und nach erfüllt.

Amazon Abenteuer: Bassalo Edition

In Zusammenarbeit mit der Agentur, die mein Spiel über Amazon vertreibt, entstand eine neue Idee: das „4er Familienset". Die Überlegung war naheliegend - warum nicht zwei 2er Sets zu einem günstigeren Preis anbieten? Es könnte das Interesse steigern und das Marketing verbessern. Gesagt, getan. Mitte Mai wurden die ersten 46 Familiensets verschickt, gefolgt von weiteren im Juni und Juli. Die Resonanz war groß, und auch die Verkäufe der normalen 2er Sets im Amazon Lager liefen weiter.

Durch den Verkauf auf Amazon erzielte ich in diesem Jahr einen Umsatz von fast 10.000 €. Doch der Wert ging über Zahlen hinaus. Einige Kunden bevorzugten es, direkt bei mir zu bestellen, anstatt einen der reichsten

Menschen der Welt zu unterstützen. Es war ermutigend zu sehen, dass die Präsenz meines Spiels auf Amazon auch positive Auswirkungen auf den Direktverkauf hatte.

Ein unerwarteter Höhepunkt war der Moment, als ein Freund aus Tirol mir einen Link schickte. Neugierig öffnete ich ihn und konnte es kaum glauben: „Bild.de" hatte einen Bericht über mein Spiel veröffentlicht! Diese unerwartete Anerkennung war eine willkommene Überraschung und zeigte mir, dass Bassalo immer wieder neue Wege findet, um Aufmerksamkeit zu erregen.

Der Verkauf über Amazon mag seine Vor- und Nachteile haben, aber es hat zweifellos dazu beigetragen, Bassalo einer breiteren Öffentlichkeit zugänglich zu machen. Jeder Tag bringt neue Möglichkeiten und Herausforderungen - und ich bin bereit, sie alle anzunehmen.

Neue Dynamik: Verleihset in Schulen

Im März war die Lage noch ungewiss, die Schulen zögerten, und ich konnte gerade noch die bereits erwähnten 13 Schulsets absetzen. Doch von Mai bis zum Sommer, obwohl die Anfragen etwas zahlreicher waren, blieb der Verkauf stagnierend. Die Unsicherheit der Corona-Situation und die bevorstehenden Sommerferien ließen die Entscheidungen stocken. Zumindest einige der 13 Schulen, die im März anfragten, bestellten später nach.

Der Herbst brachte eine neue Dynamik. Von September bis Dezember erreichten mich 47 Anfragen, ein vielversprechendes Signal. 33 Schulsets gingen auf den Weg, doch nur 10 fanden schließlich ihren Platz in den Sporthallen. Einige Schulen hielten sich zurück, bedingt durch die anhaltende Pandemie, und wollten das Set erst ausgiebig testen.

Eine interessante Entwicklung ergab sich auch mit jenen, die das Set für schriftliche Facharbeiten und ihre Prüfungen nutzen wollten. Ich schloss einen Deal mit ihnen: Sie erhielten das Set gratis, im Gegenzug durfte ich ihre Arbeiten auf meiner Webseite veröffentlichen. Eine Win-Win-Situation, die mir nicht nur Inhalte für meine Seite bescherte, sondern auch potentielle Kunden aus dem Bildungsbereich ansprach.

Schuldenfrei nach 10 Jahren

Es fühlte sich an wie ein neuer Anfang, ein strahlendes Kapitel in meinem Leben. Finanziell war ich endlich auf festem Boden angekommen, ein Gefühl, das ich seit langem nicht mehr gekannt hatte. Das Bankkonto spiegelte plötzlich eine angenehme Summe wider, ein erfrischender Anblick, der mir ein Lächeln ins Gesicht zauberte. Es war etwas völlig Neues für mich, dieses Gefühl der finanziellen Sicherheit.

Der Gedanke, bis Ende 2020 schuldenfrei zu sein, war längst zu einem festen Ziel geworden, das ich hartnäckig verfolgte. Schon Ende des vergangenen Jahres hatte ich meinen Bankkredit abbezahlt, ein Meilenstein auf meinem Weg zur finanziellen Freiheit. Doch der größte Triumph sollte erst im Dezember dieses Jahres kommen.

Als ich den letzten Betrag von 7.000 € an die Münchner Bank des Klettergarten-Gastes überwies, spürte ich eine Mischung aus Stolz, Erleichterung und Dankbarkeit. Es war ein Moment, den ich nicht so schnell vergessen würde.

Die Nervosität, als ich den Betrag online überwies, war beinahe greifbar. Es war nicht nur das Geld, das ich losschickte, sondern auch ein Stück meiner Vergangenheit, das ich hinter mir ließ. Die Gedanken an all die Zinsen, die ich über die Jahre gezahlt hatte, und die monatlichen Rückzahlungen, die mich begleitet hatten, machten diesen Moment um so bedeutsamer.

Endlich war es soweit – eine neue Ära hatte begonnen. Ich war schuldenfrei. Nach fast einem Jahrzehnt der finanziellen Herausforderungen stand ich nun an einem Wendepunkt, an dem ich (fast) niemandem mehr etwas schuldete. Es war eine Befreiung, die ich kaum in Worte fassen konnte.

Doch dieses Glücksgefühl wollte ich nicht nur für mich behalten. Als immer noch Geld auf meinem Konto lag und die Gelegenheit günstig schien, zögerte ich nicht, meiner Schwester die 3.000 € zurückzugeben, die sie mir vor einigen Jahren geliehen hatte. Ihre Überraschung und Freude waren groß.

Und es war tatsächlich genau die richtige Zeit für sie, und für mich war es ein weiterer Schritt auf dem Weg zu einem Leben ohne finanzielle Sorgen. Es war erstaunlich, wie die Dinge manchmal genau im richtigen Moment zusammenfallen - als ob das Universum wüsste, dass es an der Zeit war.

Geschäftsjahr 2020

Dieses Jahr war ein Triumphzug durch die Finanzwelt! Das Finanzamt durfte sich freuen, denn mein Geschäft brummte wie nie zuvor. Ich konnte zwar nur einen Gesamtumsatz von fast 50.000 € verbuchen – doch was den Gewinn betraf, übertraf ich sogar das goldene Jahr 2017, das mit einem Umsatz von über 100.000 € glänzte. Doch diesmal war alles anders. Es war ein Jahr, in dem der Verkauf der Spielesets dominierte, ohne Klettergarten oder Workshops in Schulen. Dieser Erfolg kam auf vielfältige Weise:

Ein beträchtlicher Teil meines Umsatzes stammte von dem deutschen Kunden, der ein spezielles Projekt betrieb und mich damit beauftragte. Es war eine Partnerschaft, die nicht nur finanziell, sondern auch in Bezug auf Prestige und Reputation eine große Rolle spielte.

Ein weiteres Drittel meines Umsatzes generierte ich über Schulen und den Verkauf auf Amazon. Die Schulen wurden zu einem wichtigen Standbein meines Geschäfts, und der Online-Marktplatz bot eine breite Plattform für meine Produkte.

Der Rest meines Umsatzes kam von dem Sportlehrer aus Luxemburg sowie anderen Händlern, die meine Produkte vertreiben. Es war erstaunlich zu sehen, wie sich mein Netzwerk von Kunden und Geschäftspartnern immer weiter ausdehnte und zu meinem Erfolg beitrug.

Dieses Jahr war nicht nur finanziell ein Erfolg, sondern auch eine emotionale Achterbahnfahrt. Jeder Verkauf, jede Partnerschaft war ein Erfolg. Und während ich die Zahlen auf dem Konto wachsen sah, wuchs auch mein Selbstvertrauen und meine Entschlossenheit, weiterhin erfolgreich zu sein.

Zusammenfassung 2020

Dieses Jahr war für mich ein wahres Auf und Ab, aber im Großen und Ganzen fantastisch! Die Ära der Pandemie, die für viele eine Zeit der Herausforderungen und Einschränkungen bedeutete, erwies sich für mich überraschenderweise als eine Zeit des Wachstums und der Chancen. Die Corona-Krise brachte mir unerwartete Vorteile: Sie gab mir die Zeit und den Raum, um meine neuen Projekte zu verwirklichen. Während viele um mich herum mit den Auswirkungen des Lockdowns zu kämpfen hatten, fand ich in der Ruhe und Stille einen fruchtbaren Boden für meine Kreativität und meine unternehmerischen Ambitionen.

Ich nutzte diese Zeit, um meine Kosten zu optimieren und mein Geschäft voranzutreiben. Trotz der Widrigkeiten des Jahres konnte ich viele Spiele verkaufen und meine Beziehungen zu meinen Schulsport-Händlern stärken. Der Ruf meines Produkts in Schulen verbreitete sich langsam, aber stetig, und die monatlichen Einnahmen flossen regelmäßig. Es war ein Segen, im Vergleich zu den turbulenten Jahren zuvor.

Darüber hinaus war ich zutiefst dankbar für meinen festen Job, den ich trotz der Herausforderungen der Pandemie behalten konnte. Die Möglichkeit, in Kurzarbeit zu gehen, gab mir die finanzielle Stabilität, die ich brauchte, um über die Runden zu kommen. Es war ein Zeichen der Beständigkeit in einer Zeit des Wandels.

Die Pause, die die Pandemie brachte, war eine willkommene Gelegenheit, um innezuhalten und zu reflektieren. Ich nutzte die Zeit, um wieder mit den einfachen Freuden des Lebens in Kontakt zu treten - lange Spaziergänge, Sport treiben und die Natur genießen. Es war eine Zeit der Selbstfindung und des Wachstums, die mich gestärkt und erfrischt hatte.

Und dann kam der Höhepunkt des Jahres: unser spontaner Urlaub auf Kreta. Ursprünglich war ein Yoga-Urlaub auf Bali geplant, aber die Umstände zwangen uns, unsere Pläne zu ändern. Die Entscheidung für Kreta entpuppte sich als Glücksgriff. Mit fast niemandem in Sicht hatten wir die Insel fast für uns allein. Es war eine Zeit der Ruhe und Erholung.

In diesen knapp 1-2 Jahren hat sich mein Leben auf wunderbare Weise verändert. Ich hatte gelernt, die Herausforderungen anzunehmen und aus ihnen zu wachsen. Ich war dankbar für jede Erfahrung und jeden Moment der Freude, der mir gegeben wurde, und freute mich auf das, was die Zukunft bringen möge.

KAPITEL 12: Das Jahr 2021

Erfolgreicher Start ins Jahr

Das Jahr begann mit einer regelrechten Flut von Aufträgen und positiven Überraschungen. Bereits Anfang Januar konnte ich meine erste Rechnung an einen Schweizer Händler schreiben - ein vielversprechender Start in das neue Jahr. Kaum war dieser Auftrag im Lager verschwunden, traf bereits der nächste ein: Ein deutscher Händler orderte ganze 100 Spiele auf einmal! Ein regelrechter Schwung an Aufträgen, der mir ein Lächeln ins Gesicht zauberte.

Doch das war erst der Anfang der Erfolgsgeschichte dieses Jahres. Über Amazon erhielt ich bereits im Januar die erste Gutschrift des Jahres für insgesamt 72 verkaufte 2er-Sets und 8 Familien-Sets aus dem Dezember. Es fühlte sich an, als ob das Universum mir einen deutlichen Hinweis darauf geben wollte, dass dieses Jahr mein Jahr sein würde.

Die Überraschungen hörten jedoch nicht auf. Im Februar eröffnete sich für mich eine neue Möglichkeit mit einem bedeutenden Schulsport-Händler aus Holland, der auch in Belgien aktiv ist. Das war eine Chance, die ich mir nicht entgehen lassen konnte. Parallel dazu konnte ich einen Distributor für die Schweiz gewinnen. Das war ein echter Glücksgriff, da Lieferungen in die Schweiz bisher immer mit zusätzlichem Aufwand und Kosten verbunden waren. Nun konnte sich der Distributor um den Schweizer Markt kümmern und mein Spiel auch in der Schweiz populär machen.

Und als ob das nicht genug wäre, wurden auch noch meine mehrsprachigen Flyer fertiggestellt. Mit Amazon im Rücken planten wir, dieses Jahr in mehreren Ländern durchzustarten. Die Spielbeschreibung war nun in sechs verschiedenen Sprachen verfügbar: Deutsch, Englisch, Französisch, Italienisch, Spanisch und Niederländisch. Es war ein wichtiger Schritt, um das Spiel einem breiteren internationalen Publikum zugänglich zu machen und neue Märkte zu erschließen.

Ball-Revolution: Made in Germany

Inmitten des anhaltenden "Corona-Zeitalters" fühlte es sich an, als sei die Zeit gekommen, erneut nach einem Ballproduzenten in der EU zu suchen. Diese Suche war nicht neu für mich. In den letzten Jahren hatte ich immer wieder vergeblich danach gesucht, aber nie einen geeigneten Produzenten gefunden. Es erschien mir unglaublich, dass niemand hier in der EU Bälle herstellte, und so begann ich meine Suche erneut.

Ich schrieb zahlreiche Ballproduzenten an, aber keiner schien meine Anforderungen erfüllen zu können. Doch dieses Mal ging ich einen Schritt weiter und fragte zusätzlich nach möglichen Kontakten. Und siehe da, ich erhielt einen vielversprechenden Tipp. Dieser Kontakt war nicht einmal als "Ballproduzent" im Web zu finden, aber ihre Innovationskraft und ihr Ruf in anderen Bereichen ließen mich hoffen.

Plötzlich hielt ich einige Ballmuster in meinen Händen, eine unerwartete und unglaubliche Wendung! Es war schwer zu glauben, dass mein langgehegter Wunsch, in der EU Bälle produzieren zu lassen, endlich in Erfüllung gehen könnte. Nach einigen Anpassungen an Gewicht und Farbe erhielt ich schließlich das perfekte Angebot.

Die größte Hürde war jedoch die Höhe der Werkzeugkosten. Obwohl ich bereits einiges gespart hatte, waren die Kosten beträchtlich. Aber die Aussicht darauf, ein Sportgerät komplett "Made in Germany" anzubieten, war zu verlockend. In meiner Branche war dies eine Rarität, und der kurze Lieferzeitraum von 2 bis 4 Wochen war ein weiterer Pluspunkt.

Die Qualität der Bälle war hervorragend und überraschte mich angenehm. Sie waren nicht so hart wie die vorherigen Modelle, und das eingravierte Logo verlieh ihnen eine hochwertige Note. Einfach spitze!

Doch damit war die Arbeit noch nicht getan. Es fehlte noch eine passende Verpackung für das 3er-Set Bälle. Statt wie bisher auf ein Plastiknetz aus China zurückzugreifen, suchte ich nach einer österreichischen Verpackungsfirma. Und auch hier wurde ich fündig! Die Kartons waren nicht nur umweltfreundlicher, sondern auch preislich konkurrenzfähig.

Die Lieferung der neuen Bälle und Verpackungen traf schließlich im April im Lager ein, und ich konnte es kaum erwarten, sie der Welt zu präsentieren.

Altes Set: Neues Set:

Neues Leben, neue Hoffnung

In meinem Leben stand erneut eine große Frage im Raum: Sollte ich mich der Verantwortung stellen und ein Kind in diese turbulente und verrückte Welt setzen? Zwiespältig und voller Zweifel war ich, besonders in Zeiten von Corona und Konflikten. Doch meine Freundin brachte mir Klarheit mit einem einfachen, aber tiefgründigen Satz: "Markus, wenn wir keine Kinder mehr auf die Welt bringen und sie mit Liebe und unseren Werten erziehen, wird unsere Welt nicht besser." Ihre Worte trafen mich mitten ins Herz, denn jedes neugeborene

Wesen birgt Hoffnung und Licht für die Zukunft. Und so entschied ich mich, mit ihr diesen Weg zu gehen.

Doch das Schicksal hatte seine eigenen Pläne. Nach nur sieben Wochen endete die erste Schwangerschaft in einer traurigen Fehlgeburt. Während ich mit Trauer und Unsicherheit kämpfte, blieb meine Freundin gelassen und weise. Sie ermutigte mich, weiterzumachen und zu hoffen, dass es beim nächsten Mal klappen würde. Und tatsächlich, zu Weihnachten 2021 kam die erlösende Nachricht: Sie war erneut schwanger!

Die Geburt unseres wundervollen Mädchens im kommenden September 2022 war ein unbeschreiblich schöner Moment. Die Freude, die Liebe und das Glück, das sie in unser Leben brachte, sind einfach überwältigend. Es gibt nichts Vergleichbares, als Teil ihrer Entwicklung zu sein und ihre Entwicklungsschritte mitzuerleben. Worte allein können nicht ausdrücken, wie dankbar und glücklich wir sind, Eltern dieses kleinen Wunders zu sein.

Die neue Reise ins Affiliate-Marketing

Inmitten der turbulenten Ereignisse meines Lebens behielt ich stets mein Geschäft fest im Blick. Zum Ende des Jahres entschied ich mich, eine neue Unternehmung zu starten: das Affiliate-Marketing. Mein Fokus lag auf (Fun-)Sportarten für Jedermann. Ich verfasste Blogbeiträge über verschiedene Sportarten und Spielgeräte und empfahl dabei einige Produkte, die über Amazon erhältlich waren. Bei jedem Kauf erhielt ich eine kleine Provision – so lautete meine Idee. Inspiriert wurde ich durch ein Webinar, an dem ich teilnahm, und war von der Idee sofort begeistert. Doch wie genau ich meine neue Webseite aufbauen und die Blogbeiträge gestalten sollte, war mir zunächst unklar.

Um mein Wissen zu erweitern, begann ich, Bücher über Social-Media-Marketing, Content-Marketing, Suchmaschinenoptimierung und erfolgreiche Websites zu lesen. Ich verschlang förmlich jede Seite, tauchte ein in die Welt des Marketings und lernte unermüdlich dazu. Dieser Prozess erstreckte sich bis in das neue Jahr 2022 hinein.

Ich konnte es kaum erwarten, mein neues Business mit meinem Projekt „Sport-Checker" richtig durchzustarten!

Insgesamt war das Jahr 2021 ganz gut gelaufen und ich machte einen Umsatz von knapp über 40.000 €, auch mit einem kleinen Gewinn. Und Ende des Jahres bestellte der Luxemburger Sportlehrer auch wieder 10 Schulsets.

Kapitel 13: Das Jahr 2022

Bassalo: Neuer Onlineauftritt

Nachdem ich mich mehrere Monate intensiv mit Social-Media-Marketing, Webseiten und Blogbeiträgen auseinandergesetzt und alles für mich sortiert hatte, kam mir ein entscheidender Gedanke: "Bevor ich ein neues Projekt starte, muss ich dieses Wissen erst einmal für Bassalo anwenden!"

Und so begann eine aufregende Reise. Ich legte meine neue Blog-Seite www.sport-checker.com auf Eis und konzentrierte mich voll und ganz auf Bassalo. Zuerst definierte ich akribisch meine Zielgruppen, erstellte detaillierte Buying Personas und versetzte mich in die Lage meiner Kunden. Mit diesen Informationen im Gepäck, machte ich mich an die Entwicklung einer völlig neuen Webseite: www.bassalo-cupball.at.

Monatelang arbeitete ich unermüdlich daran, all das Wissen und die Erfahrungen, die ich über die Jahre gesammelt hatte, in diese Webseite zu integrieren. Mit einem coolen Grafikprogramm erstellte ich beeindruckende Bilder und Grafiken, die meiner Seite den letzten Schliff gaben. Meine Tage begannen oft um 5 oder 6 Uhr morgens. Bevor mein eigentlicher Job um 8 oder 9 Uhr startete, schrieb ich bereits fleißig an der Webseite. Nach der Arbeit setzte ich mich wieder an den Computer und arbeitete bis Mitternacht, oft auch die gesamten Wochenenden hindurch.

Besonders die Facharbeiten von Sportlehrern stellten eine enorme Herausforderung dar. Es dauerte gefühlte Ewigkeiten, bis sie alle online waren. Meistens setzte ich mir zu Hause die Kopfhörer auf und sagte zu meiner Partnerin: „Ich bin dann mal weg".

Die Zeit drängte, denn ich wollte unbedingt fertig werden, bevor unsere Tochter im September geboren wurde. Und tatsächlich, irgendwann im Sommer war es soweit: Die Webseite war fertig! Ein Gefühl unbeschreiblichen Stolzes erfüllte mich, als ich das Endergebnis sah. Die Seite sah einfach fantastisch aus. Zwar fehlten noch einige Informationen, aber das Wichtigste war da – vor allem für die Sportlehrer. Alles Weitere konnte ich später hinzufügen.

Doch das war erst der Anfang. Die Erstellung der Webseite war nur der erste Schritt auf einer spannenden Reise in die Welt des Social-Media-Marketings und der digitalen Präsenz.

Die Marketing-Offensive

Die nächste große Aufgabe stand bevor: Ich begann, einen detaillierten Social-Media-Marketingplan für das gesamte Jahr 2023 zu entwickeln. Die Welt des Marketings und ihre Möglichkeiten faszinierten mich. Warum hatte ich nicht schon 2011 damit angefangen?

Mit großer Begeisterung machte ich mich daran, Beiträge für Posts und Blogartikel zu konzipieren und passende Bilder zu erstellen, um ab 2023 das Internet mit Bassalo zu erobern. Ich verfügte bereits über zahlreiche Referenzen, Videos, Informationsmaterialien und mehrere schriftliche Arbeiten von Sportlehrern, die alle auf meiner neuen Webseite zu sehen waren. Es fehlten nur noch ansprechende Bilder in den richtigen Formaten für LinkedIn, Twitter, Facebook, Instagram, TikTok, Pinterest und Google, sowie die dazu passenden Texte.

Die Vorbereitung, Erstellung und Strukturierung dieser Inhalte nahm ebenfalls 2-3 Monate in Anspruch. Nebenbei widmete ich mich einem lang vernachlässigten Thema: den Bassalo-Tricks. Diese Tricks kamen immer gut an und verliehen dem Spiel das gewisse Etwas. Ich sammelte alle bekannten Tricks, kategorisierte sie und gab ihnen passende Namen. Dies erforderte wiederum viel Zeit. Die Tricks wurden in drei Schwierigkeitsstufen unterteilt: Anfänger, Fortgeschrittene und Profis. Dann nahm ich alle Tricks einzeln auf Video auf und stellte sie auf YouTube. Heute sind sie sowohl über meine Webseite als auch auf YouTube zu finden.

Jede Kategorie kann man als PDF herunterladen und jeder Trick wird bei erfolgreicher Ausführung mit einer bestimmten Punktezahl belohnt. Ich plante, irgendwann Trick-Wettbewerbe zu starten. Mal sehen, was die Zukunft bringt!

Bis Weihnachten arbeitete ich intensiv an diesem Marketing-Konzept und der Planung bis Juli 2023. Alle Postings und Informationen trug ich in eine Excel-Tabelle ein. Ich recherchierte spezielle Feiertage, die zu meinem Konzept passten, und hinterlegte alle Texte mit Bildern in einem weiteren Programm und in verschiedenen Ordnern. Da eine Automatisierung auf Facebook und Instagram nur für maximal zwei Monate möglich war, musste alles andere am jeweiligen Tag gepostet werden.

Es dauerte eine ganze Weile, bis meine Planung und Organisation so gut funktionierte, wie sie es heute tut. Der Grundstein für eine erfolgreiche Zukunft von Bassalo im Social-Media-Bereich war gelegt.

Neuer Start mit Workshops in Wien

Seit September 2022 bin ich als Referent für Bewegtes Lernen Wien (BLW) in den Volksschulen Wiens unterwegs und gebe dort Workshops für Kinder. Diese Gelegenheiten sind zwar nicht allzu häufig, aber dennoch wertvoll – und sie werden gut bezahlt!

Diese Workshops bieten jedoch weit mehr als nur finanziellen Nutzen. Nach jedem Workshop biete ich den Schulen an, das Set für zwei Monate kostenlos zu behalten und weiter zu testen. Ursprünglich war das Verleihangebot auf zwei Wochen begrenzt, aber es stellte sich heraus, dass diese Zeitspanne viel zu knapp bemessen war. Mit einer Verlängerung auf acht Wochen haben die Lehrer genügend Zeit, mein Spiel ausgiebig zu testen und in mehreren Klassen zu erproben.

Zusätzlich verteile ich nach den Workshops meine Flyer, was hin und wieder zu Bestellungen führt. Und schließlich bekommen die Lehrer noch einen Katalog und meine Visitenkarte von meinem Hauptberuf. Die Lehrer lernen mich auf eine ganz andere Weise kennen – nicht als typischen "Vertreter", sondern als coolen Trainer und Erfinder von Bassalo. Das schafft eine wunderbare Win-Win-Win-Situation!

Trotzallem gingen mein Umsatz und Gewinn in diesem Jahr etwas zurück. Doch das war halb so schlimm. Ich hattee in diesem Jahr so viel erreicht, und das trotz meines Hauptberufs.

Es gibt nun weniger zu berichten, da ich nicht mehr so oft mit Bassalo unterwegs war. Andere Arten von Arbeit nehmen nun mehr Raum ein. Aber das ist in Ordnung, denn die letzten Seiten meiner Geschichte stehen kurz bevor. Nur noch ein paar Seiten, und du wirst erfahren, wie meine Reise weitergeht und welche neuen Wege ich einschlagen werde bzw. eingeschlagen habe.

Kapitel 14 – Das Jahr 2023

Ein Neuanfang im Amazon-Geschäft

Im neuen Jahr 2023 beendete ich die Geschäftsbeziehung mit meiner bisherigen Amazon-Agentur und startete gleich drauf eine neue Zusammenarbeit mit einem neuen Händler, der das Geschäft für mich übernehmen würde. Die Agentur, mit der ich bisher zusammengearbeitet hatte, wollte nur noch einen einzigen Kunden betreuen und entschied sich für ihren besten Kunden. Glücklicherweise verkaufte dieser Kunde ebenfalls Sport- und Campingprodukte und die Agentur empfahl mich an ihn weiter. Zu meiner großen Freude zeigte er sofort Interesse!

Ich war erleichtert und glücklich. In den vergangenen Jahren hatte das Geschäft über Amazon immer gut funktioniert und ich hätte es sehr bedauert, keinen professionellen Partner mehr zu haben, der sich um meine Verkaufsseite kümmert. Der Übergang verlief reibungslos: Der neue Händler übernahm die Amazon-Verkaufsseite von Bassalo, wir verhandelten die Preise neu und legten sofort los.

Es stellte sich als wahrer Glücksfall heraus! Der Händler erhielt von mir einen guten Preis, da ich wusste, welche Kosten auf ihn zukommen würden. Der feste Preis ermöglichte mir, unabhängig von Retouren und anderen zusätzlichen Kosten zu sein – diese gingen nun auf ihn über. Es war eine klassische Win-Win-Situation, die sich als äußerst vorteilhaft erwies.

Im Vergleich zu meiner früheren Agentur, mit der ich jährlich im Durchschnitt einen Umsatz von 10.000 Euro erzielt hatte, war der Unterschied erstaunlich. Bereits Ende Juli desselben Jahres hatte ich mit dem neuen Händler bereits über 22.000 Euro umgesetzt. Das war extrem beeindruckend und zeigte mir, dass der Wechsel die richtige Entscheidung war.

Ich war begeistert und gespannt, wie sich diese Partnerschaft weiterentwickeln würde. Der Start war vielversprechend und ich konnte es kaum erwarten, die nächsten Erfolge zu sehen.

Solo: Ich im Arbeitsrausch

Ein Monat "Männer- und Babyurlaub"! Klingt nach einem verrückten Abenteuer, oder? Nach einem gemeinsamen Monat im Urlaub mit meiner Mutter, meiner Freundin und unserer Tochter, die dann weiter nach Moldawien reisten, blieb ich allein zurück. Es war Zeit für meine Freundin, ihre eigene Familie zu besuchen, und unsere Tochter musste schließlich auch ihre andere Oma kennenlernen. Und für mich? Nun ja, ich war im Grunde genommen allein zu Hause und musste mir nun überlegen, wie ich die Zeit nutzen wollte.

Zunächst einmal war da die dringend benötigte Ruhe. Mit unserer Kleinen hatte ich gemerkt, dass ich viel weniger Zeit für meine Arbeit, insbesondere für Bassalo, hatte. Fast ausschließlich in den frühen Morgenstunden, abends oder an den Wochenenden konnte ich daran arbeiten. Und das natürlich auch nicht immer. Jetzt hatte ich vier Wochen, um mich in meiner Freizeit ganz meiner Arbeit zu widmen.

Zuerst hatte ich meinen Marketingplan von Juli bis Dezember 2023 abgeschlossen. Im letzten Jahr hatte ich es gerade noch geschafft, alle Inhalte bis Juli 2023 vorzubereiten. Jetzt konnte ich endlich auch den Rest des Jahres planen und vorbereiten.
Doch damit nicht genug, ich hatte auch schon einen neuen Marketingplan für 2024 erstellt. Ideen für Social-Media-Postings, Feiertage und Blog-Beiträge füllten meine Tage. Die Umsetzung dieser Ideen würde mich noch die kommenden Monate beschäftigen.

Dann die spannende Wendung: Eine Kundin erzählte mir auf einem Sportkongress von ihrem langjährigen Wunsch nach perfekten Sprungseilen für ihren Rope-Skipping-Verein. Kein europäischer Hersteller konnte ihre Ansprüche erfüllen. Nach einigen Gesprächen und Verhandlungen mit ihrem aktuellen

Lieferanten aus Indien, beschloss ich, den Vertrieb dieser Seile zu übernehmen. Mit der Zustimmung der Vereinsmitglieder und des Verbands startete ich den Vertrieb und setzte alles daran, die ersten 1.000 Sprungseile auf den Markt zu bringen. Die Gründung einer neuen Webseite und das Fotografieren der Produkte gehörten zu meinen ersten Schritten.

Parallel dazu fand ich endlich Zeit, mein lang geplantes Buchprojekt (dieses) voranzutreiben. Ein guter Freund, der sein eigenes Buch fertiggestellt hatte, war meine Inspiration. Er spornte mich letztlich an, mein Projekt endlich anzugehen.

Am letzten Wochenende vor der Rückkehr meiner Familie schrieb ich noch je einen Blogbeitrag für Bassalo und Sport-Checker. Ich war im Arbeitsmodus und genoss jede Minute meiner extrem produktiven Zeit.

Natürlich hatte ich meine Familie in dieser Zeit vermisst, besonders meine Tochter. Aber ich genoss auch die Möglichkeit, endlich wieder richtig durchzuschlafen. Diese 4 Wochen waren ein wahres Abenteuer der Produktivität für mich, und ich war dankbar für jede Minute.

Kapitel 15: Das Jahr 2024

Das Marketingexperiment

Am Ende meiner Reise durch dieses Buch stehen wir nun vor meinem letzten mutigen Schritt, einem, der das Potential hätte, alles zu verändern. Es war an der Zeit, meine Strategie zu überdenken, denn trotz all meiner harten Arbeit im vergangenen Jahr schien Bassalo einfach nicht die mediale Aufmerksamkeit zu bekommen, die es verdiente. Jeder Post, jeder Beitrag, jedes Video erhielt kaum Anerkennung, nur wenige Likes und kaum neue Follower.

Doch im März 2024 wagte ich einen neuen Ansatz und schloss mich mit einer Marketingagentur zusammen. Ich beschloss, mein letztes Ass aus dem Ärmel zu ziehen und einen beträchtlichen Betrag in die Werbung für Bassalo zu investieren. Der Unterschied war sofort spürbar. Plötzlich erhielten meine Beiträge in den sozialen Medien wie Facebook, Instagram und TikTok ein Vielfaches an Likes und Kommentaren. Die Interaktion mit meinen Inhalten explodierte förmlich. Es fühlte sich an, als hätte ich endlich den richtigen Schlüssel gefunden, um die Tür zum Erfolg aufzuschließen.

Besonders beeindruckend war die Resonanz auf meine Werbekampagnen. Eine gezielte Kampagne, die sich an Sportlehrer richtete, brachte innerhalb von zwei Monaten beeindruckende 60 interessierte Kontakte hervor.

Die Bewerbung der Beiträge lief nur in Österreich, aber ich plante bereits, sie im nächsten Jahr auch auf Deutschland auszudehnen. Es war ein Risiko, das ich eingegangen bin, denn ohne Investition gibt es keinen Ertrag. Und ich war optimistisch und hoffte auf das Beste, so wie immer.

Millionär oder nicht?

Jetzt fragst du dich sicher, wie es mir aktuell geht und ob ich meine Ziele und Wünsche letztendlich erreicht habe oder nicht. Ob es mir nach all den Jahren, dem harten Kampf und den Mühen gelungen ist, Millionär zu werden und endlich finanzielle Freiheit und Unabhängigkeit zu erlangen.

Geld und Reichtum waren zu Beginn und für lange Zeit meine größten Ziele. Ich sehnte mich nach finanzieller Freiheit und hatte immer den Wunsch, anderen Menschen und Tieren zu helfen, sollte ich einmal wohlhabend sein.

Doch im Laufe der Zeit lernte ich, die wirklich wichtigen Dinge im Leben zu schätzen. Die Liebe zu einem besonderen Menschen, meiner Lebenspartnerin, zu unserer Tochter, meiner Familie und meinen Freunden. Wichtiger wurden Ruhe, Zufriedenheit und Balance. Natürlich ist es essentiell, genug Geld zu haben, um das Leben zu finanzieren, aber der wahre Wert liegt in den Beziehungen und der inneren Zufriedenheit.

Ich muss zugeben, ich bin noch lange kein Millionär, aber ich habe dennoch in vielen Bereichen meines Lebens viel erreicht, und dafür bin ich unendlich dankbar! Viele meiner langgehegten Wünsche haben sich mittlerweile erfüllt.

Finanzielle Freiheit und Unabhängigkeit habe ich zum Teil erreicht, indem ich einen Job als Außendienstler angenommen habe. Zwar bin ich wieder angestellt, aber ich habe die Freiheit, meine Arbeitszeiten größtenteils selbst zu bestimmen. Mein Ziel ist fast erreicht, auch wenn es nicht immer perfekt ist.

Große gute Partner habe ich auch gefunden, unter anderem meinen neuen Amazon-Verkäufer, der mir eine wichtige Unterstützung geworden ist. Vor kurzem habe ich ihm einige Ideen für Weiterentwicklungen geschickt und wir dürfen uns überraschen lassen, welche Zusatzprodukte wir bald auf den Markt bringen werden.

Alle meine Schulden und Kredite habe ich abbezahlt und ich kann sogar eines an Geld ansparen. Das schafft eine gewisse Sicherheit und Freiheit.

Bassalo, mein eigenes Unternehmen, konnte ich professioneller gestalten, mit einem klaren roten Faden, Logo-Farben, neuen Produkten und einer ansprechenden Webseite. Ebenso konnte ich mich endlich dem Thema Social-Media-Marketing widmen und dieses nun auch professionell outsourcen.

Etwas Eigenes zu erschaffen, was den Menschen Freude bereitet, hat sich mit Bassalo verwirklicht.

Gesundheit, Freiheit und Glück habe ich erreicht, auch wenn nicht alles perfekt ist. Ich gehe sehr oft zum Yoga, versuche mich gesund zu ernähren, was meiner Gesundheit wieder zugute kommt. Vor kurzem haben wir fast 2 Wochen gefastet, was eine interessante Erfahrung war.

Zeit mit Familie und Freunden zu verbringen, ist eine Herausforderung, aber ich bemühe mich, mein Bestes dafür zu geben.

Bassalo war nicht die „Freikarte" zu meinem Glück, wie ich eins dachte, aber es macht mich immer noch glücklich. Durch Bassalo habe ich viele meiner Wünsche und Träume verwirklichen können und habe gleichzeitig viele Erfahrungen und Selbsterkenntnisse gewonnen. Es war eine spirituelle Reise zu meinem innerste Ich.

Ich habe schon immer an Gott und die Engel geglaubt, aber in den letzten Jahren habe ich so viel gebetet wie noch nie zuvor. Natürlich gab es Momente, in denen ich alles verfluchte.

Es war mein Wunsch, eines Tages reich und frei zu sein, mich auf andere Projekte zu konzentrieren, Bücher zu schreiben, zu investieren und zu reisen. Bassalo sollte nur der nächste Schritt sein. Ich bin zwar noch nicht reich und doch schreibe ich gerade mein Buch und habe neue Projekte wie mit „Sport-Checker" und den Sprungseilen gestartet und in einige andere investiert.

Ob ich die Marke eines Tages verkaufen werde, steht in den Sternen. Die Zukunft ist offen, alles ist möglich.

Ein weiterer großer Traum geht aktuell in Erfüllung. Wir haben ein schönes großes Haus mit einem großzügigen Garten in Niederösterreich gekauft, in welches wir 2024 noch einziehen werden. Endlich werden wir mehr Platz für uns haben und sind der Natur etwas näher. Bald kann uns dann auch wieder meine Mutter länger besuchen, die ich immer sehr vermisse.

Im Rückblick würde ich einiges anders machen, aber ich habe so viel gelernt und erlebt, dass ich die Erfahrungen nicht missen möchte. Bassalo existiert immer noch!

Meine Geschichte war für mich und hoffentlich auch für dich eine inspirierende Reise voller Höhen und Tiefen. Beim Durchlesen und Korrigieren kamen all die Erinnerungen wieder hoch, und ich habe alles noch einmal erlebt.

Ich bin endlich glücklich, auch wenn ich (noch) nicht finanziell reich bin.
Das Leben ist voller Überraschungen und Wunder! Man muss sich nur manchmal etwas trauen und bereit sein, Risiken einzugehen. Ohne Risiken gibt es kein Abenteuer!

Ich hoffe, dass meine Geschichte dir Mut und Glauben schenkt, immer an dich und deine Träume zu glauben, ohne alles zu überstürzen. Lerne aus meinen Fehlern und meiner Geschichte.

Zum Abschluss möchte ich all den Menschen danken, die mich auf besondere Weise unterstützt haben. Danke an meine Schwestern, meine Mutter, Alisa, meine gute Freundin, und Josch, meinen besten Kumpel. Ein besonderer Dank gilt meiner Lebensgefährtin Juliana, die mich nicht nur finanziell, sondern auch in allen anderen Unternehmungen immer unterstützt hat und es auch weiterhin tut. Danke, dass du mir die Zeit gibst, an meinen Projekten zu arbeiten!

Ein großes Dankeschön geht auch an all jene, die stets an mich und mein Projekt geglaubt haben. Ihr habt mir Hoffnung und Zuversicht geschenkt. Danke an alle, die mich finanziell, emotional oder auf andere Weise unterstützt haben!

Ich sage DANKE!

In Liebe, euer Markus

ENDE

Kapitel 16: Meine 31 Tipps für Dich!

Da du meine ganze Geschichte hoffentlich aufmerksam gelesen hast, hast du dir vielleicht schon einige Notizen gemacht. Daher werde ich mich hier kurz fassen und auf ausführliche Erklärungen verzichten. Du wirst sicherlich verstehen, was ich mit den jeweiligen Hinweisen meine.

1. **Bundestagung der jungen Wirtschaft:** Ein inspirierendes Event für Unternehmer, das Geist und Seele bereichert
2. **Community:** Finde Gleichgesinnte, die deine Denkweise teilen und ähnliche Ziele verfolgen
3. **WKO-Gründerakademie:** Eine kleine Ausbildung kann dir nur von Nutzen sein
4. **Glaubenssätze:** Nutze positive Bücher, Affirmationen, Gebete, CDs mit geführten Meditationen, Motivationstage oder -kurse, Feuerläufe, etc.
5. **Ernährung und Sport:** Achte auf eine gesunde Work-Life-Balance
6. **Flexibilität:** Lebe im Jetzt und lasse fixe Pläne los, um unnötigen Stress zu vermeiden
7. **Förderungen:** Informiere dich bei der Wirtschaftskammer über mögliche Förderungen
8. **Geschäftspartner:** Sei vorsichtig bei der Auswahl deiner Geschäftspartner
9. **Selbstreflexion:** Denke daran, dass alles immer einen Grund hat
10. **Verhandeln:** Verhandle immer, ob mit Lieferanten, auf Messen oder bei Events
11. **Zahlungsbereitschaft:** Sei stets bereit zu zahlen, auch wenn du nur einen Teilbetrag leisten kannst
12. **Job behalten:** Behalte Geduld und kündige deinen Job nicht voreilig
13. **Geduld und Zeit:** Es kann 3, 5 oder 8 Jahre dauern, bis alles richtig läuft
14. **Eigenkapital:** Spare dir eigenes Startkapital an
15. **Messen & Events:** überlege sorgfältig, welche Events du besuchst und was sie dir bringen

16. **Seminare:** Besuche Business-Seminare, wie die von Jürgen Höller oder der Wirtschaftskammer

17. **EPU-Dienstleister:** Arbeite mit anderen Einzelunternehmern zusammen: das ist oft günstiger und man hilft sich gegenseitig

18. **Konsistenz:** Bleibe bei einer Domain und einer E-Mail-Adresse

19. **Online-Marketing:** Beginne früh mit Blog-Beiträgen, Bewertungen, Google-Seiten-Posts und Newsletter-Adressen

20. **Bücher:** „For Dummies"-Bücher zu Social-Media-Marketing, Suchmaschinen-Optimierung, Content Marketing und erfolgreiche Websites sind hilfreich

21. **Werbeagentur:** Arbeite mit einer Agentur, die deine Posts und Kampagnen professionell verwaltet und bewirbt.

22. **Kanalwahl:** Entscheide, welche sozialen Medien du nutzen willst, z.B. Instagram, Facebook und TikTok

23. **Grafikprogramm:** Verwende CANVA für tolle Bilder

24. **Text- und Blog-Erstellung:** Nutze ChatGPT für die Erstellung von Texten und Blog-Beiträgen

25. **Projektmanagement:** Organisiere deine Beiträge und Projekte mit Trello

26. **Rechnungsprogramm:** FastBill ist ein gutes und günstiges Rechnungsprogramm

27. **Lager:** Eine Behindertenwerkstatt kann ein soziales und kostengünstiges Lager sein

28. **Entscheidungen:** Schlafe eine Nacht über wichtige Entscheidungen und hole dir Feedback von Freunden und Familie. Vertraue deinem Bauchgefühl

29. **Investition:** Investiere in hochwertige Produktfotos und einen guten Werbefilm

30. **Amazon-Verkauf:** Arbeite mit einer professionellen Firma zusammen, die Marketing auf Amazon betreibt

31. **Risiken:** No Risk, No Fun. Sei bereit, Risiken einzugehen und Neues auszuprobieren. Fehler und Lehrgeld gehören zum Lernprozess

Bildnachweise:

Cover Foto: Christian Mey
Alle anderen Bilder sind von mir: Markus Vogel

Presseartikel: https://www.bassalo-cupball.com/presse
Webseite: https://bassalo-cupball.at/
Shop: https://bassalo-cupball.shop/
Sport-Checker: https://sport-checker.com/
Sprungseile: https://skipropestore.com/